W0368503

LE GRAND JEU

Christian Greiling

À mon Heartland

Chapitre I

UCRANIA

9 février 2014, place Maïdan de Kiev. Le froid empêche Bernard-Henri Lévy de déboutonner le haut de sa chemise mais ne calme en rien l'ardeur de son vibrant discours, empli des mots « *Europe* », « *liberté* » ou « *civilisation* » face au dangereux « *matamore* » du Kremlin. Bien qu'il ne neige point ce jour-là, le givre semble pourtant oblitérer sa vue. Comment ne voit-il pas, dans la foule amassée devant lui, les drapeaux noir et rouge de la milice armée ultra-nationaliste Pravy Sektor ? Ni ceux, plus nombreux encore, de Svoboda, créé dans les années 1990 sous le doux nom de Parti social-nationaliste d'Ukraine, référence directe au NSDAP d'un certain Adolf Hitler ? Le « libérateur » de la Libye aurait-il encore des grains de sable dans les yeux ?

Tout ce joli monde – extrémiste[1], anti-russe[2], antisémite[3] et souvent ouvertement néo-nazi[4] – est au cœur de la rébellion du Maïdan[5], avec l'approbation béate de l'*establishment* politique, intellectuel et médiatique occidental, si prompt par ailleurs à dénoncer le « danger de l'extrême droite ». Les exemplaires de *Mein Kampf* distribués librement sur la place[6] ne dérangent apparemment pas l'écrasante majorité de nos commentateurs qui glosent depuis des semaines sur la révolution ukrainienne et l'euro-Maïdan. Personne ne bronche devant les bras tendus arborant leurs brassards floqués de *wolfsangel*, symbole de plusieurs unités SS de la seconde guerre mondiale, dont la tristement célèbre division « Das Reich », qui s'illustra à Oradour-sur-Glane.

Il est vrai que le leader de Svoboda, Oleg Tyahnybok, a tout de même eu l'élégance de moderniser le logo de son parti et de changer son nom en 2004. Habillage de forme, car le fond ne change pas beaucoup. En compagnie d'autres opposants, plus modérés ceux-là, l'ami Oleg reçoit les dignitaires occidentaux qui se précipitent à Kiev depuis des semaines : Laurent Fabius, alors ministre des Affaires étrangères, Catherine Ashton, chef de la diplomatie de l'Union européenne, John McCain, sénateur américain dont nous reparlerons souvent, ou encore Victoria Nuland, sous-secrétaire d'État de l'administration Obama pour l'Europe et l'Eurasie. En plein XXIe siècle, les dirigeants du camp autoproclamé du Bien et des libertés démocratiques tapent sur l'épaule du leader d'un parti néo-nazi. Comment en est-on arrivé là ?

Rembobinons le film à novembre 2013, lorsque débute la crise en Ukraine. Kiev, en situation de quasi-cessation de paiement, est devant un choix cornélien : rapprochement avec l'Union européenne ou intégration à l'Union eurasiatique, projet de Vladimir Poutine visant à constituer un espace économique sur une partie de l'ancienne URSS. Ce tiraillement entre Est et Ouest est à l'image de l'Ukraine elle-même, culturellement bipolaire et divisée entre une partie occidentale, tournée vers la Pologne et l'Europe, et une partie orientale, russophone et russophile. Les votes pour les partis politiques pro-occidentaux ou prorusses suivent généralement cette ligne de fracture.

Loin d'être une marionnette du Kremlin comme on l'a présenté, le président ukrainien Viktor Ianoukovitch atterrit à Bruxelles puis à Moscou pour faire, assez cyniquement, monter les enchères. Les Européens proposent quelques centaines de millions d'euros, les Russes quinze milliards de dollars et une ristourne d'un tiers sur le prix du gaz[7]. Le choix est évident. Ianoukovitch annule la signature de l'accord d'association avec l'UE et se tourne vers la Russie, provoquant l'opposition résolue de la population de l'ouest du pays. Et plus encore celle des États-Unis.

Dès lors, les manifestations se succèdent et la place Maïdan est occupée. Les contestataires sont relativement nombreux – parfois des centaines de milliers – et généralement pacifiques. Ils dénoncent la corruption, bien réelle, du gouvernement et sa décision de se tourner vers le voisin russe. Dans la partie orientale et russophone en revanche, la « révolution » est accueillie de manière glaciale[8].

Alors que la contestation s'essouffle autour de Noël, les groupes extrémistes prennent le relais et commencent à occuper massivement le terrain à partir du mois de janvier[9]. Exit les familles et les défilés bon enfant, place aux militants armés et cagoulés, moins nombreux mais plus violents. Ces organisations inquiétaient encore l'Europe quelques mois plus tôt et le Parlement européen avait même condamné Svoboda fin 2012[10]. Mais en février 2014, on oublie tout. Ces braves gens au bras tendu se muent soudain en « combattants de la liberté ». L'immense majorité des médias occidentaux se taira désormais : parler de néo-nazis à Kiev ne peut relever que d'une insidieuse propagande russe. Pourtant, ce sont eux et eux seuls qui ont renversé le gouvernement légal en Ukraine et fait partir Ianoukovitch.

Seuls, pas tout à fait... Car en sous-main, les grandes manœuvres géopolitiques ont commencé, si tant est qu'elles aient jamais cessé.

Ukraine, le premier prix

En décembre 2013, Victoria Nuland distribuait des cookies aux manifestants. Deux mois plus tard, lors d'une conversation téléphonique avec l'ambassadeur américain à Kiev, enregistrée et rendue publique par les facétieux services secrets russes, la représentante de l'administration Obama ne distribue plus des petits gâteaux mais les futurs postes de ministres, faisant et défaisant le gouvernement ukrainien ! C'est à cette occasion que, en désaccord avec Berlin sur l'attribution d'un ou deux maroquins, elle prononce son fameux « *Que l'UE aille se faire foutre !* »[11]. Émergeant de leur léthargie, les dirigeants européens froncent un sourcil, déclarent haut et fort que ces paroles sont inacceptables puis, sans doute épuisés par leur audace, retombent dans leur somnolence. Que de hauts responsables états-uniens misent sur le renversement à venir du gouvernement légal et décident du futur de l'Ukraine ne semble pas les gêner plus que cela...

Désormais, la course au putsch est lancée. Victoria « Fuck the EU » Nuland a clairement annoncé la couleur : les États-Unis ont investi, depuis 1991, cinq milliards de dollars afin de « *promouvoir le développement des institutions démocratiques et établir une bonne gouvernance* »[12], autrement dit installer un régime ami à Kiev. Le Maïdan est le moment ou jamais d'arracher l'Ukraine à la sphère russe et de l'arrimer à la communauté atlantique[13]. En filigrane, évidemment, l'avancée de l'Otan vers la Russie, objectif depuis toujours des stratèges américains.

Le Grand Jeu

Expression popularisée par Rudyard Kipling (1865-1936), le « Grand Jeu » fut, au XIXe siècle, la rivalité pour le contrôle de l'Asie centrale entre l'Angleterre victorienne, installée aux Indes, et la Russie tsariste. Cet affrontement épique, qui prenait la forme d'une lutte d'influence, d'alliances avec les tribus locales et d'expéditions militaires ou scientifiques, mettait en scène aventuriers, espions ou explorateurs et se déroulait dans les décors somptueux de l'Himalaya, du Pamir ou du désert de Gobi. Il n'est pas un géopolitologue qui ne parle à présent d'un nouveau Grand Jeu en Eurasie, moins romanesque mais tout aussi passionnant, dont les ramifications s'étendent à l'échelle de la planète et qui vise, ni plus ni moins, à la prééminence mondiale. Une partie de poker infiniment plus complexe, à plusieurs joueurs – Russie, États-Unis et Chine, auxquels il faut ajouter les éternels frères ennemis Inde et Pakistan, l'Iran, la Turquie, les pays européens –, le tout saupoudré d'islamisme et de terrorisme, de ressources énergétiques fabuleuses, d'une guerre des pipelines sans merci et de conflits locaux irréductibles, dans la zone la plus disputée du globe: le cocktail est explosif.

Dans la foulée d'Halford Mackinder (1861-1947), la pensée géopolitique britannique puis celle des États-Unis, qui en ont hérité, se structure autour de la thèse de pivot du monde (Heartland). Pour l'école anglo-saxonne, c'est à partir de l'Eurasie, plus particulièrement de son centre, que s'articulent toutes les dynamiques géopolitiques de la planète: « *Celui qui domine le Heartland commande l'Île-Monde. Celui qui domine l'Île-Monde commande le monde.* »

Disciple de Mackinder, Nicholas Spykman (1893-1943) est considéré comme l'un des pères de la géopolitique aux États-Unis. S'il reprend la théorie du Heartland, il y rajoute un Rimland, croissant entourant le cœur du monde, région intermédiaire entre le Heartland et les mers riveraines. Ce Rimland comprend les régions les plus riches et les plus peuplées de l'Eurasie: Europe, Moyen-Orient, sous-continent indien et Extrême-Orient. Pour Spykman, c'est dans cette zone tampon que se joue le vrai rapport de force entre la puissance continentale et la puissance maritime; il convient d'empêcher à tout prix l'union du Rimland et du Heartland en soutenant les États du croissant contre le centre.

Heartland et Rimland

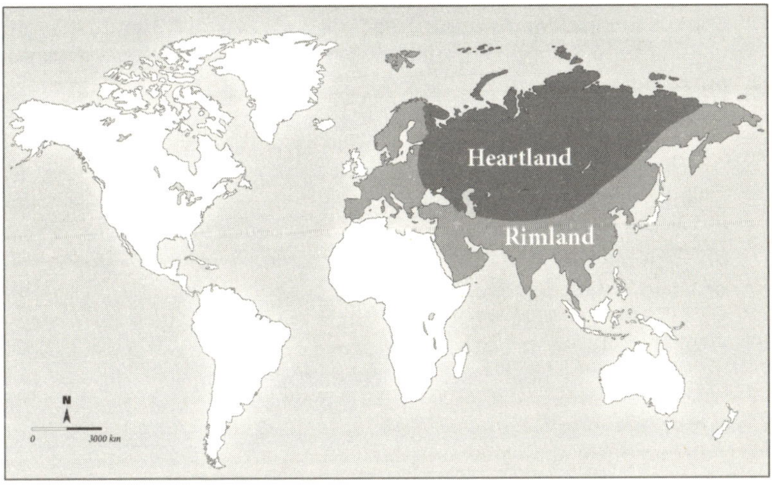

Cela correspond ni plus ni moins à la politique de *containment* menée durant la Guerre froide par les États-Unis contre l'URSS. Cette vision marquée par le sentiment d'insularité d'une puissance maritime excentrée, en bordure du centre du monde – Grande-Bretagne puis États-Unis – a également été influencée par les travaux de l'historien et stratège naval américain Alfred Mahan (1840-1914) qui explique la puissance britannique par sa suprématie maritime face à une Eurasie divisée.
De fait, la politique étrangère britannique depuis le XVIIe siècle visait à prévenir et à lutter contre toute tentative d'unification continentale – Habsbourg, Napoléon, Allemagne hitlérienne. La crainte, reprise ensuite par les géopolitologues américains à une échelle plus vaste, sera d'assister à l'émergence d'une puissance continentale hégémonique contrôlant l'Eurasie, donc le monde...
Cette idée-force, constante de la pensée géopolitique anglo-saxonne, se retrouve de nos jours chez Zbigniew Brzezinski (1928-2017), l'une des têtes pensantes de l'école américaine. Dans *Le Grand Échiquier*, l'ancien conseiller à la sécurité du président Carter adjurait ses dirigeants: « *Il est impératif qu'aucune puissance eurasiatique concurrente capable de dominer l'Eurasie ne puisse émerger et ainsi contester l'Amérique.* »
Le message est clair: c'est sur le grand échiquier eurasiatique que se joue l'avenir du monde et les États-Unis se doivent de le contrôler afin de maintenir leur primauté globale. Diviser pour mieux régner, l'idée est vieille comme le monde mais très actuelle dans la politique des dirigeants américains vis-à-vis de l'Eurasie.
Les menées de Washington sous-tendues par cette conception géopolitique et, par contrecoup, les réactions de ses rivaux russe et plus récemment chinois expliquent pour bonne partie les événements que le monde a connus ces vingt dernières années. Derrière l'écume de l'actualité, la lutte qui sourd est celle-ci.
Le Grand Jeu conditionne tout, c'est l'armature du théâtre sur la scène duquel se jouent les événements quotidiens de l'actualité. Guerres du Golfe de 1991 et 2003, de Tchétchénie, du Kosovo en 1999, de Géorgie en 2008, attentats du 11 septembre et intervention américaine en Afghanistan, isolement de l'Iran, « révolutions colorées » des années 2000, coupures de gaz répétées entre la Russie et l'Europe, mise en place de l'Organisation de Coopération de Shanghai, discours des néo-conservateurs américains sur la « nouvelle Europe », Guerre froide 2.0 entre Moscou et Washington, crise ukrainienne de 2014, etc. Tous ces événements découlent du Grand Jeu ou s'y rattachent d'une manière ou d'une autre.

Peu connu en France, le concept de Grand Jeu irrigue la pensée stratégique anglo-saxonne, russe et plus récemment chinoise. Il explique pour bonne partie les décisions, jamais explicitées par les médias, des dirigeants de ces puissances sur la scène internationale.

L'Ukraine, on l'a compris, occupe une case extrêmement importante sur l'échiquier eurasiatique, sur la façade sud-ouest du Rimland. Interface entre la Russie et l'Europe et point de passage des gazoducs, elle est absolument centrale dans les préoccupations des stratèges états-uniens, particulièrement le plus grand d'entre eux.

Brillant professeur, expert réputé, Zbigniew Brzezinski est cofondateur dans les années 1970, avec David Rockefeller Jr., Kissinger et des dizaines d'autres personnalités influentes, de la Trilatérale, organisation soutenant l'idée d'une gouvernance globale – ce que d'aucuns nomment *nouvel ordre mondial*[14]. Il est ensuite le conseiller à la sécurité nationale du président Carter, puis éminence grise des administrations Clinton et Obama. On le retrouve par exemple derrière le soutien indirect, commencé par son prédécesseur Kissinger[15], des États-Unis aux Khmers rouges de Pol Pot, dont le régime fit près de deux millions de morts au Cambodge[16]. Il dira plus tard : « *J'ai encouragé les Chinois à appuyer Pol Pot, j'ai encouragé les Thaïlandais à aider les Khmers rouges. Pol Pot était une abomination. Nous ne pouvions pas le soutenir. Mais la Chine le pouvait...* » Le but était, après la rupture sino-soviétique au sein du bloc communiste, de soutenir le camp maoïste – Chine, Khmers rouges – contre le camp pro-soviétique dont faisait partie le Viêtnam, vainqueur des Américains quelques années auparavant.

Dr Zbig est également à l'origine du soutien aux moudjahidine et djihadistes en Afghanistan. Des années plus tard, il avouera que la CIA était entrée en Afghanistan avant les Soviétiques, afin d'y attirer l'URSS et de la saigner : « *De fait, Moscou a dû mener pendant presque dix ans une guerre insupportable pour le régime, un conflit qui a entraîné la démoralisation et finalement l'éclatement de l'empire soviétique. Qu'est-ce qui est le plus important au regard de l'histoire du monde ? Les talibans ou la chute de l'empire soviétique ? Quelques excités islamistes ou la libération de l'Europe centrale et la fin de la Guerre froide ?* »[17] (voir Annexe I). Les victimes jusqu'à nos jours du terrorisme de ces quelques « *excités islamistes* », dont un certain Ben Laden, goûteront sûrement la chose... Quant aux Russes, de l'Afghanistan à la Syrie en passant par la Tchétchénie ou le Kosovo, ils connaissent sur le bout des doigts la fâcheuse tendance américaine à flirter avec l'islam radical.

Soutien aux Khmers rouges cambodgiens, à la Chine maoïste, aux djihadistes afghans : quel peut bien être le point commun à toutes ces décisions, étranges à première vue et moralement indéfendables ? La réponse est d'une simplicité redoutable : le Grand Jeu. Il s'agissait de s'attaquer au seul concurrent stratégique des États-Unis, le Heartland de Mackinder et de Spykman, l'URSS. Lorsque cette dernière éclate en 1991, les stratèges de Washington ne peuvent refréner leur joie. De ses décombres renaissaient quinze États, dont la Russie et l'Ukraine. Le Heartland, désormais seulement russe, s'est dramatiquement réduit ; le Rimland, dont faisait partie la nouvelle Ukraine, avait considérablement gonflé.

Recul du Heartland entre 1949 et 1991

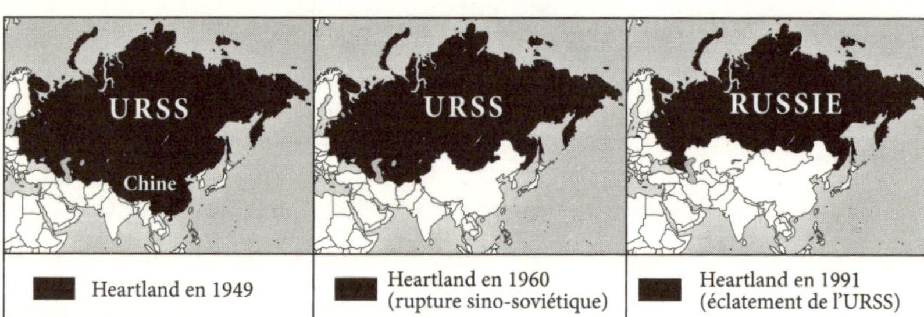

Presque immédiatement, le but de Washington aura été de séparer les deux, en détachant et retournant les voisins de la Russie. Brzezinski ne disait pas autre chose dans le chef-d'œuvre géopolitique qui résume sa doctrine, *Le Grand Échiquier* (voir encadré plus haut).

Il décrit d'abord le rôle général des États-Unis : « *Selon une terminologie qui rappelle celle de l'époque brutale des anciens empires, les trois grands impératifs de la géostratégie impériale sont d'empêcher les collusions et maintenir les vassaux dans une relation de dépendance en matière de sécurité, de faire en sorte que les tributaires restent dociles et protégés, et d'empêcher l'alliance des barbares.* » Les Européens apprécieront...

Le thème central reste cependant l'isolement de la Russie : « *Si la Russie constitue une entité dynamique, capable d'initiatives propres, si elle forme une alliance avec la Chine, alors la position américaine en Europe sera terriblement affaiblie.* » Dans cette optique, l'Ukraine est une pièce centrale : « *Les États qui méritent tout le soutien possible de la part des États-Unis sont l'Azerbaïdjan, l'Ouzbékistan et l'Ukraine, car ce sont tous les trois des pivots géopolitiques. En effet, le rôle de Kiev dans la région vient confirmer l'idée que l'Ukraine représente une menace pour l'évolution future de la Russie.* » Ce qu'il résume par un définitif : « *Sans l'Ukraine, la Russie cesse d'être un empire.* »

On comprend mieux maintenant les manœuvres de Victoria Nuland ou le soutien de l'Otan et des « vassaux » européens à l'opposition ukrainienne, y compris néo-nazie. Il est difficile de ne pas voir la main du gourou géopolitique d'Obama et de ses héritiers néo-conservateurs derrière le putsch du Maïdan, la CIA ou les inénarrables « ONG » américaines œuvrant pour aplanir les difficultés et exécuter les basses besognes. En un mot, gérer les contingences pratiques...

Au nombre de celles-ci, il convenait de travailler en profondeur la « société civile » et former les groupes « dissidents ». Cette tâche revenait principalement à deux organisations. Dans les cinq milliards de dollars évoqués plus haut par Nuland, on retrouve le financement de l'Open Society de George Soros[18]. Celui que beaucoup de médias européens qualifient joliment de « philanthrope » est derrière la plupart des « révolutions colorées » du Rimland, visant à renverser, ô douce coïncidence, des gouvernements hostiles aux États-Unis et y installer des dirigeants américano-compatibles[19] : Serbie en 2000, Géorgie en 2003, Ukraine une première fois en 2004, Kirghizistan, Liban et Biélorussie en 2005. La liste est longue.

Autre institution en pointe dans la marche forcée de l'Ukraine vers « la liberté » : le National Endowment for Democracy ou NED, fondation bipartisane créée et financée par le Congrès. Les dirigeants américains ne se cachant même pas de leurs intrigues, il est plus simple de leur donner la parole. En 1982, l'ancien directeur de la CIA, William Colby, déclarait sans pudeur à propos du NED : « *Il n'est plus nécessaire de faire appel à des méthodes clandestines. Nos actions qui étaient menées en sous-main, peuvent désormais l'être au grand jour et sans controverse.* »[20] En 1991, Allen Weinstein, un des fondateurs de l'institution, le confirmait : « *Bien des choses que nous faisons maintenant au NED étaient faites clandestinement par la CIA vingt-cinq ans auparavant.* »[21] Clair et sans ambages.

Fin septembre 2013, deux mois seulement avant le début des manifestations, son président Carl Gershman mentionne l'Ukraine comme le « *premier prix* » à conquérir et appelle les dirigeants américains à saisir l'opportunité historique qui se présente[22]. Son fantasme va même jusqu'à imaginer la disparition de « *l'impérialisme russe représenté par Poutine* » voire le renversement du président russe par sa société civile, forcément inspirée par les futurs événements ukrainiens[23]. Inutile de dire que, sur ce point, il en fut pour ses frais.

Ces « ONG » participent du *deep state*, l'« État profond » américain, que l'on peut désigner comme la réunion d'un groupe de personnes ou d'institutions au sein d'une entité informelle qui détient le pouvoir décisionnel de l'État, au-delà du pouvoir légal. Lors de son célèbre discours d'adieu de 1961, le président Dwight Eisenhower, que l'on ne peut pourtant pas qualifier de hippie pacifiste, mettait déjà en garde contre l'influence du lobby militaro-industriel, « *pouvoir illégitime* » qui mettait « *en danger les libertés* » de ses compatriotes[24]. Depuis, cet État profond n'a cessé de croître, agrégeant d'autres composantes – renseignement, bureaucratie, médias, groupes de réflexion ou *think tanks* – afin de porter les intérêts stratégiques globaux des États-Unis. Et en février 2014, outre la Syrie, l'attention de Washington se porte principalement sur l'Ukraine...

Putsch

« *Le coup d'État le plus flagrant de ces dernières années* »[25]. C'est ainsi que les événements du Maïdan seront qualifiés avec beaucoup de sincérité par George Friedman, politologue américain réputé et fondateur de la société de renseignement et de prospective Stratfor. Il est vrai que l'ami George s'y connaît en putsch, sa firme ayant eu des relations avec Soros et Otpor, le groupe d'activistes lié aux officines américaines et responsable de la « révolution colorée » en Serbie en 2000 avant d'être exporté sous d'autres cieux, notamment au Venezuela pour tenter d'y renverser Chavez[26].

Dans le franc et passionnant entretien qu'il a accordé à la revue russe *Kommersant* – où l'on voit, soit dit en passant, que les décideurs américains ne dissimulent même pas leurs agissements, les médias le faisant pour eux – Friedman expose sereinement l'objectif américain depuis des décennies : empêcher à tout prix qu'un État ne devienne trop puissant en Eurasie et, pour ce faire, inclure l'Ukraine dans un cordon sanitaire autour de la Russie. Grand Jeu, quand tu nous tiens...

Le 18 février, les violences redoublent. Les pneus brûlent sur le Maïdan tandis que les radicaux, armés, tentent de s'approcher des bâtiments gouvernementaux gardés par les forces anti-émeute. On compte des morts dans les deux camps. Le lendemain, alors que Ianoukovitch et l'opposition modérée parviennent à signer un fragile accord de trêve, les groupes extrémistes de la place, au premier rang desquels le Pravy Sektor, refusent et continuent leur offensive. Le 20 février restera dans l'histoire comme le « jeudi sanglant » au cours duquel près de cent personnes trouvent la mort. La doxa occidentale, restant curieusement vague sur le sujet, laisse entendre que le gouvernement a fait tirer sur les manifestants et que Ianoukovitch est de toute façon responsable du bain de sang. Inutile de creuser plus loin, circulez, il n'y a rien à voir. Et pourtant...

Un premier doute est apparu lorsque les services russes ont enregistré et rendu publique une conversation téléphonique entre Catherine Ashton et Urmas Paet, ministre estonien des Affaires étrangères[27]. Ces deux-là ne sont pas connus pour être spécialement russophiles ou pro-Ianoukovitch, c'est le moins que l'on puisse dire. Or Paet l'admet : les manifestants lui ont affirmé qu'on leur avait tiré dans le dos, c'est-à-dire depuis des bâtiments tenus par l'opposition[28]. Notons que ce jour-là, une quinzaine de policiers ont également été tués et ils ne se sont certes pas tiré dessus eux-mêmes.

Deux mois plus tard, la chaîne publique allemande ARD retransmet un reportage fouillé où la thèse du nouveau régime à Kiev, visant à incriminer l'ancien gouvernement, ne tient pas. Les trajectoires des balles, les témoignages des manifestants pourtant anti-Ianoukovitch qui ont pris part à l'offensive, l'enquête bâclée des nouvelles autorités, les plaintes des familles des victimes, les enregistrements des conversations entre forces anti-émeute ne sachant pas d'où venaient les tirs, etc. : tout indique que les tirs de snipers émanaient de l'hôtel Ucrania, tenu par l'opposition elle-même[29].

En anglais, on appelle cela un *false flag*, littéralement « faux drapeau ». Il s'agit tout bonnement d'une action menée avec les marques de reconnaissance de l'ennemi, afin de lui en faire porter la responsabilité. De l'incident de Mukden, prétexte à l'invasion japonaise de la Mandchourie en 1931, à l'incident du Golfe du Tonkin en 1964, où les États-Unis simulent une attaque vietnamienne contre leurs navires et l'utilisent comme prétexte au déclenchement de la guerre du Viêtnam, l'histoire est remplie d'exemples célèbres. Notre époque ne déroge pas à la règle, comme on le verra en Syrie au dernier chapitre.

Le 20 février 2014, sur le Maïdan, l'opération fonctionne parfaitement.

L'émotion est immense, tant en Ukraine que dans les capitales européennes, et Ianoukovitch est immédiatement montré du doigt. Dans le chaos et la confusion qui s'ensuivent, et sentant peut-être le vent tourner, plusieurs responsables gouvernementaux démissionnent ou sont vraisemblablement retournés. Les ministres des Affaires étrangères allemand, français et polonais se précipitent à Kiev pour demander au président, pourtant démocratiquement élu, de signer un accord avec l'opposition et organiser des élections anticipées. Mais pour les vrais instigateurs de la « révolution du Maïdan » – et l'on ne parle évidemment pas ici des Européens quelque peu tétanisés ou des manifestants – cela ne suffit pas. Il s'agit d'arracher l'Ukraine à la sphère russe et un simple accord suivi d'élections reste dérisoire.

Le 21 février, dans la journée, les premières mesures sont mises en œuvre, dont le retrait des forces de sécurité. Les groupes radicaux, eux, refusent de respecter l'accord et de quitter la place. La situation est hors de contrôle. Craignant pour sa vie, Ianoukovitch quitte précipitamment Kiev dans la soirée pour se réfugier dans l'Est russophone tandis que le parlement est cerné par les manifestants. Le pistolet sur la tempe, les députés votent le lendemain, en toute hâte, la destitution du président, fable qui permettra aux pays occidentaux de déclarer sans rire que le Maïdan n'a pas été un putsch anticonstitutionnel.

La « nouvelle Ukraine » à forte consonance américaine, coalition curieuse de libéraux adorateurs du FMI et de néo-nazis, s'attaque immédiatement à « l'ancien régime ». Dès le 23 février, la Rada, le parlement ukrainien, vote l'abolition du russe en tant que langue officielle régionale[30]. Les députés du parti politique de Ianoukovitch, le Parti des régions qui prône la décentralisation, se retrouvent forcés de voter des lois qu'ils désapprouvent s'ils ne veulent pas se faire lyncher par la rue.

Cette décision incroyablement maladroite poussera sur le chemin de l'opposition, puis de la révolte, les provinces russophones du Sud-Est, qui avaient de toute façon très mal accepté la prise du pouvoir par la force et le renversement d'un président qui leur était favorable[31]. Le même jour, des manifestations anti-Maïdan éclatent un peu partout: Donetsk, Odessa, Kharkov, Lougansk, Crimée. Des milices d'auto-défense commencent à apparaître dans ces villes où le mouvement séparatiste pro-russe renaît. En attendant la réaction de Moscou...

Otan en emporte le vent

Depuis vingt ans, la Russie voit avec horreur l'Otan s'approcher de ses frontières, contrairement aux assurances données en 1990-1991 par tous les dirigeants occidentaux à Mikhaïl Gorbatchev[32]. Les promesses n'engagent que ceux qui les croient et le dernier leader de l'URSS, bien naïf en l'occurrence, a dû ensuite se mordre les doigts de ne pas avoir exigé que ces belles paroles soient mises par écrit sous forme de traité en bonne et due forme. En échange, il avait pourtant tout donné (tout bradé, diront certains): la disparition du pacte de Varsovie – l'équivalent de l'Otan à l'Est –, la réunification allemande et plus généralement la fin de la Guerre froide. Ce qui est moralement justifiable est, stratégiquement, d'une bêtise inqualifiable. Si Gorby est adulé par l'Occident, l'image que le public russe en a aujourd'hui est, dans le meilleur des cas, celle d'un idéaliste qui s'est fait rouler dans la farine, dans le pire des cas celle d'un traître.

Pendant que les baratineurs du « monde libre » – citons le président américain George Bush Senior et son secrétaire d'État aux Affaires étrangères James Baker, le chancelier allemand Helmut Kohl et son ministre des Affaires étrangères Hans-Dietrich Genscher, mais aussi François Mitterrand, les Premiers ministres britanniques Margaret Thatcher et John Major ou encore le directeur de la CIA, Robert Gates – assuraient la bouche en cœur que l'Otan « *ne bougerait pas d'un pouce vers l'Est* », l'Alliance atlantique préparait déjà sa poussée vers le Heartland, rêvée par tous les stratèges de Washington.

Loin de disparaître comme cela aurait dû logiquement être le cas, l'Otan se transforme dès le sommet de Rome en 1991, tendant la main aux anciens pays satellites de l'URSS et devenant « *un pilier de la sécurité de la nouvelle Europe* »[33]. De fait, intégration à l'Union européenne et entrée dans l'Otan sont dès lors quasiment synonymes, la première étant l'antichambre de la seconde[34].

Ceci n'est d'ailleurs guère étonnant puisque l'on sait maintenant, les archives déclassifiées aidant, que la construction européenne était dès le départ un projet de Washington et que les Jean Monnet ou Robert Schuman, « héros » fédéralistes européens dont rues et écoles portent le nom, étaient financés par des officines proches de la CIA[35]. De Gaulle n'était pas dupe, qui s'opposait résolument à tout développement de l'unification européenne, vue comme un cheval de Troie américain. On s'étonne moins ainsi de la soumission des « vassaux » européens actuels à « l'empire américain » si cher à Brzezinski...

C'est évidemment sous ce prisme qu'il convient de voir la crise ukrainienne. L'entrée dans l'UE et l'euro-Maïdan n'étaient qu'un os jeté au grand public et aux médias trop souvent friands de niaiseries. La vraie problématique est l'entrée ou non de l'Ukraine dans l'Otan, instrument de la domination militaire américaine en Europe. Là, s'affrontent les gros bras, États-Unis et Russie, Bruxelles étant gentiment prié de payer la facture et de regarder ailleurs. Poutine résume assez bien l'affaire : « *La subtilité du plan consistait à ce que l'opposition en Ukraine soit tout d'abord soutenue par les Européens. Mais nous savions bien – nous ne nous en sommes pas seulement rendu compte, nous le savions – que les principaux meneurs du jeu étaient nos amis américains. Ce sont eux qui ont aidé à préparer les bataillons nationalistes, leur entraînement était en cours en Ukraine occidentale, en Pologne et en Lituanie. Ils ont mis en place les conditions d'un coup d'État, ils ont pris le parti de la force.* »[36]

Riposte

Quelque peu coincé par ses Jeux olympiques de Sotchi se déroulant en même temps que les événements ukrainiens, le maître du Kremlin demeure silencieux plusieurs jours. La réaction russe n'en paraîtra ensuite que plus fulgurante. Pour Moscou, il est hors de question de voir l'Otan camper à sa porte et y installer par exemple le bouclier anti-missile américain susceptible de bouleverser l'équilibre stratégique des forces. Rappelons que la dissuasion nucléaire est avant tout une dissuasion par représailles, qui repose sur le principe qu'une puissance nucléaire ne prendra jamais le risque d'engager une guerre contre une autre, de peur d'être rayée de la carte en retour. C'est ce qu'on appelle communément « l'équilibre de la terreur », qui a permis sept décennies de paix entre les grands de ce monde.

Or les États-Unis, convaincus de leur propre exceptionnalisme et persuadés d'être la nation indispensable, ont toujours eu beaucoup de mal avec l'idée de ne pas être invulnérables[37]. L'obsession anti-missile remonte aux années 1950 et n'a fait que s'accroître depuis, à mesure que l'Amérique prétendait au rôle d'hégémon planétaire. L' « hyperpuissance » ne pouvait décemment pas accepter la possibilité d'être rappelée à l'ordre par les autres puissances nucléaires, au premier rang desquels la Russie. L'idée fit son chemin et le président Reagan présenta en 1983 son trop ambitieux projet de « guerre des étoiles », censé sanctuariser le territoire américain contre toute frappe de missiles balistiques. Le coût faramineux, les insurmontables difficultés techniques et la disparition de l'URSS jetèrent le projet aux oubliettes. Il était bien plus simple de faire avancer l'Otan vers la frontière de la Russie et d'installer à proximité un bouclier susceptible d'intercepter les missiles russes durant leur phase ascendante de vol. Washington faisait d'ailleurs d'une pierre deux coups, progressant ainsi vers le Heartland et isolant Moscou par un nouveau rideau de fer.

Les stratèges russes sont, depuis longtemps, parfaitement conscients du manège des États-Unis. Le fait que ces derniers prennent prétexte de l'invraisemblable « menace iranienne » pour installer leur bouclier anti-missile en Europe de l'Est ne faisait d'ailleurs qu'augmenter la suspicion. Mais l'extrême faiblesse de la Russie anarchique des années 1990, symbolisée par la démarche erratique d'un président Eltsine ivre mort la moitié du temps, avait vu l'Otan grignoter un terrain considérable. En 1997 était décidée, pour 1999, l'entrée de la Pologne, de la Hongrie et de la République tchèque. En 2002, profitant de l'émotion suite aux attentats du 11 septembre, les Américains décidèrent l'accueil, deux ans plus tard, de sept nouveaux pays : la Bulgarie, la Roumanie, la Slovaquie, la Slovénie et surtout les trois pays baltes, frontaliers de la Russie – l'Estonie, la Lettonie et la Lituanie. L'Alliance atlantique considère désormais l'Europe orientale comme sa chasse gardée et, dans ses communiqués, dénonce sans rire « *les actions agressives de la Russie et ses activités militaires provocatrices à la périphérie du territoire de l'Otan* »[38]. Les caricaturistes ont beau jeu d'ironiser sur cette logique inversée : les Russes veulent la guerre, ils ont osé placer leur pays près de nos bases...

Expansion de l'Otan vers l'est

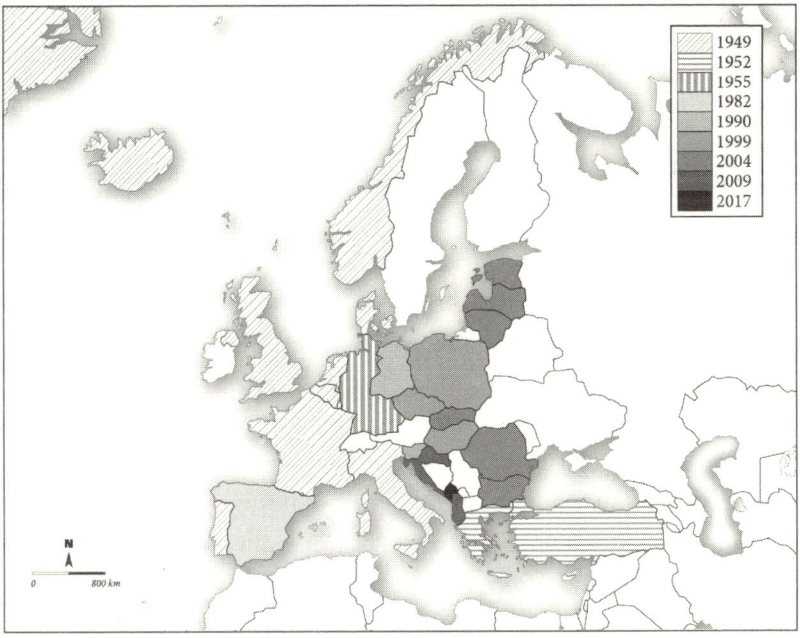

Arrivé au pouvoir en 2000, Poutine était, dans les premières années de sa présidence, relativement ouvert à l'Occident. Les continuels élargissements de l'Alliance atlantique, dont celui décidé en 2002 au début de sa présidence, et les « révolutions colorées » made in CIA dans l'étranger proche de la Russie ont fini par le convaincre qu'il n'y avait rien à attendre des Américains qui continueraient, coûte que coûte, à poursuivre leur dessein géopolitique d'encerclement de la Russie et de division de l'Eurasie. Désormais, on ne l'y reprendra plus.

L'ours avait déjà montré les crocs en 2008 lors de la guerre de Géorgie, dont le scénario rappelle étrangement celui de l'Ukraine : une révolution colorée portant au pouvoir un dirigeant pro-occidental qui, suivant le désir de son parrain américain, souhaite engager son pays sur le chemin de l'Otan. Le lecteur ne sera pas étonné de retrouver l'impayable Bernard-Henri Lévy et sa chemise ouverte à Tbilissi, fustigeant « *l'agression russe* » aux côtés de Mikheil Saakachvili, le président géorgien formé aux et par les États-Unis. On sait, grâce aux archives déclassifiées, que le guérillero de Saint-Germain-des-Prés était déjà très bien vu par la CIA dans les années 1980[39]. La suite – soutien frénétique à toutes les interventions américaines : Irak, Kosovo, Libye, Ukraine, Syrie – n'a pas dû décevoir ses amis de Washington...

Après la Géorgie, donc, l'Ukraine. Mêmes manœuvres américaines, même réponse russe. Une fois terminés les JO de Sotchi, la riposte de Poutine est foudroyante et se fait sur deux axes : récupérer la Crimée pour la rattacher à la Russie ; créer un conflit gelé en Ukraine même, paralysant Kiev et l'empêchant d'entrer dans l'Otan.

Le premier volet est connu. Un Nikita Khrouchtchev passablement éméché avait offert la Crimée à l'Ukraine d'un trait de plume, un soir de beuverie de 1954. Les dirigeants n'envisageant pas alors la possibilité que l'Union soviétique puisse un jour disparaître, cela ne portait certes pas à grande conséquence. Mais 1991 et la dislocation de l'URSS sont passés par là... Depuis, la Russie louait – relativement cher – la base navale de Sébastopol, accord toujours susceptible d'être remis en question si un gouvernement pro-américain arrivait au pouvoir à Kiev. On imagine aisément que le renversement de Ianoukovitch par l'euro-nazi-Maïdan a fait trembler le Kremlin. Perdre Sébastopol, l'une des trois grandes bases navales russes, verrou stratégique de la mer Noire et ouverture sur la Méditerranée ? Pire encore, voir cette base devenir américaine ? Inacceptable.

Le contrecoup est réalisé de main de maître. Le 28 février, des soldats armés mais sans insigne se déploient et occupent sans violence plusieurs points stratégiques de Crimée. Très vite surnommés les « petits hommes verts », soutenus avec enthousiasme par la population russophone majoritaire, ils désarment les 20 000 militaires ukrainiens sans un coup de feu et prennent possession de la presqu'île. Poutine éventera ensuite le secret de polichinelle en reconnaissant qu'il s'agissait des forces spéciales russes[40]. Suivant malicieusement l'exemple occidental au Kosovo, Moscou prend alors le prétexte du droit, d'ailleurs réel, à l'autodétermination des peuples pour organiser le 16 mars un référendum sur la question du rattachement à la Russie. Le résultat est couru d'avance et, deux jours plus tard, dans la liesse, le gouvernement russe annonce que la république de Crimée et la ville de Sébastopol deviennent deux nouveaux sujets de la fédération de Russie. Apparemment, les Criméens ne s'en plaignent pas[41].

Mais c'est surtout le second volet – créer un conflit gelé en Ukraine – qui est passionnant, car très mal compris aussi bien par les médias grand public que par la presse alternative. Il tient en une date capitale : 11 mai 2014. Ce jour-là, Moscou refuse de reconnaître le référendum séparatiste du Donbass. C'est l'une des clés permettant de décoder la stratégie de Poutine en Ukraine ; elle n'est pourtant jamais relevée. Et pour cause. Ce serait revenir sur des mois de désinformation systématique de nos faiseurs d'opinion qui se rengorgent sur le « danger russe » et « l'invasion de l'Ukraine », alors qu'un enfant de cinq ans pourrait deviner que, si la Russie voulait vraiment conquérir son voisin, l'affaire serait pliée en trois jours, certainement pas en trois ans.

Pour bien comprendre cette seconde partie de la riposte de Poutine, rappelons-nous que le coup de force du Maïdan et la prise du pouvoir par la « nouvelle Ukraine » sont très mal reçus dans l'Est russophone. Des mouvements séparatistes pro-russes se créent dans plusieurs villes. Certains ne prennent pas vraiment, à Kharkov par exemple. D'autres sont matés dans le sang, comme à Odessa où quarante séparatistes réfugiés dans la Maison des syndicats sont brûlés vifs dans le silence assourdissant de la presse européenne[42]. *Le Monde* tente, bien maladroitement et au prix de contorsions linguistiques acrobatiques, de noyer le poisson en restant volontairement flou sur l'identité des victimes.

La révolte prend en revanche de l'ampleur dans le Donbass, qui comprend les provinces de Donetsk et de Lougansk, adossé à la Russie. Les milices deviennent bientôt des bataillons, s'équipent sous la direction d'instructeurs venus de l'autre côté de la frontière. Notons au passage que, contrairement aux rumeurs colportées, les militaires russes n'y sont pas directement intervenus ; sur les milliers de vidéos disponibles montrant les batailles de Ilovaïsk, Slaviansk ou encore de l'aéroport de Donetsk, on voit des combattants amateurs, parfois bedonnants, âgés. Pas vraiment le profil des forces spéciales russes...

Ces séparatistes forment bientôt deux républiques autonomes et organisent, le 11 mai 2014, un référendum d'autodétermination sur le modèle de ce qui s'est passé en Crimée. Surprise, Poutine tente d'abord de les en dissuader[43] puis il refuse d'en reconnaître les résultats ! Les médias occidentaux sont très mal à l'aise avec cet événement. Comment expliquer que la Russie n'ait pas reconnu le désir d'autodétermination des séparatistes pro-russes du Donbass si l'on affirme dans le même temps qu'elle cherche à annexer ce même Donbass ? Nos commentateurs en herbe trouvent rapidement la solution : évacuer purement et simplement la contradiction en taisant l'information. Ce faisant, on condamne le public à ne rien comprendre.

La stratégie russe, défensive, est pourtant limpide. Le Kremlin veut une Ukraine neutre dans son étranger proche, libre de toute présence otanienne. Il n'a donc aucune intention d'annexer l'Est ukrainien, bien au contraire. Son but est, afin d'enrayer les manigances américaines, d'y créer un conflit gelé. En effet, selon une règle tacite de l'Otan, un pays ayant un conflit ouvert ou gelé sur son territoire ne pourra voir sa candidature acceptée[44]. Le vote se faisant à l'unanimité, plusieurs États sont susceptibles de s'y opposer. Cela, on le sait parfaitement à Moscou et on en joue[45].

Ce n'est d'ailleurs pas la première fois que le cas de figure se présente. Avant la crise ukrainienne, deux autres pays de l'ex-URSS avaient, sous la direction de gouvernements téléguidés par Washington, pris résolument le chemin de l'Otan : la Géorgie, comme on l'a vu plus haut, et la Moldavie. Conscient de la menace, Moscou y avait alors soutenu les minorités russophones en lutte contre le gouvernement central, créant de facto des conflits gelés – Ossétie et Abkhazie en Géorgie, Transnistrie en Moldavie – paralysant ces pays et les empêchant d'entrer dans l'Otan[46]. Ce que fait Poutine ces dernières années dans l'Est ukrainien n'est donc que la réplique de ce que la Russie a déjà fait ailleurs (voir carte page suivante).

Pour le président russe, il serait donc désastreux d'accepter le rattachement du Donbass à la Russie, contrairement aux sornettes racontées ici et là. Il le veut à l'intérieur des frontières ukrainiennes. Avec un large statut d'autonomie, recevant de Moscou protection, soutien diplomatique, armement et aide humanitaire, mais demeurant partie intégrante de l'Ukraine afin de bloquer les futures tentatives du nouveau pouvoir à Kiev d'entrer dans l'Otan. C'est dans cette optique qu'il faut comprendre, par exemple, la proposition du Kremlin de déployer des casques bleus le long de la ligne de front. Kiev ne s'y trompe d'ailleurs pas, qui dénonce « *la volonté de la Russie de légaliser la situation et de geler le conflit à jamais* »[47].

C'est exactement cela et c'est pourquoi Moscou refuse, en mai 2014, de reconnaître les résultats du référendum d'autodétermination, fait totalement passé sous silence. Ceci explique également que, contrairement à ce que l'on pourrait penser, Poutine a longtemps été mal vu par les séparatistes pro-russes du Donbass mais aussi par les courants nationalistes russes qui rêvent d'une *Novorossia* indépendante ou rattachée à la Russie[48].

Minorités russes et conflits gelés dans l'ex-URSS

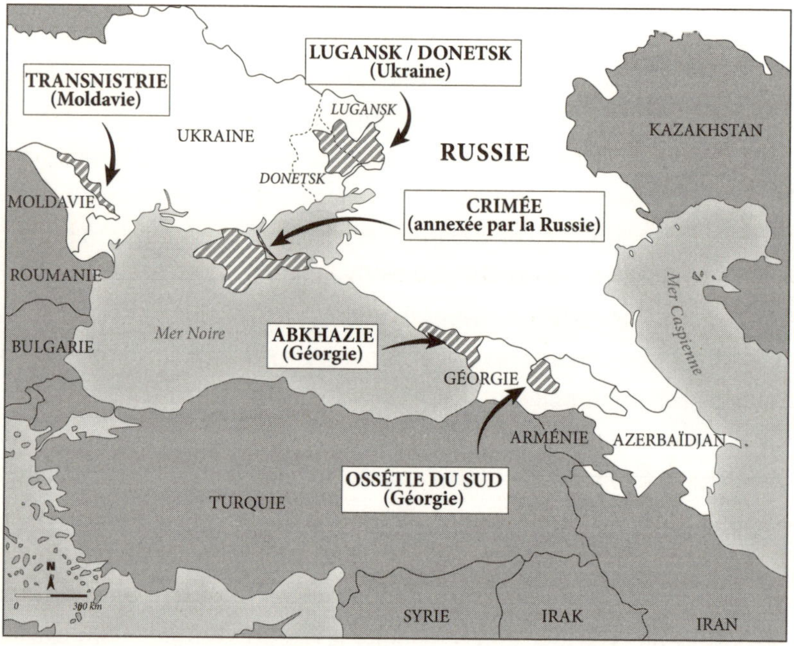

Pendant un an, du début de la guerre jusqu'aux accords de trêve de Minsk en février 2015, Vladimir Vladimirovitch fait un véritable numéro d'équilibriste, soutenant suffisamment les séparatistes pour qu'ils ne se fassent pas annihiler tout en douchant leurs espoirs d'un rattachement à la Russie, mettant sur la touche les leaders séparatistes indépendantistes pour les remplacer par des chefs plus enclins à se contenter d'une large autonomie, le tout alors que Kiev, et les États-Unis derrière, s'emploient à faire déraper la situation et que certains bataillons néo-nazis

(Azov, Aïdar, Tornado) bombardent sciemment les civils russophones afin de provoquer Moscou.

Jusqu'ici, Poutine semble s'en être sorti avec une maestria peu commune, mais seul l'avenir nous dira si l'équilibriste est finalement arrivé de l'autre côté. Les Américains forceront-ils la main de leurs partenaires atlantiques, transformant les règles de l'alliance pour y faire entrer l'Ukraine et la Géorgie, pivots stratégiques entourant le Heartland ? Les Russes mettront-ils leurs menaces à exécution[49] ? La nouvelle doctrine militaire russe, édictée en décembre 2014, place l'extension de l'Otan au premier rang des risques contre la Russie et l'établissement du bouclier anti-missile au quatrième rang[50]. Dans cette partie du monde, le Grand Jeu est loin d'avoir abattu toutes ses cartes...

After putsch ou l'Ukraine du Père Ubu

Après le coup de force, euro-Maïdan et nazi-Maïdan se partagent le pouvoir, avec environ deux tiers des postes ministériels pour les libéraux et un tiers pour les extrémistes, vrais vainqueurs de Ianoukovitch. Curieusement, notre presse reste alors très discrète sur la composition pourtant officielle du nouveau gouvernement[51]. Comme elle reste muette sur la promotion de néo-nazis à des postes clés de la police ou de l'armée[52].

Derrière la scène, les Américains tirent les ficelles. Soros fait la pluie et le beau temps à Kiev, conseillant régulièrement l'ambassadeur états-unien et rencontrant les différents acteurs du nouveau régime. On le voit distiller ses recommandations sur la réforme constitutionnelle ou judiciaire, s'opposer résolument à la fédéralisation susceptible de donner une certaine autonomie aux provinces russophones, critiquer Obama pour avoir été trop tendre face à Poutine et pousser à l'adoption de fortes sanctions à l'égard de la Russie[53].

Apparemment atteint de paranoïa aiguë, il déclare sans rire, lors de sa rencontre du 31 mars 2014 avec l'ambassadeur américain Geoffrey Pyatt, que la milice armée ultranationaliste Pravy Sektor est en fait

« *une machination du FSB* [les services secrets russes] *afin de déstabiliser l'Ukraine* » ! Volonté de se débarrasser de ces encombrants alliés après les avoir utilisés ? Il se peut également que le pauvre homme soit réellement intoxiqué par sa propre propagande. L'essayiste autrichien Karl Kraus décrivait déjà peu ou prou ce syndrome il y a un siècle : « *Les guerres commencent lorsque les politiciens mentent aux journalistes puis croient ce qu'il y a écrit dans les journaux.* »

Autre personnage proche de l'hallucination : Carl Gershman, l'inamovible président du NED – d'aucuns ironisent d'ailleurs sur la prétention de renverser des gouvernements étrangers de la part d'une institution qui est incapable depuis des décennies de renouveler sa propre direction[54]. En mai, alors qu'il reconnaît la participation du NED aux événements, il se félicite des « *incroyables progrès réalisés dans l'édification d'un esprit œcuménique de tolérance et de fraternité* »[55]. Quand on sait qu'à ce moment, la guerre civile a éclaté dans l'Est russophone et que des bataillons néo-nazis sillonnent les rues de Kiev, cela prête à sourire... jaune.

De fait, ce que nous sommes bien obligés d'appeler la junte qui prend les commandes de l'Ukraine s'illustre par un état proche du délire, dans un contexte où l'anarchie côtoie le chaos économique, ceci expliquant sans doute cela. Car le Maïdan et ce qui en a découlé provoquent une catastrophe sans précédent[56]. Le produit intérieur brut s'effondre littéralement[57] tandis que la dette explose, passant de 40 % du PIB à plus de 100 %[58]. La monnaie dégringole et l'inflation réelle atteint les trois chiffres : 272 %[59], qui dit mieux ?

Dans ces conditions, il n'est guère étonnant que, très vite, les banques prévoient un défaut de paiement de l'Ukraine[60]. Le FMI continuera toutefois à déverser des milliards à fonds perdu, plaçant un peu plus le pays sous la coupe réglée des institutions financières cornaquées par Washington. Deux précautions valant mieux qu'une, lors d'une froide nuit de mars, deux semaines après le putsch, l'or de la banque centrale s'évapore mystérieusement[61]. Valeria Gontareva, sa nouvelle présidente, reconnaîtra publiquement, en novembre, que les coffres sont vides. Des rumeurs insistantes mais non confirmées font état d'un chargement en catimini à bord d'un avion, le 7 mars à l'aéroport de Boryspil, à Kiev. Direction la réserve fédérale américaine. Ce ne serait d'ailleurs pas la première fois, les États-Unis ayant confisqué/mis à l'abri (barrez la mention inutile) l'or des pays européens au lendemain de la seconde guerre mondiale et refusé de le rendre pendant des années, à l'Allemagne notamment[62].

Le meilleur moyen de contrôler les alliés ou vassaux est, comme l'expliquait Brzezinski, de les placer dans un état de dépendance. À cet égard comme à bien d'autres, l'Amérique n'innove pas. Elle reprend les techniques éprouvées d'un autre grand empire maritime, l'Athènes classique du Ve siècle avant J.-C. (voir Annexe II).

Le désastre économique de la nouvelle Ukraine voit l'appauvrissement général, la disparition de la classe moyenne – seuls 9 % de la population peut encore prétendre à ce statut – et le suicide des retraités, incapables de survivre[63]. Des *think tanks* pourtant ouvertement atlantistes se désespèrent de la situation catastrophique, se demandant qui de l'Ukraine ou de la petite Moldavie remportera le titre peu envié de pays le plus pauvre d'Europe[64]. Quel invraisemblable gâchis !

Mais les responsables de ce chaos, tranquillement installés dans les corridors du pouvoir à Washington, ont d'autres chats à fouetter, comme de placer des gens sûrs aux postes importants. L'administration Obama sait qu'on n'est jamais mieux servi que par soi-même. Ainsi, le fils du vice-président Joe Biden ou un proche de la famille du secrétaire d'État John Kerry rejoignent la principale compagnie gazière privée ukrainienne[65]. Coïncidence, ils y retrouvent l'ex-président polonais Aleksander Kwasniewski, champion de l'ingérence atlantiste en Ukraine.

La mise sous tutelle du pays s'accélère fin 2014 avec la nomination au gouvernement de trois ministres étrangers, dont une Américaine ayant fait carrière au Département d'État et un Lituanien, ancien joueur de basketball ayant ensuite longtemps travaillé pour un fonds d'investissement états-unien, propulsé ministre de l'Économie[66]. Les mauvaises langues ont beau jeu de railler la naturalisation en catastrophe de ces « serviteurs de l'Ukraine » la veille de leur nomination[67]. Quant à l'ancien secrétaire général de l'Otan, Anders Fogh Rasmussen, il devient le conseiller spécial du nouveau président Porochenko[68], ce qui n'a rien de surprenant étant donné le parcours du personnage.

Premier ministre du Danemark de 2001 à 2009, il pousse, lors de la présidence danoise de l'Union européenne, à l'extension de l'UE aux pays d'Europe de l'Est. Proche de l'administration Bush, américanophile convaincu, il soutient toutes les guerres états-uniennes, notamment en Irak où il envoie des troupes, mettant fin à près d'un siècle de non-engagement militaire du pays scandinave. Apprenant sa nomination comme secrétaire général de l'Otan, il démissionne de son poste de Premier ministre, montrant clairement aux yeux de tous qu'il existait des considérations bien supérieures au sort de son propre pays[69]. Sous sa tenure, l'Alliance atlantique renforce ses liens institutionnels avec l'UE, reprend la rhétorique du « danger russe » et bombarde la Libye, permettant aux « rebelles » de renverser Kadhafi et plongeant ce pays dans un innommable chaos dont il n'est toujours pas sorti.

L'on voit d'ailleurs de plus en plus souvent l'alliance militaire sortir complètement de son rôle et se mêler de sujets économiques ou politiques : soutien au traité de libre-échange transatlantique ; critique des organisations écologistes qui s'opposent au gaz de schiste, accusées de faire le jeu de la Russie. À cette occasion, Rasmussen se prend une volée de bois vert en retour par Greenpeace : « *Que fument-ils au QG de l'Otan ? M. Rasmussen devrait passer moins de temps à échafauder des théories conspirationnistes.* »[70]

Après la fin de son mandat en 2014, il rejoint de manière controversée Goldman Sachs, pour qui il fait jouer ses réseaux de connivence. La banque d'affaires s'achète un ancien Premier ministre et secrétaire général de l'Otan afin de « *surmonter les obstacles politiques* »[71]. Il crée également sa société de conseils stratégiques sise à Bruxelles, siège de l'UE et de l'Otan, ne s'éloignant guère du monde qui l'a formé. Pour la domiciliation fiscale, il préfère toutefois Andorre, bien plus complaisante. Il est vrai qu'en tant qu'ancien ministre des impôts, il connaît tous les tours de passe-passe de l'évasion fiscale...

Si nous avons passé quelque temps sur ce personnage peu recommandable, et pourtant très recommandé par nos médias, c'est qu'il est représentatif de cette frange importante des dirigeants européens, acculturée, bien plus préoccupée par le Nouveau Monde que par le Vieux Continent. Une véritable carrière au service de l'imperium américain. Dans ces conditions, est-il étonnant de retrouver ce tartuffe des temps modernes à Kiev, gravitant autour du nouveau régime ? C'est le contraire qui eût été surprenant.

Autre fidèle soldat de l'empire, quoique passablement erratique et incontrôlable, Saakachvili est nommé gouverneur d'Odessa. Le grand ami de BHL, l'ancien président de la Géorgie arrivé au pouvoir par une révolution colorée made in Soros en 2003, le déclencheur de la guerre russo-géorgienne de 2008, a dû par la suite quitter précipitamment son pays. Fugitif recherché par la justice géorgienne pour corruption aggravée et atteintes aux droits de l'homme, prêt à tout pour échapper à la prison, il se fait ukrainien et est embauché pour gouverner la rétive province russophone d'Odessa, le tout payé par le contribuable... américain ![72]

Dans un grand élan de niaiserie, la presse française, qui n'en rate décidément pas une, le qualifie amoureusement d'Eliot Ness[73]. Dans les salles de rédaction, il suffit d'être bête noire du Kremlin ou opposant à Poutine pour devenir un héros. Manque de chance, la romance tourne court. Moins d'un an et demi après sa nomination, il démissionne avec fracas de son poste, fustigeant la corruption généralisée de la junte post-Maïdan, accusant son ancien ami Porochenko de « *soutenir des clans criminels et de piller les Ukrainiens* »[74]. Expulsé et dépossédé de sa nationalité d'emprunt après l'avoir été de la géorgienne, il revient en

Ukraine avec des dizaines de journalistes et des centaines de partisans à sa suite, jouant à cache-cache avec les gardes-frontières et ridiculisant le gouvernement, au grand dam de notre petit Landerneau médiatique qui en perd son latin[75]. À Moscou, on boit évidemment du petit-lait devant le spectacle : les pions, placés par l'empire américain, s'entre-déchirent désormais au grand jour.

En l'occurrence, Saakachvili n'a pas tort. La « nouvelle Ukraine » n'est en rien moins corrompue et népotique que l'ancienne, le placement de fiston Biden et d'une myriade d'autres amis du régime est là pour le prouver. Le directeur du fisc lui-même est pris la main dans le sac mais échappe momentanément à l'arrestation grâce à une opportune crise cardiaque[76]. Quant au président chocolatier (Porochenko est, entre autres, le patron des chocolats Roshen), il a vu sa fortune bondir alors que son pays s'enfonce dans la crise et ses compatriotes dans l'indigence[77].

Cette situation digne d'une république bananière va jusqu'à scandaliser la presse locale, pourtant fermement tenue par le nouveau pouvoir : « *La Banque d'investissement internationale du président a augmenté ses actifs de 84,8 % alors que le système bancaire du pays s'est effondré et que 60 établissements ont fermé.* » Oligarque un jour, oligarque toujours. Les Ukrainiens sont immensément las du « paradis » post-maïdanite, excédés par la corruption rampante et les magouilles du pouvoir qui, dans cette situation cataclysmique, choisit la fuite en avant[78]. C'est un grand classique de l'histoire mais en Ukraine, cela tourne littéralement à la farce.

Alors que le pays est en train de devenir le Zimbabwe de l'Europe, le gouvernement ne trouve rien de mieux à faire que de bannir les films de Gérard Depardieu, notre Cyrano national étant considéré, sans blague, comme une « *menace à la sécurité nationale* »[79] ! Il rejoint, dans la liste noire, les acteurs américains Steven Seagal ou Mickey Rourke, ce dernier coupable d'avoir porté un tee-shirt à l'effigie de Poutine[80]. Porochenko double la mise et signe en septembre 2015 un décret bannissant... à peu près tout le monde. Quatre cents personnes ou entités sont interdites, parmi lesquelles des artistes ou des journalistes, russes bien sûr, mais pas seulement. On y trouve aussi des reporters de la BBC, pourtant peu suspecte d'être favorable à Moscou[81]. Sentant sans doute qu'il y était allé un peu fort, le roi du chocolat finit par « débannir » six journalistes occidentaux, tous les autres restant sur liste noire[82]. Ces sombres menaces contre l'intégrité de l'Ukraine vont de danseuses étoile à l'anti-virus Kaspersky[83].

La presse occidentale est gênée aux entournures par la direction que prend la nouvelle Ukraine « aux valeurs européennes ». Aussi préfère-t-elle regarder ailleurs, comme *Le Monde*, devenu soudain muet; les rares journaux qui évoquent la chose tentent, eux, de la minorer[84]. Quand Poutine est accusé de s'en prendre à un journaliste, il est qualifié de monstre dans un grand concert de protestations scandalisées et de cris d'orfraie. Quand Porochenko fait de même en multipliant le chiffre par quarante, c'est simplement « une mauvaise nouvelle pour la démocratie ukrainienne ».

En juillet, une proposition de loi est même déposée à la Rada pour punir de douze ans de prison quiconque utilise le mot « Russie » dans les documents officiels, les médias ou la publicité[85]. La résolution ne sera finalement pas votée, mais le fait même qu'un député puisse proposer une telle ineptie en dit long sur l'état de déliquescence du nouveau régime. Le pouvoir issu du coup d'État est une caricature vivante, un véritable voyage en absurdie, s'hystérisant à mesure qu'il est ballotté.

Passons sur les gouverneurs de province organisant des cérémonies publiques d'exorcisme contre le grand méchant Poutine[86]. La dernière trouvaille des petits génies de Kiev est de payer 20 % plus cher du gaz russe transitant par l'UE pour ne pas avoir à s'adresser directement à Moscou[87] ! Le gouvernement s'imagine peut-être qu'une fois passé par les pipelines européens, l'or bleu russe perd sa marque d'infamie. Nul doute que le citoyen ukrainien, qui voit son pays au bord du gouffre économique et financier, appréciera.

Cela n'empêche d'ailleurs pas les mêmes de larmoyer sur la perte de deux milliards de dollars par an en frais de transit gazier, le Kremlin ayant décidé, devant l'hostilité convulsive de Kiev, de court-circuiter l'Ukraine pour fournir l'Europe[88]. La junte, qui fait de la russophobie primaire la pierre angulaire de sa politique étrangère, ne crache cependant pas sur la possibilité de toucher des royalties de ces mêmes Russes. Le beurre et l'argent du beurre, encore et toujours...

Le chef du SBU, les services secrets ukrainiens, n'est pas en reste. Le 22 mars 2016, il accuse la Russie d'être, tenez-vous bien, derrière les attentats de Bruxelles ! Ne craignant pas de devenir la risée de la planète, le désormais célèbre Vasily Gritsak déclare à cette occasion : « *Je ne serais pas surpris si l'on découvre derrière ces attentats un élément de la guerre hybride russe.* » Bingo Vasily, point Godwin atteint. Le Premier ministre russe Medvedev n'a guère à forcer son talent pour répondre à cette nouvelle pitrerie ukrainienne, qualifiant Gritsak d'« *andouille* »[89].

Son prédécesseur, Nalivaichenko, s'était, lui, spécialisé dans les invasions russes imaginaires, entre cinq et dix par mois. Il réveillait souvent en pleine nuit Iatseniouk, Premier ministre choisi par Victoria Nuland, et Tourtchinov, président de la Rada, qui, s'ils aimaient seriner en public leur petit couplet sur le « danger russe », avaient fini en privé par en avoir assez. De fait, le propre chef d'état-major de l'armée ukrainienne admettra lui-même que l'armée russe ne combat pas en Ukraine, contredisant les allégations des faiseurs d'opinion à Kiev ou à Washington[90]. Dans un rare accès de franchise, l'ami Gritsak, cité plus haut, admettra début 2016 lors d'une conférence de presse que seuls 56 citoyens russes ont participé à la guerre. L'étonnement des journalistes présents est à la mesure de la désinformation qu'ils ont ingurgitée/dégurgitée durant des mois, un vrai cri du cœur : « Aussi peu ? »[91] Cela n'empêche toutefois pas les *think tanks* néo-conservateurs américains et leurs affidés sur place de continuer à hurler régulièrement au loup, en l'occurrence à la « *prochaine invasion russe* »[92].

L'on aurait tort de croire que ces pathétiques manœuvres sont nouvelles, l'Antiquité est encore là pour nous montrer que les États-Unis et l'Ukraine n'inventent rien. Au IIe siècle avant notre ère, Pergame était un royaume d'Asie mineure, attenant à l'empire séleucide bien plus vaste et qui avait eu maille à partir avec Rome. Les rois de Pergame passèrent des décennies à venir au Sénat romain gémir sur le « danger séleucide », calomniant leur voisin, inventant des menaces imaginaires afin de forcer Rome à intervenir. Toute ressemblance avec une situation actuelle ne serait, bien entendu, que pure coïncidence...

Revenons à Nalivaichenko, le spécialiste des invasions russes fantasmées. Il est rapidement débarqué du SBU en juin 2015 par Porochenko. Dès lors, il ne perd guère de temps à cafarder sur ses anciens petits camarades : comptes offshore, corruption généralisée des députés, achats de voix... tout y passe[93]. De fait, une petite année au pouvoir et les nouveaux maîtres de l'Ukraine ont déjà leur retraite assurée. Quand on sait que les manifestants sincères du Maïdan – il y en avait aussi – voulaient en finir avec les magouilles des oligarques, on mesure leur déception.

Il ne faut pas chercher plus loin la raison de la révolte des groupes néo-nazis, ceux-là mêmes qui avaient renversé Ianoukovitch, contre le nouveau pouvoir qu'ils ont pourtant contribué à mettre en place. Le 11 juillet à Moukatchevo, dans l'ouest de l'Ukraine, une fusillade éclate entre membres du Pravy Sektor et autorités locales, laissant sur le carreau plusieurs morts[94]. L'incident est suffisamment sérieux pour que la Hongrie renforce la surveillance à sa frontière[95]. Le gouvernement, où les mouvements radicaux ont peu à peu perdu leur influence pour faire place à des gens plus présentables à l'international, organise une chasse à l'homme. N'ayant pas l'habitude d'être poursuivi pour ses crimes, le Pravy Sektor est outré, menace de lancer ses 19 bataillons sur Kiev[96] et appelle la Garde nationale, l'armée et les forces de sécurité à désobéir au gouvernement[97].

Sans surprise, la presse française reste impavide devant ces incidents pour ne pas remettre en cause la fable selon laquelle le Maïdan était une charmante révolution pro-européenne. Plus honnête, le vénérable

Times britannique se croit tout de même obligé de titrer : « *Kiev forcé de combattre ses propres milices fascistes.* »[98] Tiens tiens, il y a donc des néo-nazis en Ukraine... Le pauvre lecteur, à qui on a seriné le contraire pendant un an et demi, doit en être chamboulé. *Shocking!*

Sur le terrain, le vrai président de l'Ukraine, l'ambassadeur américain Pyatt, accourt à Moukatchevo pour tenter d'éteindre le feu après la fusillade[99]. D'aucuns se demandent alors si le Pravy Sektor peut prendre le pouvoir, établissant un intéressant parallèle avec l'Allemagne de Weimar : un gouvernement faible, corrompu et noyé dans le chaos économique, face à un mouvement ultranationaliste sur une dynamique montante et sans compromissions[100]. L'analogie est intellectuellement stimulante mais s'arrête là. Les néo-nazis ne sont pas très populaires en Ukraine, comme le montrent les résultats des élections – Pravy Sektor et Svoboda ensemble ne dépassent pas 10 %. Les Occidentaux les ont certes utilisés pour occuper le Maïdan et faire tomber Ianoukovitch, mais ne les laisseront pas prendre la totalité du pouvoir. Ils font néanmoins tout pour les amadouer.

Afin de ne pas braquer Kiev, notre Occident si droit-de-l'hommiste se couvre de ridicule et de honte à l'ONU en refusant de voter, en novembre 2015, un texte condamnant la glorification du nazisme[101]. Les États-Unis, le Canada et évidemment l'Ukraine s'opposent à la résolution ; les pays de l'Union européenne, eux, choisissent courageusement de s'abstenir... Mais après tout, quand on sait que le Parlement européen invite Andriy Biletsky, le leader du bataillon Azov célèbre pour son néo-nazisme affiché et ses exactions contre la population russophone du Donbass, nous pouvons nous attendre à tout[102]. Pour mémoire, même les Américains, pourtant habitués à soutenir l'insoutenable, considèrent Azov comme trop sulfureux et refusent de le financer[103].

Pendant ce temps, les incidents se multiplient en Ukraine, entrecoupés de trêves précaires, entre les groupes extrémistes, vrais vainqueurs du Maïdan, et le gouvernement oligarchique qui en a profité pour prendre le pouvoir à sa suite. L'on ne peut certes pas parler de deuxième guerre civile – la première se déroulant dans le Donbass – mais la tension reste vive. Deux mois après Moukatchevo, une nouvelle éruption de violence, à Kiev cette fois, provoque plusieurs morts et des centaines de blessés[104].

Il serait indigeste de dresser la liste des innombrables affrontements, mais celui du 17 septembre 2018 est intéressant à plus d'un titre. Ce jour-là, de violents heurts ont lieu devant le siège du parquet général, plusieurs mouvements ultranationalistes protestant contre l'expulsion vers la Russie de Timour Toumgoïev, membre du groupe État islamique[105]. Que vient donc faire Daech dans cette galère ? Selon les manifestants eux-mêmes, le djihadiste en question combattait les rebelles séparatistes du Donbass. Cela peut paraître étonnant mais, en réalité, c'est tout sauf une surprise. On sait depuis 2015 que les bataillons radicaux intègrent des combattants islamistes, dont certains proches de l'EI, pour faire face aux pro-russes. Propagande poutinesque ? Pas du tout, c'est le très russophobe *New York Times* lui-même qui l'avoue[106].

Ainsi va la nouvelle Ukraine démocratique, où l'oligarchie s'en met plein les poches tandis que néo-nazis et djihadistes font le coup de poing contre les Russes, le tout sous l'œil bienveillant des Américains. Après Pol Pot et Ben Laden, ils ne sont pas à ça près...

Dans ce climat délétère, les autorités n'ont évidemment rien d'autre à faire que de botter en touche et de sauver la face en dénonçant *ad nauseam* le « danger russe ». Les combats à Kiev entre néo-nazis et la police ? Le marasme économique ? C'est la faute de Moscou ![107] Dans un accès mélodramatique digne d'une telenovela brésilienne, Porochenko, dont l'impopularité n'a rien à envier à celle de François Hollande en son temps[108], nous met la larme à l'œil : « *Poutine veut toute l'Europe. Nous combattons pour la démocratie, pour la liberté, pour la sécurité de tout le continent européen.* »[109] Lors d'une visite à Londres en 2017, il se prend modestement pour Churchill et assène sans rire : « *La résistance de l'héroïque armée ukrainienne est la raison pour laquelle les chars russes n'ont pas envahi l'Europe.* »[110] L'on se demande ce qui est le plus pathétique : les tirades tragi-comiques du chocolatier ou le fait que ces propos soient rapportés le plus sérieusement du monde par nos journaux.

Le frénétique enthousiasme pro-occidental de la junte a cependant dû être douché par les déclarations du président de la Commission européenne, le sémillant Jean-Claude Juncker, expliquant que l'Ukraine sera incapable d'intégrer l'Union européenne ou l'Otan avant vingt ou vingt-cinq ans au minimum[111]. C'était pourtant la cause fondamentale du Maïdan qui a, entre autres catastrophes, entraîné la perte définitive de la Crimée et celle, partielle, de deux autres provinces (Donetsk et Lugansk), la guerre civile, le cataclysme économique, l'hyperinflation, l'explosion de la dette et vu la rue occupée par des milices paramilitaires. Tout ça pour ça ? Merci d'avoir participé, repassez vers 2040...

Le sacrifice des alliés est un mal nécessaire pour les États-Unis dans le Grand Jeu mondial. L'Ukraine a été exploitée par Washington, relativement mal d'ailleurs au vu du résultat final. Elle a tout de même eu une certaine utilité. Le 17 juillet 2014, le vol MH17 de la Malaysia Airlines s'écrase dans le Donbass après avoir emprunté, pour des raisons encore inexpliquées, une route différente de celles prises les jours précédents et qui visaient à éviter le survol de la zone de conflit[112]. Avant même le début de l'enquête, un barrage d'hystérie prend les journaux occidentaux qui accusent immédiatement et sans preuves les séparatistes, donc la Russie. La névrose médiatique est impressionnante, rarement vue dans l'histoire. « *Le missile de Poutine* », « *Poutine a tué mon fils* », « *Les morts de Poutine* » sont quelques-unes des manchettes faisant la Une. Les fameuses « Deux minutes de la haine », défoulement collectif que décrivait George Orwell dans son chef-d'œuvre *1984*, ne sont pas loin.

Le noyautage des médias occidentaux

« *La propagande est aux démocraties ce que la violence est aux dictatures* », écrit fort justement Noam Chomsky. Si les secondes n'ont de compte à rendre à personne, les premières se voient obligées de travailler en profondeur leur opinion publique, souvent rétive[113]. Cet axiome explique que, contrairement à une idée reçue, la désinformation trouve encore plus son terrain de prédilection dans les pays démocratiques que dans les régimes dictatoriaux. Entre l'incroyable mascarade des bébés couveuse koweïtiens et le génocide inventé de toutes pièces au Kosovo[114], les années 1990 voient toutes les barrières tomber et la guerre de l'information occidentale atteindre des niveaux jamais vus. Les djihadistes syriens présentés comme des « rebelles modérés » ou le putsch du Maïdan transformé en « révolution démocratique » ne sont pas loin sur la liste.

Au cœur de ce dispositif se trouvent, naturellement, mécaniquement, les médias qui « *répandent leur propagande belliciste avant de disserter sur leurs erreurs, pour recommencer de plus belle tout en se targuant d'éviter, cette fois, toute bavure dans la couverture des conflits.* »[115] Peine perdue... Le 25 septembre 1880, déjà, le célèbre journaliste américain John Swinton se fâchait lors d'un banquet quand on proposa un toast à la liberté de la presse : « *Il n'existe pas à ce jour de presse libre et indépendante. Pas un seul parmi vous n'ose écrire ses opinions honnêtes et vous savez très bien que si vous le faites, elles ne seront pas publiées. On me paye un salaire pour que je ne publie pas mes opinions.* (...) *Le travail du journaliste est la destruction de la vérité, le mensonge patent, la perversion des faits et la manipulation de l'opinion.* (...) *Nous sommes des prostitués de l'intellect.* » Dans un autre contexte, le général de Gaulle ne dira pas autre chose, fustigeant la « *presse infâme et avachie, aux pieds et à la botte des Américains, des Israéliens et de tous les autres* »[116].

Que des journalistes fassent honnêtement leur métier n'est pas contestable. Les articles de Robert Parry ou Seymour Hersh aux États-Unis, de Robert Fisk en Grande-Bretagne, apparaissent comme des éclats de lumière dans le clair-obscur de la doxa. En France, souvenons-nous du tollé médiatique lors de la diffusion sur Canal +, en janvier 2016, d'un reportage enfin sérieux réalisé par Paul Moreira, sur le rôle des mouvements néo-nazis dans le Maïdan (*Ukraine, les masques de la révolution*). Ces voix indépendantes, ces jaillissements de sincérité ne pèsent toutefois pas grand-chose face à la puissance de feu des médias de masse, ce que Washington a compris depuis longtemps...

Dès 1948, la CIA crée le programme Mockingbird visant à influencer les médias occidentaux[117]. Le noyautage est systématique, touchant plus de 300 journaux parmi lesquels les principaux titres de la presse américaine: *New York Times, Washington Post, Newsweek, Time Magazine*... 400 journalistes travaillent alors en étroite collaboration avec l'agence de renseignement dont les ressources sont illimitées. Très vite, le projet s'étend au cinéma, à la littérature et à la presse européenne; en France, Léon Blum reçoit des fonds pour sauver *Le Populaire*, proche de la SFIO. Publié dans les années 1960, un livre choc – *Gouvernement invisible* – dévoile les opérations clandestines de la CIA, l'infiltration des médias et les relations troubles entre l'agence de renseignement, le complexe militaro-industriel et le Congrès. Un *deep state* avant l'heure. Une Commission d'enquête du Sénat américain prononce un véritable réquisitoire en 1975, notant que la CIA dirige des réseaux de centaines d'individus à travers le monde ayant pour mission d'influencer les opinions publiques. Officiellement, le programme est supprimé en 1976. Officieusement, en revanche...

Plusieurs opérations auparavant clandestines sont désormais ouvertement reprises au niveau gouvernemental, via le NED par exemple. À cette époque fleurissent une kyrielle d'organismes en Europe, dont la French American Foundation, dirigée entre 1997 et 2001 par John Negroponte, futur directeur sous l'administration Bush de l'organisme coordonnant tous les services secrets américains, dont la CIA. Cette fondation, fer de lance du *soft power* américain en France, organise des séminaires pour de jeunes dirigeants – les Young Leaders – et ne se cache même pas de son influence: « *Nous comptons de nombreux ministres du gouvernement actuel et des précédents, plusieurs hauts responsables de la presse écrite ou parlée, des présidents d'entreprises cotées au Cac 40 ou des secteurs de services et de haute technologie, mais aussi des artistes, écrivains, scientifiques.* »[118] Outre les deux derniers présidents de la République (François Hollande et Emmanuel Macron) et plusieurs ministres atlantistes (Alain Juppé), l'usine des Young Leaders, véritable Washington-sur-Seine, a formaté les grandes plumes, directeurs de rédaction ou PDG du *Monde*, du *Nouvel Observateur*, de *Libération*, de France Inter, du *Figaro*, d'Europe 1 et bien d'autres[119]. Nous laissons au lecteur le soin de tirer ses propres conclusions quant à la désinformation systématique qui a accompagné les événements en Ukraine et en Syrie ou la russophobie primaire présente dans nos médias.

Deux précautions valant mieux qu'une, la CIA continue parallèlement de débaucher des journalistes européens. Le président Mitterrand, que l'on peut difficilement classer dans la catégorie des conspirationnistes, accusait déjà en son temps le rédacteur en chef du *Monde* de travailler pour une certaine puissance étrangère[120]. Udo Ulfkotte, éditorialiste-

correspondant de la prestigieuse *Frankfurter Allgemeine Zeitung* et ancien conseiller du gouvernement d'Helmut Kohl, publie en 2014 une véritable bombe. Dans *Gekaufte Journalisten*, c'est-à-dire « Journalistes achetés », il décrit son propre soudoiement par l'agence américaine ainsi que la corruption de ses confrères allemands et européens[121]. Inutile de dire que son livre est soigneusement passé sous silence par notre presse « libre ».
Tout irait pour le mieux si, au fil des années, le public ne s'était mis à douter de la bouillie médiatique déversée jour après jour. Est-ce un hasard si c'est le moment choisi par les gouvernements occidentaux pour légiférer sur les fameuses *fake news* ? Ce soudain et frénétique besoin de contrôler l'information va de pair avec l'écroulement de la confiance du public envers les médias de masse. George Orwell le savait bien: « *Plus une société s'éloigne de la vérité, plus elle hait ceux qui la disent.* »

Quelques heures à peine après le crash du MH17, les États-Unis blâment Moscou, assurant posséder « *des preuves extraordinaires* » de son implication. Tellement extraordinaires qu'elles n'ont évidemment jamais été présentées et ne le seront sans doute jamais. La bonne parole de Washington, amplifiée par ses porte-voix médiatiques, semble suffire. Mis à part ces accusations verbales – les mêmes que pour les bébés couveuse de 1990 ou la fiole de Colin Powell à l'ONU ? –, notre Inquisition des temps modernes se base sur la vidéo amateur d'un lanceur de missiles Bouk, en réalité filmé dans une ville tenue par l'armée ukrainienne comme le montre un panneau publicitaire en fond ; sur l'hypothétique commentaire, effacé depuis, d'un séparatiste qui se serait félicité du tir de missile sur un réseau social ; enfin, sur une conversation téléphonique enregistrée entre deux chefs séparatistes supposés, dont il a été prouvé depuis qu'elle a été trafiquée[122], Kiev l'ayant même retiré de sa liste de « preuves ». C'est un peu court...

Peu importe que le principal journal de Malaisie – première concernée dans cette affaire, faut-il le rappeler – titre sur la responsabilité de Kiev[123]. Peu importe que le plus grand journaliste d'investigation américain, Robert Parry, celui qui a mis au jour le scandale des Contras, pointe directement Kiev du doigt[124]. Peu importe que plusieurs spécialistes reconnus de la question – généraux de brigade aérienne, experts aéronautiques, etc. – s'interrogent ouvertement[125]. Peu importe que les vétérans du renseignement américain eux-mêmes doutent des accusations de leur gouvernement[126]. Peu importe que les services secrets ukrainiens – les mêmes qui ont annoncé les dizaines d'« invasions russes » de l'Ukraine – aient étrangement confisqué les conversations entre les contrôleurs du ciel et l'équipage du Boeing[127]. Peu importe que le Premier ministre de Malaisie, Mahathir, s'élève régulièrement depuis des années contre la version biaisée de l'Occident et critique fortement les investigations[128] ; en mai 2019, il s'insurge encore : *« L'enquête est politisée. Ils voulaient dès le départ accuser la Russie mais où sont les preuves ? Pourquoi nos experts ont-ils été empêchés d'écouter les enregistrements de vol ? »*[129] Le black-out médiatique occidental est à peu près total.

L'enquête, justement, est menée par les Pays-Bas, la Belgique, l'Australie et l'Ukraine, alliés militaires des États-Unis. On n'est jamais mieux servis que par soi-même... Ces quatre pays signent très vite un étonnant accord de non-divulgation qui leur interdit de communiquer les résultats et leur donne un droit de veto les uns sur les autres, donc de Kiev sur les trois autres. Ainsi verrouillée, l'enquête ne donnera sans doute rien ou accusera le bouc émissaire idéal : la Russie.

L'important est ailleurs. Nous sommes dans le rapport de force géopolitique, dont la guerre de l'information est une composante de plus en plus importante. À défaut de preuves de l'implication russe dans le crash du Boeing, l'émotion suscitée par la campagne de diabolisation médiatique permet aux Américains d'emporter les dernières réticences européennes et de mettre en place ce dont ils rêvent depuis longtemps : un régime de sanctions perpétuellement renouvelé contre Moscou.

Quelques jours avant la tragédie du MH17, Poutine était au Brésil où il signait l'accord sur la création de la Banque des BRICS, engageant le grand mouvement de dédollarisation, mettant à mal le système financier international qui permet aux États-Unis de vivre au-dessus de leurs moyens et de faire financer leurs guerres par les autres pays. Le monde multipolaire de demain face à l'unilatéralisme états-unien. Pour conserver sa prééminence, Washington se doit de réagir, d'isoler son rival et de le faire sanctionner par les autres composantes du Rimland eurasiatique.

Dans un discours à l'université de Harvard, le vice-président Joe Biden l'avoue sans remords : l'Amérique a forcé la main des pays européens qui rechignaient à cette escalade suicidaire[130]. Car l'Europe est fortement frappée par le régime des sanctions et contre-sanctions russes et risque de perdre deux millions d'emplois dans l'affaire[131]. Depuis, douce coïncidence, une poussée de violence éclate soudain en Ukraine à chaque fois qu'approche l'échéance des sanctions européennes et se pose la question de leur renouvellement. Le schéma est invariable :

1) Les Européens renâclent et remettent en question les sanctions qui, on l'a vu, leur coûtent cher.

2) Les Américains activent leur bras ukrainien afin de torpiller le semblant de rapprochement russo-européen. Kiev bombarde quelques quartiers de Donetsk ou assassine des leaders séparatistes, entraînant la réaction des pro-russes et la reprise partielle du conflit.

3) Les sanctions sont renouvelées, pour le plus grand bonheur de Washington.

Ce petit jeu n'échappe évidemment à personne et les Européens ne sont pas complètement dupes. Le gouvernement allemand est ainsi persuadé depuis longtemps que les provocations dans le Donbass sont le fait de Kiev, dans le but de pourrir la situation et empêcher la levée des sanctions[132].

L'un des derniers épisodes en date, l'envoi provocateur de trois navires ukrainiens dans le détroit de Kertch et leur arraisonnement par la marine russe en novembre 2018, provoque un énième regain de tension. Si les pays européens, sur la corde raide, s'opposent finalement à toute sanction supplémentaire contre la Russie[133], ils renouvellent naturellement celles déjà prises. *Le Monde* a du mal à cacher sa joie : « *C'est la huitième reconduction d'affilée. Les 28 dirigeants de l'Union européenne ont décidé, jeudi 13 décembre, de prolonger de six mois les sanctions économiques imposées à la Russie depuis 2014 (...) La décision de la reconduction des sanctions actuelles a été prise en quelques minutes seulement, du fait de la tension née de l'arraisonnement* manu militari *par la Russie, le 25 novembre, de trois navires ukrainiens en mer d'Azov.* »[134]

Les États-Unis ont, de leur côté, mis en place un régime de sanctions permanentes contre leur principal adversaire stratégique, augmentant régulièrement, sans cesse et sans raison, le nombre de personnes, d'entreprises ou d'institutions concernées. C'est devenu « *un amusement national* » selon les termes de hauts responsables russes qui célèbrent, fin septembre 2018, le soixantième (!) train de sanctions américaines contre la Russie depuis 2011[135]. Le 30 juillet 2015 par exemple, Washington pénalise 15 compagnies supplémentaires. À cette occasion, l'ambassade américaine à Moscou émet l'un des communiqués les plus hallucinants de son histoire : « *Les nouvelles sanctions ne sont pas une escalade mais une mesure de routine.* »[136]

On comprend cependant mieux quand on regarde en détail les entreprises sanctionnées : plusieurs filiales de Rosneft, le leader mondial de l'extraction d'or noir[137], le pendant pétrolier du géant Gazprom. Si Sully répétait à l'envi que labourage et pâturage étaient les deux mamelles de la France, Poutine pourrait en dire autant avec Gazprom et Rosneft. La première n'étant pas sanctionnable, car fournissant déjà leurs « junior partenaires » européens en gaz, les Américains mettent le paquet contre la seconde et les banques qui la financent. En 2012, Rosneft dévoilait un plan pharaonique de 500 milliards d'euros d'investissements, ce qui a dû faire sonner quelques alarmes outre-Atlantique[138]. Les sanctions « de routine » de ce 30 juillet 2015 ont clairement pour but de saboter, au moins partiellement, ces plans grandioses et mettre la Russie en difficulté.

En passant, faisons un sort à l'idée selon laquelle les lobbies, notamment pétrolier, feraient la pluie et le beau temps à Washington. C'est en partie vrai, bien sûr, mais en partie seulement. La principale major américaine, Exxon Mobil, avait signé un partenariat très important avec Rosneft dans les gisements extrêmement prometteurs de la mer de Kara[139]. La mise en place des sanctions l'oblige à y renoncer et lui fait perdre un milliard de dollars[140]. Les impératifs de l'empire dépassent largement le simple profit à court terme des compagnies états-uniennes. Il s'agit ici de haute stratégie, de contrôle des ressources en hydrocarbures de la planète afin de garder une prééminence mondiale. Nous reviendrons plus en détail sur ce Grand Jeu énergétique dans le prochain chapitre.

En attendant, l'Europe semble à nouveau être le dindon de la farce dans le combat entre les deux grands. Russes, totalement, et Américains, partiellement, ont tiré ce qu'ils pouvaient de la crise ukrainienne. Les premiers ont définitivement assuré leur base de Sébastopol et, pour l'instant, torpillé l'entrée de l'Ukraine dans l'Otan ; les seconds ont réussi à faire sanctionner la Russie et à isoler, pour un temps, les parties européenne et asiatique de l'Eurasie. Les Européens, eux, doivent une nouvelle fois se demander dans quelle galère ils se sont embarqués pour complaire aux injonctions d'outre-Atlantique. Les agriculteurs français, le patronat allemand, les Italiens, Hongrois, Tchèques, Autrichiens, beaucoup réclament le retour à des relations normales avec la Russie. Le statut de vassal coûte cher au Vieux continent.

Quant à l'Ukraine elle-même, la fuite en avant, aussi ridicule soit-elle, est la seule échappatoire devant l'abîme dans lequel s'enfonce le pays, terrain de jeu des États-Unis sur l'échiquier eurasiatique. Quand le jouet sera cassé, ils le laisseront choir si ce n'est déjà fait. Tout ce qui intéresse Washington est d'occuper la case Ukraine au plus près de la Russie, le reste – le développement du pays par exemple – étant passé par pertes et profits. Les néo-nazis se consolent d'avoir été manipulés en obtenant des victoires symboliques : le jour de naissance de leur héros Stepan Bandera, collaborateur notoire de l'Allemagne hitlérienne, est désormais férié, dans le silence généralisé de la presse européenne[141]. Avec tout ce qu'il a pioché, Porochenko, largement battu par un simple comédien lors de la présidentielle de 2019, peut se construire un beau palais en chocolat tandis que Iatseniouk, l'homme aux soixante-dix-neuf invasions russes, serait parfait au poste de porte-parole de l'Otan. Quant à l'Ukrainien moyen, ruiné, il pourra toujours se jeter dans le Dniepr...

Chapitre II

PIPELINEISTAN

Juillet 1999. Une douzaine d'hommes barbus en costume traditionnel afghan considèrent pensivement les effigies monumentales des présidents américains sculptées sur la paroi du mont Rushmore. À bien y regarder, ils déparent tout de même quelque peu des touristes qui les entourent : ce sont des commandants de milices talibans[142]. Invités par l'université du Nebraska et le gouvernement, ils passent les cinq semaines suivantes à faire du shopping et explorer les curiosités locales. Deux ans auparavant, une autre délégation talibane était venue faire le tour du Texas, visitant même le centre de la NASA[143].

Diantre. Que font donc aux États-Unis les étudiants en théologie fondamentalistes du mollah Omar, ceux-là mêmes qui accueillent Oussama Ben Laden depuis 1996 ? Le doyen Thomas Gouttierre, directeur du Centre des études afghanes de l'université, et accessoirement lié à la CIA, a une réponse toute faite : il s'agit de montrer aux leaders talibans les idéaux de démocratie et de liberté de l'Amérique. C'est beau comme un épisode des Bisounours... La réalité est plus prosaïque et sent fortement le gaz. Le Grand Jeu aussi.

Le Viêtnam des Russes

L'on a vu au premier chapitre que Zbigniew Brzezinski, l'éminence grise de plusieurs administrations américaines, se félicitait ouvertement du fait que la CIA était entrée en Afghanistan avant les Soviétiques, afin d'y attirer l'URSS et de la saigner. Sans entrer dans le détail de l'histoire mouvementée du « royaume de l'insolence », la situation dégénère en 1973 lorsqu'un coup d'État met fin au règne long, paisible et éclairé de Mohammad Zaher Shah. Un nouveau coup de force a lieu en 1978, qui amène au pouvoir le Parti démocratique populaire d'Afghanistan (PDPA), d'obédience communiste. Ses réformes – alphabétisation, droit des femmes, mais aussi athéisme imposé et répression politique – heurtent de plein fouet l'opposition religieuse sunnite qui se révolte, aidée par le régime militaro-islamiste de Zia ul-Haq au Pakistan voisin, allié des États-Unis.

La guerre civile qui éclate entre communistes et islamistes, les agents de la CIA déjà à l'œuvre en Afghanistan pour déstabiliser le gouvernement et les déchirements au sein du PDPA poussent Moscou à décider l'envoi de l'Armée rouge le 25 décembre 1979 afin de rétablir l'ordre et la stabilité chez son voisin du sud. C'est le début d'une guerre qui, d'une certaine manière, n'est toujours pas terminée quarante ans plus tard...

Les Soviétiques investissent très vite les centres urbains et rétablissent l'autorité du gouvernement. Leur contrôle s'arrête là, car dans les montagnes s'organise la résistance moudjahidine. Elle est soutenue en sous-main par la CIA et l'ISI, les puissants services secrets pakistanais, est financée par l'Arabie Saoudite et alimentée par l'arrivée de milliers de combattants volontaires, venus du monde musulman pour faire le djihad en Afghanistan. Ces brigades internationales islamistes, principalement arabes, reçoivent endoctrinement religieux wahhabite et entraînement militaire dans les bases arrière du Pakistan avant de passer la frontière pour combattre les Soviétiques[144].

C'est à cette occasion qu'apparaît un certain Ben Laden, rejeton d'une riche famille saoudienne. Il semble qu'il soit, à l'origine, représentant du prince Turki ben Fayçal, alors chef des services de renseignements saoudiens, chargé de ventiler les sommes allouées à la résistance afghane. Toujours est-il que le milliardaire finance une brigade de plusieurs centaines d'hommes puis créé un réseau, al-Qaida, qui vise, au départ, à fournir aux combattants étrangers une plateforme de contact et de soutien[145]. Fortement influencé par le djihadisme internationaliste de son mentor spirituel, Abdallah Azzam, Ben Laden et son organisation commenceront, à la fin de la guerre, à recycler les activistes radicaux. Contrairement aux mouvements de l'islamisme politique classique à ancrage national, ceux que l'on appelle désormais les « Afghans » élaborent une variante transnationale de l'idéologie fondamentaliste et rejoignent ensuite d'autres foyers de conflits (Bosnie, Tchétchénie). C'est le point de départ de mouvements terroristes que nous connaissons bien aujourd'hui : al-Qaida puis Daech.

En Afghanistan, l'Armée rouge patine devant la guérilla des moudjahidine afghans plus ou moins islamisés (Hekmatyar, Massoud, Dostom) et des djihadistes internationaux, qui commencent d'ailleurs à recevoir des Américains les fameux missiles anti-aérien Stinger, faisant perdre aux Russes le contrôle du ciel. En plus d'avoir créé, avec leurs alliés pakistanais et saoudien, le bourbier où ils rêvaient de voir s'enfoncer l'URSS, les États-Unis relancent la course aux armements afin de ruiner Moscou ; c'est la fameuse « guerre des étoiles » de Reagan, comme nous l'avons vu au premier chapitre. Enfin, parachevant leur stratégie, géniale à court terme, désastreuse à long terme, les Américains demandent à l'Arabie Saoudite d'augmenter soudainement sa production de pétrole afin de faire baisser le baril à dix dollars et ruiner l'Union soviétique qui dépendait fortement de ses exportations d'or noir. Cela aura pour conséquence secondaire la ruine de l'Irak d'un certain Saddam Hussein, trahi par ses parrains de Washington et de Riyad qui l'avaient soutenu dans sa guerre contre l'Iran avant de le lâcher en rase campagne. Pour compenser ses pertes, Saddam envahira, en 1990, le Koweït afin de mettre la main sur les réserves pétrolières gigantesques de ce petit pays, entraînant la première guerre du Golfe (1991) et l'invasion définitive de l'Irak par les États-Unis (2003), elle-même responsable d'une réaction en chaîne aboutissant au bouleversement généralisé que connaît le Moyen-Orient aujourd'hui.

En 1988, l'URSS est à genoux et Gorbatchev, qui a engagé la perestroïka pour sauver son régime, décide le retrait de l'Armée rouge. Dr Zbig et les stratèges américains peuvent jubiler : l'exorbitant conflit, trop lourd à supporter pour un système à bout, entraîne finalement l'éclatement de l'empire soviétique, même si c'est au prix de « *quelques excités islamistes* ».

Pipelineistan

En Afghanistan même, rien n'est réglé. Le gouvernement communiste résiste jusqu'en 1992 avant de tomber. Les diverses factions rivales, menées par des seigneurs de la guerre contrôlant de véritables fiefs, commencent entre elles une terrible lutte pour le pouvoir se muant en guerre civile. Washington s'en lave les mains tandis que le Pakistan tente difficilement de pousser ses pions dans ce maelstrom. Incapable de stabiliser la situation, l'ISI lance en 1994 le mouvement taliban.

Ces « étudiants en théologie » sont les enfants spirituels de l'alliance américano-pakistano-saoudienne de la décennie précédente. Durant la guerre contre les Soviétiques, des millions d'Afghans s'étaient en effet réfugiés dans les zones tribales pakistanaises. Les jeunes reçoivent dans les madrasas une éducation rigoriste fortement influencée par l'école de pensée Deobandi[146], orthodoxie islamique créée au XIXe siècle en Inde du Nord, ainsi que par le wahhabisme exporté par l'Arabie Saoudite. Les

Américains y vont aussi de leur contribution sous la forme de millions de livres scolaires violents qui appellent au djihad contre les Russes. Ces aimables manuels sont imprimés par l'ami Gouttierre de l'université du Nebraska, sous la supervision de la CIA et de l'USAID, l'agence états-unienne pour, ne riez pas, « le développement »[147].

Les enfants, devenus maintenant jeunes adultes, se lancent sur l'Afghanistan en 1994, avec l'objectif déclaré de le libérer des seigneurs de la guerre corrompus et d'y instaurer une société islamique pure.

Zones de contrôle en Afghanistan à l'automne 1996

La population, épuisée par la guerre civile et les exactions des factions, les accueille d'abord avec sympathie afin de ramener ordre et sécurité dans le pays. Ils sont particulièrement populaires dans les zones pachtounes, au sud et à l'est du pays, dont ils sont d'ailleurs pour la plupart issus. Leur progression est fulgurante : ils prennent Kandahar, puis Kaboul et occupent très vite la majorité de l'Afghanistan (voir carte page précédente).

Malgré leur rigorisme à cent lieues des valeurs postulées de l'Occident, les talibans bénéficient d'abord de la bienveillante indifférence de Washington, qui s'en remet entièrement au Pakistan dans ce dossier. Les étudiants enturbannés ne sont nullement inscrits sur la liste des entités supportant le terrorisme, émise chaque année par le Département d'État. Son porte-parole ne trouve d'ailleurs « *rien de répréhensible* » à l'imposition de la stricte loi islamique à Kaboul ou à la castration puis l'exécution du président déchu, Najibullah[148].

Très vite cependant, les impératifs du Grand Jeu reprennent et les États-Unis entrent en rapport avec les talibans. En filigrane, le passage par l'Afghanistan des colossales richesses énergétiques de la Caspienne. Dans la novlangue officielle, il convient de désenclaver l'Asie centrale et de permettre à ses hydrocarbures d'accéder au marché mondial. Il s'agit en réalité de bien autre chose...

Pipelineistan ou la guerre des tubes

En plus d'être le pivot du monde, le point névralgique du globe, l'Eurasie est également terre de richesses, d'immenses richesses. Les soieries, le jade, les épices, les tapis persans ou le caviar ont été remplacés par les hydrocarbures, pétrole et gaz, principalement en Russie et autour de la Caspienne.

Aussi important sinon plus que les ressources elles-mêmes, c'est leur acheminement par les gazoducs et oléoducs et le moyen d'influence qui en découle qui cristallise les tensions et les grandes manœuvres, ce que d'aucuns nomment la géopolitique des tubes. Complétant la pensée de Mackinder, un nouvel axiome est apparu : « *Qui contrôle les sources et les routes d'approvisionnements énergétiques mondiales contrôle le monde.* » C'est particulièrement vrai pour les États-Unis, dont les stratèges sont conscients de l'inévitable déclin: le monde est devenu trop vaste, trop riche, trop multipolaire pour que Washington puisse le contrôler comme elle l'a fait au XXe siècle. Du *Projet pour un nouveau siècle américain* des néo-conservateurs au *Grand Échiquier* de Brzezinski, une même question prévaut: comment enrayer ce déclin, comment le retarder afin de conserver aux États-Unis une certaine primauté dans la marche du monde? La réponse a été formulée par Henry Kissinger lui-même: « *Contrôlez le pétrole et vous contrôlez les nations.* »[149] Sun Tzu n'aurait pas dit autre chose. Et c'est toute la politique étrangère américaine, et subséquemment russe et chinoise, de ces vingt-cinq dernières années qui nous apparaît sous un jour nouveau.

Les pipelines jouent ainsi un rôle crucial, leur tracé étant la matérialisation sur le terrain des objectifs stratégiques de leur promoteur. Les tubes russes sont autant de flèches visant à percer vers le Rimland afin de gagner les marchés de consommation européen ou asiatique. Ceux promus par les Américains courent le long de ce même Rimland et tentent d'isoler la Russie tout en contrôlant l'approvisionnement énergétique de leurs « alliés », européens notamment, pour garder un levier de pression sur eux. L'équation est encore compliquée du fait de l'irruption chinoise ainsi que l'émergence d'autres acteurs: Turquie, Inde, Pakistan, Iran, Japon...

La bataille pour les sources et les routes énergétiques combinée à la domination du Heartland et du Rimland, sont les éléments constitutifs de ce nouveau Grand Jeu qui définira les rapports de force mondiaux pour les siècles à venir.

Les anti-Américains primaires ont une explication toute faite aux guerres de Washington: ce serait tout bonnement pour « voler du pétrole ». Simple, pour ne pas dire simpliste. L'homme de la rue, lui, se demande pourquoi les États-Unis se mêlent du tracé de tel pipeline à 15 000 kilomètres de chez eux et qui ne les concerne aucunement. Tout s'éclaire si l'on comprend que l'arme énergétique est une pièce maîtresse du Grand Jeu. Les Américains ne sont pas de simples voleurs de poules; il s'agit ici de haute stratégie, bien plus cynique et géniale. En contrôlant les routes des hydrocarbures, l'Amérique tente de conserver son statut de première puissance mondiale, de plus en plus mis à mal.

Pour dresser une comparaison quelque peu triviale, imaginez quatre ou cinq colocataires dans une maison ne disposant que d'un seul réfrigérateur, fermé au cadenas. Celui qui posséderait la clé obtiendrait soudain un pouvoir considérable sur les autres, obligés de lui demander la permission de manger. De même, Washington fait tout pour conserver la clé de la nourriture énergétique mondiale afin de garder « alliés » et concurrents dans un état de dépendance.

Ici se trouve la véritable explication des guerres, coups d'État ou ingérences orchestrés par les États-Unis dans une kyrielle de pays producteurs d'hydrocarbures ou de passage des pipelines. Des intenses pressions sur l'Union européenne pour qu'elle refuse les gazoducs russes aux dizaines de bases militaires au Moyen-Orient le long des routes du pétrole, en passant par les tentatives de déstabilisation des zones de transit (Ukraine, Syrie, Tchétchénie, Macédoine, etc.) par où passent les tubes « ennemis », un fil rouge ressort : le Grand Jeu énergétique.

Dans ce contexte, on comprend aisément que la Russie soit doublement l'ennemi à abattre. Non seulement elle occupe le Heartland, obsession des stratèges américains, mais elle est également fabuleusement riche en gaz et en pétrole. Elle seule est susceptible d'unifier autour d'elle l'Eurasie, de faire la jonction entre Heartland et Rimland, et d'abreuver le second de ses hydrocarbures. Le cauchemar de l'empire maritime américain... Isoler énergétiquement Moscou du Rimland est ainsi devenu l'alpha et l'oméga de la politique étrangère de Washington qui tente, dans le même temps, d'encourager les sources d'approvisionnement alternatives, si possible de pays « amis ».

Caspia

« *Thalassa ! Thalassa !* », criaient les Grecs de Xénophon en voyant enfin la mer lors de la retraite des Dix-Mille. En ces années 1990, vingt-cinq siècles après l'*Anabase*, l'*establishment* néo-impérial de Washington n'a qu'un mot à la bouche : Caspienne !

« *À ma connaissance, l'émergence soudaine d'une région comme la Caspienne en tant qu'acteur stratégique n'a pas d'équivalent historique.* » Ces mots prémonitoires sont prononcés en 1998 par Dick Cheney, grand pétrolier devant l'Éternel et future tête pensante de l'administration Bush[150]. C'est également à ce moment que le concept de guerre énergétique fait son entrée dans la doctrine militaire de l'US Army[151], notamment autour du bassin caspien[152] : « *Si un problème énergétique voit le jour, les forces armées américaines pourront être employées afin d'assurer un approvisionnement adéquat. Les conflits pétroliers concernant les centres de production et les routes, particulièrement dans le golfe Persique et la région caspienne, sont spécifiquement envisagés.* »

Si les estimations enthousiastes concernant les réserves caspiennes sont, depuis, revues à la baisse, elles conditionnent à l'époque le soudain et immense intérêt des majors occidentales et des dirigeants américains pour la région. La Caspienne reste quoi qu'il en soit incontournable sur la carte énergétique planétaire et devient le terrain de jeu des grandes puissances[153]. Les gisements géants de Tengiz et de Kachagan au Kazakhstan – les deux plus gros gisements découverts dans le monde depuis quarante ans –, de Shah Deniz en Azerbaïdjan ou les énormes réserves gazières du Turkménistan attirent très vite les convoitises[154]. Dans ce festin, les hydrocarbures ont remplacé le caviar...

En mars 1999, au moment même où les premières bombes s'abattent sur la Serbie et quelques jours avant que la Pologne, la Hongrie et la République tchèque ne deviennent membres de l'Otan, le Congrès américain approuve le Silk Road Strategy Act[155]. Peu commenté à l'époque, c'est pourtant une décision fondamentale qui cible ni plus ni moins huit ex-républiques de l'URSS. Dans le collimateur, évidemment : Moscou et Pékin.

Aux trois pays du Caucase (Géorgie, Arménie, Azerbaïdjan) s'ajoutent les cinq -stan d'Asie centrale : Kazakhstan, Ouzbékistan, Turkménistan, Tadjikistan et Kirghizistan. Derrière les formules convenues, le but est de créer un axe énergétique Est-Ouest et d'arrimer fermement ces pays à la communauté euro-atlantique par le biais de divers partenariats, notamment militaires. Pour les stratèges américains, le tracé des pipelines en Asie centrale doit en effet nécessairement suivre celui du Rimland, encerclant la Russie au nord, mais évitant aussi au sud les pays avec lesquels Washington est en conflit ouvert ou couvert – Iran, Irak, Syrie. Le numéro d'équilibriste consiste donc à faire passer les tubes dans l'étroite bande séparant ces deux zones.

Mars 1999 ou la folie des grandeurs américaine. Europe de l'Est, Balkans, Caucase, Asie centrale : la Russie serait isolée sur tout son flanc sud et l'Eurasie divisée pour toujours. Mackinder et Spykman n'auraient pu rêver mieux. C'est tout sauf un hasard si, comme nous le verrons, l'Organisation de Coopération de Shanghai est créée peu après, en réaction aux prodigieuses velléités de l'empire[156].

Projets américains en Eurasie à la fin des années 1990

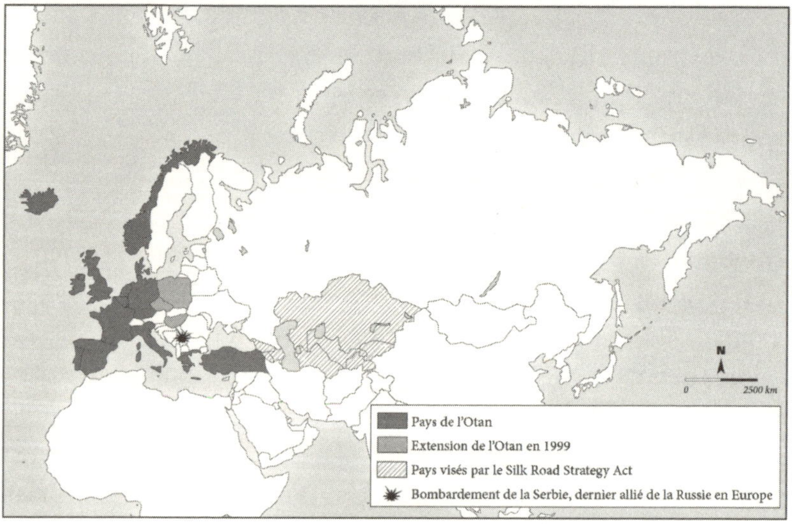

Avec la Russie, l'Iran et le Qatar, le Turkménistan fait partie du carré d'as de l'or bleu, quatuor dont les fabuleuses réserves de gaz représenteraient jusqu'à deux tiers des réserves mondiales. Très vite après la chute de l'URSS, les États-Unis, soucieux d'enfoncer un coin au cœur du Heartland, voient dans le pays des Turkmènes une carte à jouer pour leur grand projet de désenclavement des richesses énergétiques de la Caspienne.

Le plan américain consistait – et consiste toujours si tant est qu'il se réalise un jour – à créer deux routes d'évacuation gazière à partir du Turkménistan : une à l'ouest et l'autre au sud-est, court-circuitant comme de bien entendu la Russie et l'Iran.

Tentatives de désenclavement énergétique du Turkménistan

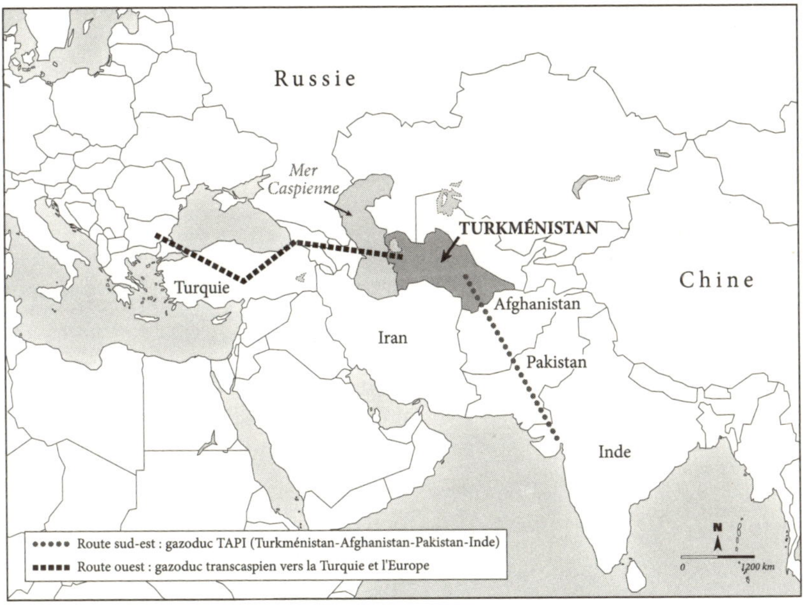

Nous reviendrons par la suite sur la route occidentale, véritable roman-feuilleton qui dure jusqu'à nos jours. En cette dernière décennie du millénaire, c'est la voie sud-est qui est sous les feux de l'actualité. Le TAPI – gazoduc censé relier Turkménistan, Afghanistan, Pakistan et Inde – est lui aussi digne d'un roman d'aventures et nous permet de mieux comprendre l'abouchement entre Washington et les talibans.

Le projet débute donc dans les années 1990, l'âge d'or de la déraison impériale. Chose curieuse, c'est une compagnie argentine, Bridas, qui la première en a l'idée. Très vite cependant, la texane Unocal rejoint la danse, supportée par les poids lourds du lobbying diplomatico-énergétique américain ainsi que par la famille royale saoudienne via la présence de Delta Oil dans le consortium[157]. Le petit poucet Bridas réagit alors en s'alliant avec une autre compagnie saoudienne, Ningarcho, alignée sur le prince Turki ben Fayçal, le tout-puissant chef des services secrets de Riyad. Puis elle fusionne l'année suivante avec l'américaine Amoco, elle-même liée à BP. Voilà qui rééquilibre singulièrement le poids des lobbyistes.

D'un côté, l'alliance Bridas-Ningarcho-Amoco-BP soutenue par Turki, Brzezinski (conseiller d'Amoco !) ou encore James Baker, l'ami de toujours de la famille Bush. De l'autre, Unocal, parrainée par Dick Cheney, le roi Fahd, Kissinger (conseiller d'Unocal !), Richard Armitage ou encore Tomas Gouttierre, qui fait plusieurs allers-retours à Kaboul pour discuter avec ses amis talibans[158]. L'*establishment* états-unien et saoudien est divisé mais, qu'il soutienne l'un ou l'autre projet, tout ce joli monde se retrouve sur l'idée fondamentale de la stratégie américaine : évacuer les richesses énergétiques caspiennes en évitant soigneusement le Heartland.

La passe d'armes, déjà complexe, est rendue encore plus ardue par la confusion et les intrigues du terrain. Le Pakistan et le Turkménistan, d'abord favorables à Bridas, sont retournés par Unocal après d'intenses séances de « persuasion ». Reste l'Afghanistan en pleine guerre civile, où Bridas possède encore une longueur d'avance. Ben Laden lui-même s'en mêle et conseille à ses hôtes talibans de signer avec la société argentine. Mais les enturbannés du mollah Omar préfèrent attendre et faire monter les enchères. C'est à ce moment qu'une délégation talibane est invitée par Unocal[159] au Texas puis, deux ans plus tard, fait du tourisme au mont Rushmore. À cette occasion, quelques discrètes rencontres ont bien sûr lieu avec de hauts responsables à Washington.

L'on assiste alors à un étonnant retournement de l'histoire : face à l'attelage américano-pakistano-saoudo-taliban, les Russes (rejoints d'ailleurs par les Iraniens) soutiennent leurs ennemis d'hier, les moudjahidine qui les avaient combattus dix ans plus tôt lors de la guerre d'Afghanistan[160]. C'est notamment le cas du plus célèbre d'entre eux, Massoud, le « Lion du Panshir », qui avertit en vain le monde du danger taliban et constate avec surprise que seuls ses anciens adversaires russes lui prêtent une oreille attentive. Il aura peut-être été, comme presque tout le monde, victime du mirage consistant à croire que l'Amérique et le fondamentalisme islamique sont ennemis, alors qu'ils marchent en réalité main dans la main depuis toujours...

Élu fin 2000, George W. Bush prend le parti d'Unocal et relance les négociations avec les talibans, mais celles-ci butent à nouveau sur les frais de transit exorbitants exigés par les étudiants en théologie. De plus, Washington s'impatiente devant le surplace du mouvement taleb, incapable de stabiliser l'ensemble du pays et de venir à bout de l'Alliance du Nord de Massoud.

Excédée, l'administration américaine commence à changer son fusil d'épaule tandis qu'al-Qaida prend l'ascendant sur ses hôtes et se met peu à peu à diriger leur politique étrangère. Tout au long de l'année 2001, des rumeurs plus qu'insistantes font état d'une éventuelle intervention de Washington en Afghanistan[161]. En juillet, une réunion a lieu à Berlin, où les envoyés américains emploient un ton menaçant vis-à-vis des talibans et préviennent qu'une action militaire pourrait prendre place à la mi-octobre[162]. En substance : livrez Ben Laden et laissez passer le pipeline. Le message est transmis aux talibans par les Pakistanais[163].

C'est au cours de cette réunion qu'aurait été prononcé le fameux (et controversé) avertissement : « *S'ils n'acceptent pas notre tapis d'or, nous les enterrerons sous un tapis de bombes* »[164]. Toujours est-il que la tension monte clairement d'un cran. Il n'est d'ailleurs pas impossible que les attaques terroristes du 11 septembre, certes planifiées longtemps à l'avance, aient été décidées à ce moment-là par Ben Laden, en tant que « représailles préventives »[165]. De même, en juillet, al-Qaida désigne deux tueurs kamikazes pour assassiner Massoud, ce qu'ils ne réussiront à faire que deux mois plus tard, le 9 septembre.

Début août, Washington envoie une émissaire de la dernière chance, Christina Rocca, sous-secrétaire d'État pour l'Asie centrale et du Sud, afin de rencontrer une ambassade talibane à Islamabad[166]. Ancienne de la CIA chargée des relations avec les groupes de guérilla islamiques pendant la guerre d'Afghanistan, corédactrice du Silk Road Strategy Act de 1999, la dame connaît son Grand Jeu sur le bout des doigts. Sans succès en l'occurrence. Un mois plus tard, les tours du World Trade Center s'effondrent et il n'est plus question ni de tapis d'or ni de négociations. Le projet de gazoduc, lui, demeure plus d'actualité que jamais.

Les Américains se prennent les pieds dans le TAPI

Faucon néo-conservateur affirmé, proche de Brzezinski et, ô doux hasard, ancien consultant d'Unocal, Zalmay Khalilzad suit l'évolution classique dans les sphères du pouvoir à Washington. De groupie des talibans en 1996 – il écrit même un éditorial en ce sens dans un grand journal[167] – il se mue en adversaire résolu à partir de 2000. Les raisons avancées sonnent étrangement familières : « *L'Afghanistan est un corridor naturel pour l'exportation du pétrole et du gaz d'Asie centrale vers le Pakistan et le monde. Unocal était intéressée par cette option mais, à cause de la guerre et de l'instabilité, cela ne s'est pas matérialisé.* »[168]

Les talibans étant incapables de stabiliser le pays et de sécuriser les routes énergétiques, ils deviennent inutiles et doivent donc être renversés. Le fait qu'ils refusent de livrer Ben Laden, accusé des attaques du 11 septembre 2001, n'arrange évidemment pas leur cas. L'intervention américaine en Afghanistan débute le 7 octobre. Deux jours plus tard, l'ambassadrice états-unienne à Islamabad, Wendy Chamberlain, contacte déjà le ministre pakistanais du pétrole et des ressources naturelles pour reparler du TAPI[169] !

Après sa rapide victoire initiale contre les talibans, Washington installe un gouvernement de complaisance. Khalilzad devient l'envoyé spécial du président Bush en Afghanistan puis est nommé ambassadeur à Kaboul en 2003. C'est lui qui, au prix de pressions diverses, fait « élire » Hamid Karzaï au poste de président intérimaire de l'Afghanistan par une assemblée traditionnelle[170]. Celui-ci assure ensuite son pouvoir en achetant purement et simplement les allégeances, notamment les votes lors de l'élection de 2009, grâce aux millions de dollars que lui fournit discrètement la CIA[171].

On imagine que durant leurs trois à six dîners hebdomadaires[172], Khalilzad et Karzaï parlent d'autre chose que de cricket. Derrière le TAPI, c'est tout l'acheminement des fabuleuses richesses de la Caspienne qui se profile, les futurs oléoducs du Kazakhstan, l'isolement de la Russie et l'avancée américaine vers le Heartland... Déjà, des bases américaines sont installées au cœur de l'Asie centrale. Afin de ravitailler les troupes de l'Otan en Afghanistan, Washington obtient en effet l'ouverture de deux bases, l'une en Ouzbékistan, l'autre au Kirghizistan, avec l'accord tacite de Moscou pour cette intrusion dans son étranger proche. Notons que cette bonne volonté russe se transforme peu à peu en gêne puis en colère lorsque, loin de remercier le Kremlin en évitant de s'ingérer dans son pré carré, les États-Unis soutiennent au contraire les révolutions colorées sur tout le pourtour russe. Poutine fulmine contre la trahison américaine. Là non plus, on ne l'y reprendra pas.

Hélas pour Washington, la suite n'est qu'une litanie de désillusions. Ce n'est pas pour rien que l'Afghanistan a été surnommé le tombeau des empires. Les Britanniques de la grande époque victorienne s'y étaient cassé les dents, les Soviétiques pareillement. Même l'invincible Gengis Khan avait dû s'y reprendre à deux fois...

Après leur éviction du pouvoir, les talibans et leurs alliés d'al-Qaida se réfugient dans les zones tribales pachtounes de part et d'autre de la frontière pakistano-afghane. Cette région, sanctuaire djihadiste qui échappe totalement au contrôle des gouvernements, devient le foyer d'offensives qui touchent aussi bien l'Afghanistan que le Pakistan. La situation des deux pays est tellement liée qu'un acronyme fait son apparition – AfPak – tant il est difficile d'envisager la situation de l'un sans prendre en compte celle de l'autre[173].

Le Pakistan – dont on se demande d'ailleurs qui le dirige vraiment : l'ISI, l'armée, le pouvoir civil ? – est depuis des années accusé de pratiquer un double jeu, comme le démontre le cas Ben Laden, passant tranquillement ses dernières années à Abbottabad, ville des plus hautes instances militaires du pays. Après avoir instrumentalisé les islamistes pendant des années, tant en Afghanistan qu'au Cachemire, Islamabad est contraint, sous la pression des événements, de se retourner contre ceux-là mêmes qui représentaient son meilleur atout stratégique contre l'Inde. Une véritable quadrature du cercle.

Le pouvoir pakistanais, qui a toujours joué la carte pachtoune afin d'étendre son influence en Afghanistan, manœuvrait avec circonspection, de peur de créer un appel d'air susceptible de pousser ses propres Pachtounes à revendiquer la création d'un État indépendant. Il est alors pris à son propre piège et voit avec horreur les talibans étendre leur influence et infiltrer des lieux jusque-là épargnés par le phénomène, comme la première ville du pays, Karachi, ou la vallée de la Swat dans le nord montagneux, autrefois lieu de villégiature privilégié. Commencée en 2004 et entrecoupée de trêves précaires, la guerre contre les militants islamistes[174], bien armés et très motivés, fait des dizaines de milliers de morts.

De l'autre côté de la frontière, les talibans lancent la guérilla contre l'occupation états-unienne, d'abord dans les zones pachtounes, puis l'étendent à tout l'Afghanistan. L'ironie n'échappe à personne : du temps de la guerre contre l'URSS, les Américains étaient les promoteurs de cette stratégie de repli des moudjahidine/djihadistes dans les zones tribales pakistanaises, ils en sont maintenant les victimes. Un quart de siècle après avoir attiré leur ennemi soviétique dans le bourbier afghan, provoquant la désintégration de l'URSS, les États-Unis se retrouvent maintenant eux-mêmes enlisés. L'histoire nous joue parfois de ces tours...

Les talibans contrôlent totalement ou partiellement près de la moitié des districts du pays[175] et leurs attaques n'ont jamais été aussi nombreuses[176]. Le gouvernement n'a que peu de légitimité et de pouvoir en dehors de Kaboul, au contraire des seigneurs de la guerre qui, à l'abri dans leur fief, recrutent leurs milices privées dans les rangs mêmes de l'armée dite « nationale » – le taux de désertion des soldats afghans est extrêmement élevé[177]. Ajoutons la corruption et le trafic de drogue qui atteignent des niveaux records et vous avez un « *failed state* » selon la propre terminologie de Washington, qui ne s'en vante guère en l'occurrence. Dans ce contexte, faire passer un gazoduc est aussi probable que de voir le Vatican battre la Nouvelle-Zélande dans un match de rugby.

Preuve s'il en est de leur impuissance, les Américains finissent par entamer des négociations avec le mouvement taleb, celui-là même qu'ils étaient pourtant venus chasser en 2001. Les pourparlers succèdent aux offensives, mais ce sont désormais les talibans qui donnent le la et manient carotte et bâton[178]. Ils se sentent tellement en confiance qu'ils promettent de protéger les infrastructures quand ils prendront le pouvoir, dont un certain TAPI... à leurs conditions évidemment[179].

Un malheur ne venant jamais seul, Washington voit ses hommes de paille se rebeller au grand jour. Dès la fin des années 2000, les relations se tendent entre le président Karzaï et son parrain américain. Elles ne font ensuite que se détériorer pour devenir rien de moins que « *véné-*

neuses »[180]. En 2017, Karzaï accuse carrément les Américains d'implanter des cellules de Daech en Afghanistan et de leur fournir des armes[181] ! Qu'un ancien protégé de Washington porte ce genre d'accusations leur donne un certain poids. Moscou ne dit d'ailleurs pas autre chose, assurant avoir détecté à plusieurs reprises de mystérieux hélicoptères sans identification livrer des armes aux djihadistes dans le nord du pays[182].

Est-ce à dire que, perdu pour perdu, les Américains jouent la politique du pire pour contenir les talibans par un autre mouvement djihadiste ? Une petite précision s'impose ici. On sait que ce qu'on appelle « islamisme » est tout sauf homogène. Sans entrer dans le détail des innombrables écoles et obédiences qui passent leur temps à se chamailler – et quand ces gens-là se chamaillent, c'est généralement à la kalachnikov –, on peut schématiquement diviser le courant en deux : nationalistes et internationalistes. Les premiers ont un agenda purement national et se moquent comme d'une guigne des rêves de califat universel ou de terrorisme global : Hamas palestinien, talibans afghans et pakistanais, Armée Islamique en Irak dans les années 2000, etc. Les seconds, djihadistes planétaires créés durant la première guerre d'Afghanistan comme nous l'avons vu, passent d'un pays à l'autre, d'un combat à l'autre : al-Qaida et plus récemment État islamique. Or, ces deux branches de l'islamisme n'ont jamais fait bon ménage[183]. Ce ne sont pas seulement deux mouvances concurrentes qui s'affrontent, ce sont deux conceptions du monde, toutes deux fondamentalistes certes, mais très différentes par ailleurs.

De fait, si Daech ne prend pas en Afghanistan alors que toutes les conditions y sont réunies, c'est grâce au mouvement taleb qui le combat farouchement[184]. À tel point que les Hazaras, peuple chiite persécuté par la première version des talibans dans les années 1990, viennent maintenant leur demander protection face à l'EI[185] ! Les talibans 2.0, « responsabilisés » en quelque sorte, ont accepté la requête, souhaitant désormais sans doute apparaître comme les gardiens de la sécurité afghane et de l'intérêt national. Quant au gouvernement, il est aux abonnés absents...

Si l'épisode des hélicoptères américains livrant des cadeaux à l'EI est avéré, il y a peut-être plus qu'une simple volonté de mettre les talibans en difficulté. C'est la localisation des faits qui nous en donne la clé : le nord du pays, chemin de l'Asie centrale, le ventre mou de la Russie, surveillé comme le lait sur le feu par Moscou qui craint une infiltration islamiste. À défaut de pouvoir s'y installer, les Américains jouent-ils la carte du pire afin de mettre les Russes en difficulté en créant un foyer d'instabilité au cœur de l'Eurasie ?

Car les États-Unis ont vu se fracasser leur rêve d'établir une présence militaire durable en Asie centrale. Le byzantinisme de la région interdit d'y entrer avec ses gros sabots, spécialité américaine s'il en est. En 2005, devant la répression des émeutes d'Andijan en Ouzbékistan, le Département d'État critique le président Islam Karimov, au grand dam du Pentagone, bien plus mesuré dans cette affaire. La réponse ne se fait pas attendre : les États-Unis sont invités à quitter leur base de Karshi-Khanabad dans les plus brefs délais. Ils ne conservent plus que celle de Manas au Kirghizistan, avant de l'évacuer elle aussi, les autorités kirghizes refusant de renouveler le bail, considérant les soldats américains comme « *indésirables* »[186]. Bichkek va même plus loin et dénonce en 2015 son accord d'assistance avec Washington qui datait de 1993[187]. L'habile Poutine n'y est pas étranger…

Héritière de l'URSS, ayant conservé des liens privilégiés avec les satrapes centre-asiatiques formés à l'époque soviétique, la Russie garde une influence certaine dans les ex-républiques d'Asie centrale, qui n'avaient d'ailleurs jamais vraiment revendiqué leur indépendance à la chute de l'URSS. Les bonnes relations sont entretenues par les fréquentes visites diplomatiques du président russe, dont la subtile diplomatie ménage les susceptibilités locales, et où Gazprom est reçu avec le tapis rouge. Moscou joue également de la dépendance de ces pays à son égard. Au Tadjikistan par exemple, plus du tiers du revenu national dépend des transferts d'argent de ses émigrés travaillant en Russie. De quoi être accommodant avec le grand voisin et signer un accord pour lui permettre de maintenir jusqu'en 2042 les trois bases militaires russes dans ce pays. Quant à la dette du Kirghizistan, elle est annulée par le Kremlin en contrepartie de la fermeture de la base américaine de Manas.

Le cas kirghize est emblématique de la perte d'influence américaine en Eurasie. L'entrisme dans les années 1990 et l'ouverture d'une base en 2001, grâce au prétexte afghan, ne suffisaient apparemment pas; les *spin doctors* de Washington vont jusqu'à y organiser une « révolution » sorosienne en 2005 afin d'y installer un gouvernement ami. Depuis? Patatras... Plus de base, plus de régime ami et plus de coopération. Pour Bichkek, avoir de bonnes relations avec ses voisins russe et chinois, au sein d'une Eurasie qui s'intègre, est autrement plus important que de croire aux promesses creuses d'une puissance située à 10 000 kilomètres.

Un temps sur la défensive, Moscou regagne le terrain perdu dans les années 1990. Les liens économiques et historiques tissés durant des siècles entre la Russie et ses voisins prévalent sur les chimériques promesses des États-Unis, d'ailleurs rarement suivies d'effet. Comme en Irak ou en Afghanistan, le caractère souvent utopique de la politique américaine se heurte aux réalités du terrain. Washington n'a réussi qu'à gagner du temps, quelques années, face à ce qui apparaît comme une inévitable (re)constitution du Heartland, qu'il soit sous obédience russe ou, plus certainement, sous forme d'une confédération de pays aux intérêts stratégiques communs.

L'Amérique aurait peut-être pu sauver les meubles si elle s'était concentrée uniquement sur l'Afghanistan et l'Asie centrale. Mais l'attention se focalise très vite également sur l'Irak. Dès 1998, l'inarrêtable lobby néo-conservateur écrit une lettre ouverte au président Clinton pour lui conseiller fortement de renverser Saddam Hussein[188]. Parmi les signataires, l'on retrouve les faucons habituels: Khalilzad, Rumsfeld, futur supremo du Pentagone sous l'administration Bush, Wolfowitz, Armitage, Bolton, Fukuyama, Kagan, Kristol, Perle... Quatre mois avant le 11 septembre, prétexte universel, bien que totalement déconnecté de l'Irak, les hauts responsables discutent déjà de la guerre à venir[189].

L'hybris impériale n'a, à ce moment, plus de mesure et Washington s'imagine pouvoir mener de front deux guerres. L'une en Afghanistan, concernant pleinement le Grand Jeu énergético-eurasiatique ; l'autre en Irak où, à la volonté de maîtrise des ressources pétrolières, s'ajoutent des considérations relativement étrangères au Grand Jeu, comme la défense des intérêts d'États clients, Israël et Arabie Saoudite en tête. Les Anciens nous prévenaient du piège de la démesure, mais cette folie des grandeurs américaine est alors dans l'air du temps comme nous l'avons vu plus haut.

Certains esprits voient bien le danger. C'est évidemment le cas de Brzezinski[190] mais aussi de Brent Scowcroft[191], conseiller à la sécurité nationale de plusieurs administrations, qui s'opposent résolument à l'aventurisme irakien. L'avenir leur donnera raison. La guerre en Irak sera un fiasco stratégique total qui détourne les États-Unis de l'Asie centrale et du Grand Jeu[192], met à mal les alliances sur lesquelles se fonde l'hégémonie américaine et, de plus, reconstitue l'arc chiite au Moyen-Orient comme nous le verrons au dernier chapitre. Zéro sur toute la ligne.

Quand Shiva a soif de gaz

Malgré leurs échecs répétés, les États-Unis n'en gardent pas moins une certaine capacité de nuisance. À défaut de vaincre, autant ne pas faire gagner les autres, ce qui n'est pas sans rappeler le célèbre mot d'un général américain pendant la guerre du Viêtnam : « *Pour sauver la ville de l'ennemi, nous avons dû la détruire.* » Exit le TAPI, mais exit aussi l'IPI. Également appelé Peace Pipeline, ce vieux projet de gazoduc entre l'Iran, le Pakistan et l'Inde tombe sous le sens : trois voisins, dont l'un très riche en énergie et les deux autres très demandeurs, un tracé relativement simple, sans difficulté technique majeure et qui permettrait de resserrer les liens de ces trois États aux relations compliquées.

IPI et TAPI

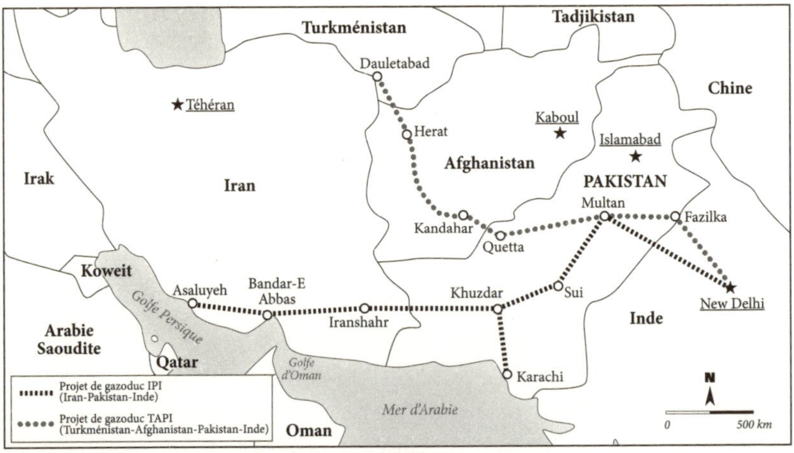

C'est sans compter sur Washington et sa volonté de diviser l'Eurasie et d'isoler l'Iran. Après des années de harcèlement, les Américains réussissent à détacher l'Inde du projet en 2009 avec, à la clé, un accord sur le nucléaire civil. Notons toutefois que New Delhi fait toujours souffler le chaud et le froid, des rumeurs faisant état d'un intérêt persistant pour le gaz iranien. L'intégration de l'Inde au sein des BRICS et de l'Organisation de Coopération de Shanghai n'y est peut-être pas pour rien... Le Pakistan, pressé par Washington d'abandonner le projet, persiste dans sa volonté de le mener à bien, mais les nouvelles sanctions américaines contre l'Iran sont, entre autres, conçues pour torpiller définitivement le tube.

Sans IPI ni TAPI, l'Inde et le Pakistan se retrouvent le bec dans l'eau... ou pas. Car c'est le moment que choisit Poutine pour sortir comme un diable de sa boîte. La méfiance entre les frères ennemis indien et pakistanais ne peut certes pas disparaître du jour au lendemain et New Delhi est toujours gênée aux entournures de savoir que le gaz reçu devra d'abord passer par le territoire de sa Némésis, ce qui serait de toute façon le cas avec l'IPI ou le TAPI. Aussi, une idée fait peu à peu son chemin : un gazoduc offshore, variante maritime de l'IPI. Une branche amènerait le gaz directement en Inde, l'autre au Pakistan.

Projet offshore de l'IPI

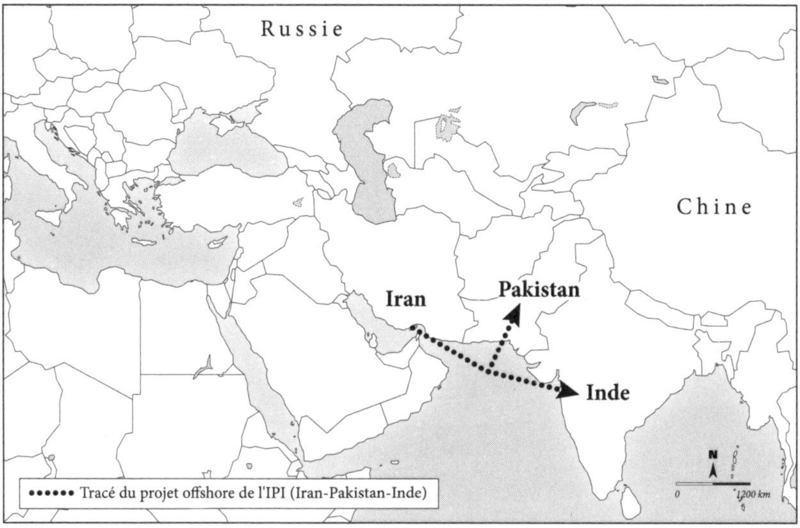

•••••• Tracé du projet offshore de l'IPI (Iran-Pakistan-Inde)

Chose intéressante, dans le cas pakistanais, le pipeline rejoindrait Gwadar. Vous n'avez peut-être jamais entendu ce nom, mais ce port loué à la Chine au sortir du golfe Persique est l'un des endroits les plus stratégiques de la planète[193]. Autour de ce nœud se tisse en effet l'alliance énergétique entre la Chine, le Pakistan et l'Iran. Les liens entre Téhéran et Pékin sont anciens et solides. La relation sino-pakistanaise, elle, est symbiotique et remonte à la Guerre froide, quand le binôme, allié d'ailleurs aux États-Unis, était tourné contre l'URSS et l'Inde. Depuis, bien de l'eau a coulé sous les ponts. Si le dragon chinois conserve sa relation privilégiée avec Islamabad, il est désormais main dans la main avec l'ours russe et se rapproche doucement mais sûrement de l'Inde.

De la base chinoise de Gwadar part le corridor économique qui remonte tout le Pakistan pour rejoindre la fameuse Karakoram Highway, dans les somptueux décors himalayens. Cet énorme projet, financé par Pékin à hauteur de 50 milliards d'euros, permettra à la Chine d'acheminer directement ses marchandises jusqu'à l'océan Indien et de s'approvisionner en hydrocarbures[194].

Corridor de Gwadar

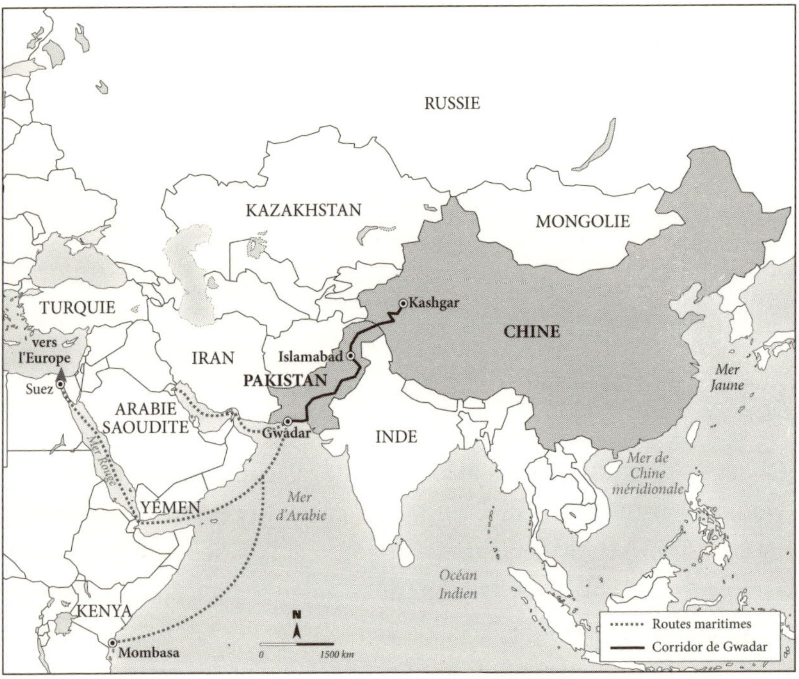

C'est à cette titanesque imbrication eurasiatique que se joint Moscou, qui d'une part prévoit d'investir massivement dans le secteur énergétique iranien[195], d'autre part entreprend la construction du pipeline Nord-Sud[196] que le Pakistan attend depuis des années et qui suit plus ou moins le corridor économique chinois. Ce qui n'empêche pas les Russes de renforcer de l'autre côté leur coopération énergétique avec l'Inde[197].

Et maintenant, donc, le possible IPI offshore construit et garanti par la Russie, susceptible par conséquent de balayer les dernières réticences indiennes[198].

Il se pourrait d'ailleurs que ce faisant, la Russie ait réussi à persuader New Delhi de diminuer son soutien à l'insurrection baloutche, talon d'Achille de son frère ennemi[199]. Le Pakistan fait en effet face à une rébellion indépendantiste dans la rétive province du Baloutchistan, au sud du pays, que l'Inde est soupçonnée de financer depuis longtemps[200]. Conflit peu connu du grand public occidental, il est pourtant d'importance, Gwadar se trouvant dans cette province. Mais dans l'Eurasie qui se prépare, sous l'égide de l'Organisation de Coopération de Shanghai, des routes de la soie chinoises et des gazoducs russes, les civilisations se rapprochent, l'animosité fait peu à peu place à l'entente et à l'intégration. Pour le plus grand malheur de l'empire maritime américain qui voit avec horreur Heartland et Rimland se rapprocher inexorablement...

Go West

Le désenclavement oriental de la Caspienne via l'Afghanistan étant dans une impasse, qu'en est-il de la route occidentale ? Comme souvent, tout commence bien pour Washington, les choses se gâtant par la suite.

En 1998, âge d'or de l'hégémonie états-unienne, est décidée la construction du Bakou-Tbilissi-Ceyhan (BTC). Inauguré en grande pompe sept ans plus tard, l'oléoduc transporte le pétrole caspien de l'Azerbaïdjan à travers la Géorgie et la Turquie, évitant soigneusement le territoire arménien, allié de Moscou et de Téhéran. Ce pipeline économiquement irrationnel – les compagnies pétrolières occidentales ont d'ailleurs longtemps refusé d'y participer, car elles n'en avaient tout simplement pas besoin – n'a de valeur que stratégique[201]. Le BTC constitue l'une des plus grandes victoires de la diplomatie énergétique de Washington et l'on ne sera évidemment pas surpris d'y retrouver l'âme damnée de l'empire, l'omniprésent Brzezinski[202].

Tout, dans ce qui se passe alors, porte sa marque ou celle du courant de pensée néo-conservateur qui investit totalement Washington : lobbying pour bombarder la Serbie et pour étendre l'Otan vers l'est face à la Russie, volonté de désenclaver l'Asie centrale et de l'arracher à l'orbite de Moscou. On se rappelle que dans *Le Grand Échiquier*, Dr Zbig définit l'Azerbaïdjan comme un pivot géopolitique dont la position lui donne « *un rôle clé pour accéder à certaines régions ou lui permet de couper un acteur de premier plan des ressources qui lui sont nécessaires* ». En décodé, contrôler un allié qui contrôle les flux énergétiques. Pipelineistan, quand tu nous tiens...

Alors que la Russie regorge d'hydrocarbures bon marché (le gaz naturel liquéfié transporté par bateau est beaucoup plus cher que le gaz livré par pipeline) et que l'Europe ne demande qu'à les consommer, les États-Unis font tout pour contrarier le flot énergétique entre les deux, sous couvert, on ne rit pas, de défendre la « sécurité européenne ». Prêches sur le « danger russe » et diabolisation intense de son gouvernement, menaces et pressions diverses sur les vassaux, noyautage de la presse économique, crises gazières ukrainiennes encouragées par Washington (2006, 2009) puis coup d'État à Kiev, expansion de l'Otan vers l'est, flatteries aux pays de la « nouvelle Europe » (Pologne, pays baltes). L'Amérique fait feu de tout bois contre l'inexorable avancée énergétique russe.

Cette fameuse nouvelle Europe, partie orientale du continent, est mise en avant par l'administration Bush. Américanophile et foncièrement russophobe pour des raisons historiques, elle est opposée à la « vieille Europe » aux velléités encore légèrement indépendantes, France et Allemagne en tête[203]. Le vice-président américain Dick Cheney enfonce le clou dans sa mémorable harangue de Vilnius à l'automne 2007, déclarant presque ouvertement la guerre froide à Moscou[204]. Les observateurs ont vite fait de la comparer au célèbre discours de Fulton, quand Winston Churchill parla pour la première fois du « rideau de fer ». À lire entre les lignes, Cheney évoque clairement les buts stratégiques états-uniens : « *La Guerre froide recommence, la ligne de front s'est simplement déplacée.* » Il devrait préciser : vers le Heartland.

Sera-t-on étonné de retrouver autour du vice-président américain, à Vilnius, l'exalté Saakachvili ou l'Ukrainien Iouchtchenko, tous deux venus au pouvoir grâce à une révolution colorée made in Soros ? Sera-t-on surpris de voir le numéro deux de la Maison-Blanche encourager la Croatie, la Macédoine et l'Albanie à rejoindre l'Otan ? Ou de le voir s'envoler ensuite vers le Kazakhstan pour y faire la promotion d'un oléoduc susceptible d'alimenter l'Europe via la Caspienne et le Caucase, en contournant évidemment la Russie ?

Car l'Europe se trouve au centre d'une passe d'armes de toute beauté entre Washington et Moscou, escrimeurs subtils et talentueux. Si les Américains marquent un point pétrolier avec le BTC, le Kremlin lance très vite la contre-attaque gazière. Parfaitement conscients des intrigues impériales, les Russes veulent contourner le rideau de fer de la « nouvelle Europe » par la construction de deux gazoducs, au Nord par la Baltique et au Sud par la mer Noire : Nord Stream et South Stream (voir carte page suivante).

Proposé en 2007, le South Stream vise à esquiver, par la mer Noire, l'Ukraine de la « révolution orange ». De 2005 à 2010, Kiev, plus ou moins contrôlée par Washington, se spécialise en effet dans les coupures de gaz russe à destination de l'Europe, opportunément attribuées à la Russie par une certaine presse aux ordres. L'imposant projet du South Stream montre au contraire qu'elle n'a qu'une envie : vendre son gaz au Vieux Continent.

Pour contrer Moscou, les Américains militent, vous l'avez deviné, pour un « corridor caspien », équivalent occidental du TAPI. Ce vieux serpent de mer, au poétique nom de Nabucco, est censé transporter le gaz azéri en Europe via la Géorgie et la Turquie. C'est le frère jumeau gazier du BTC, au même tracé, dont on a parlé plus haut. Seul petit bémol : si l'Azerbaïdjan possède beaucoup de pétrole, ses réserves gazières ne sont pas à la hauteur ; il en est même actuellement réduit à importer du gaz... de Russie[205] !

Projets concurrents de gazoducs vers l'Europe

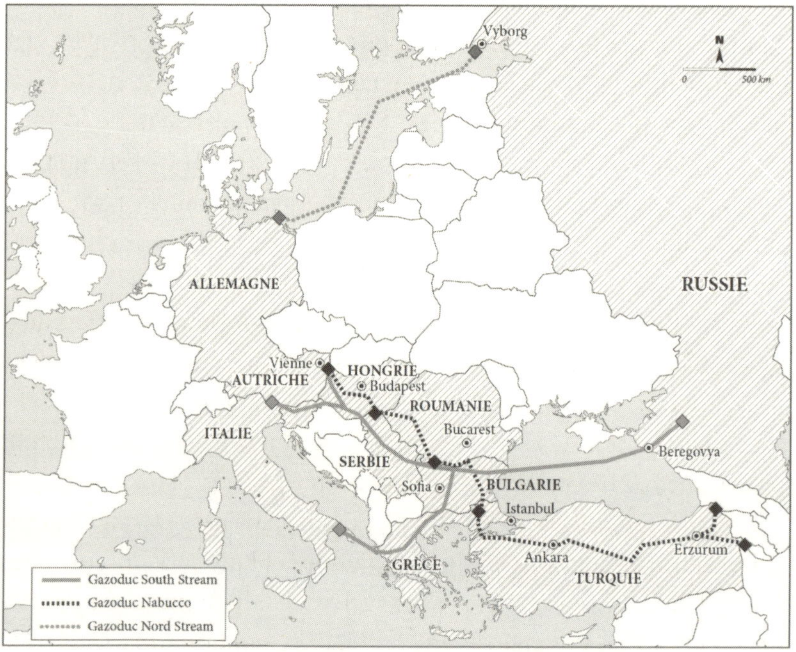

Ici, la désinformation économique tourne à plein. La Guerre froide 2.0 ne se déroule pas uniquement sur la scène diplomatique ou militaire : la guerre de l'information y a toute sa part, comme on a pu le constater dans le chapitre I. La propagande, particulièrement dans le domaine de l'énergie, en est partie intégrante. Cela peut surprendre de prime abord, mais c'est tout sauf étonnant : les décideurs économiques sont au moins aussi importants que les opinions publiques. Les influencer pour qu'ils prennent des décisions favorables aux intérêts impériaux relève par conséquent de la logique la plus élémentaire. L'offensive américaine contre les hydrocarbures russes se matérialise aussi bien dans les salles de rédaction que sur le terrain. C'est une désinformation policée, intelligente, mêlant habilement le vrai et le faux, dans des publications qui n'ont pourtant rien de tabloïds. Les éléments de langage débités par le

Département d'État ou l'imposture des routes énergétiques alternatives proposées par Washington y sont fidèlement rapportés.

Bakou n'ayant pas assez de gaz pour le remplir, Nabucco n'est viable que si l'on y ajoute du gaz en provenance du Turkménistan, transitant par un pipeline sous la Caspienne. Seul problème et de taille : deux des cinq pays riverains de la mer, à savoir la Russie et l'Iran, refusent résolument la construction d'un gazoduc sous-marin, nous y reviendrons. En attendant, le plan américain de corridor sud reste une chimère. Le coup de grâce arrive avec la guerre de Géorgie de 2008, au cours de laquelle la Russie châtie rapidement l'armée géorgienne et effectue des bombardements à quelques hectomètres du BTC (tout en se gardant bien de le détruire), montrant à tous la vulnérabilité de son cousin gazier s'il est un jour construit. C'en est trop pour le chanteur Nabucco qui rentre piteusement dans sa loge pour ne plus en ressortir.

Le South Stream a alors le vent en poupe, mais notre Grand Jeu énergético-eurasiatique, en comparaison duquel l'univers impitoyable de *Dallas* fait pâle figure, n'est pas avare de rebondissements. Au prix d'intenses pressions, ces maîtres en sabotage que sont les Américains, et les institutions européennes qu'ils ont phagocytées, réussissent à torpiller le projet grâce à une cascade d'arguties juridico-institutionnelles. Grâce aussi au voyage express, à l'été 2014, du sénateur John McCain en Bulgarie pour « persuader » Sofia de renoncer à être le point d'entrée du South Stream en Europe[206]. Mission accomplie.

Inutile de dire que la Bulgarie se mord maintenant les doigts d'avoir succombé aux pressions et fait une croix sur les juteux frais de transit que lui aurait rapporté le gazoduc. Même le Premier ministre de l'époque, Boïko Borissov, pourtant bon petit soldat euro-atlantique, semble ne plus savoir quoi faire pour se rattraper. En mai 2018, il présente publiquement ses plus plates excuses à Poutine lors d'une visite à Moscou et mendie la possibilité de recevoir quand même du gaz russe via un nouveau tube lancé par Gazprom[207].

Jamais à court de bottes secrètes, Poutine avait en effet proposé, en décembre 2014, six mois après l'annulation du South Stream, un nouveau pipeline aboutissant en Turquie, donc en dehors de la juridiction de l'UE. Voici venu le Turk Stream. Il contourne lui aussi le nouveau rideau de fer, notamment l'Ukraine putschiste post-Maïdan, toujours susceptible de couper le robinet si Washington le décide. Ensuite, un prolongement du tube, pris en charge par les Européens, passerait par la Grèce ou la Bulgarie avant de gentiment remonter vers la Hongrie et l'Autriche.

Stratégies russes pour contourner le rideau de fer américain en Europe

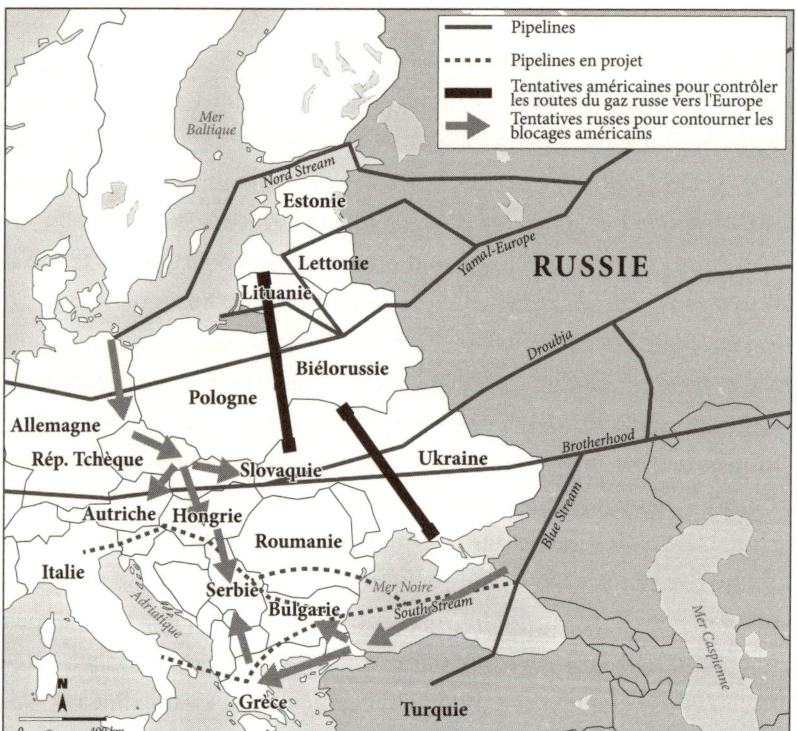

Les Américains, dont la capacité de nuisance n'est en rien émoussée, tentent bien sûr de réagir en faisant ce qu'ils savent faire de mieux : déstabiliser. Quelques mois suffisent pour qu'une bien curieuse et opportune « révolte populaire » éclate en Macédoine, pays de passage de la future extension du Turk Stream[208]. Révolution colorée ou « Printemps macédonien », voilà qui sent le Soros à plein nez... ou le NED, très présent dans ce pays à peine plus grand qu'un département français[209]. Deux subversions valant mieux qu'une, les États-Unis font intensément pression sur la Serbie afin qu'elle renonce elle aussi au passage du gazoduc[210]. Par ailleurs, les attaques contre la Hongrie de Viktor Orban, récipiendaire du tube, se multiplient. En vain pour l'instant. Les manigances impériales se heurtent au simple principe de réalité : le gazoduc Sud, qu'il soit South ou désormais Turk, est indispensable.

Vojislav Vuletic, le patron de l'agence serbe de gaz le déclare sans ambages : « *Tout indique que l'Europe se libère des États-Unis, ce qui rendra possible le South Stream.* »[211] L'ami Vojislav va peut-être un peu vite en besogne, mais l'aveu est intéressant : c'est contre leur gré et surtout leurs intérêts que les Européens se trouvent obligés de minauder devant le gaz russe. Cela n'échappe évidemment pas aux négociateurs de Gazprom qui ironisent sur la nécessité de lire *Cinquante nuances de Grey* avant d'engager des discussions avec l'UE[212] ! Derrière l'humour de la déclaration, une vraie question se pose : jusqu'où ira le masochisme européen ? Le gaz russe est le moins cher, le plus proche et le plus abondant. Il faut vraiment avoir l'esprit retors – ou tout simplement être fortement soumis à la pression venue d'outre-Atlantique – pour ne pas en profiter.

Mais l'auto-flagellation européenne atteint de tels niveaux qu'il est difficile d'être optimiste pour le Vieux continent, comme le montre une anecdote délicieusement navrante. Fin 2017, les Paradise Papers révèlent qu'une société américaine a acheté du gaz russe, l'a liquéfié puis l'a revendu bien plus cher à l'Union européenne, en le faisant vraisemblablement passer pour du gaz de schiste américain[213] ! Comment, dans ces conditions, ne pas approuver les esprits facétieux qui moquent les « euronouilles » de Bruxelles ?

Toute aussi épique est la joute américano-russe concernant le Nord Stream. La Baltique a beau être une mer froide, l'actualité du Grand Jeu y est brûlante.

Le Nord Stream I est terminé en 2011, s'appuyant sur les derniers dirigeants un tant soit peu indépendants de la « vieille Europe », comme l'ancien chancelier allemand Gerhard Schröeder ou Jacques Chirac. Mais son doublement, Nord Stream II, projet en cours de Gazprom, est la hantise des Américains. Ils ne s'en cachent d'ailleurs même pas. En mai 2017, le comité des Affaires étrangères du Congrès rappelle aux esprits étourdis les fondamentaux de la politique étrangère américaine : « *L'administration Obama et l'UE ont travaillé contre le Nord Stream II. L'administration Obama a fait de la sécurité énergétique européenne une question de haute priorité de la politique étrangère américaine.* »[214]

Dans le bras de fer qui oppose Washington et Moscou dans la Baltique, tout y passe : les provocations succèdent aux intimidations, les innombrables interceptions d'avions aux survols spectaculaires et agressifs de bateaux[215], les exercices de l'Otan aux manœuvres navales conjointes sino-russes[216]. En 2015, un drone sous-marin bourré d'explosifs est même repéré près du Nord Stream I[217] !

Les pays riverains sont évidemment aux premières loges et sous pression. Le pauvre petit Danemark se retrouve ainsi face à un écrasant dilemme, « l*a plus importante décision de sa politique étrangère depuis la seconde guerre mondiale*[218] » : permettre ou non le passage des 139 kilomètres du Nord Stream II par ses eaux territoriales. Le placide pays scandinave s'en serait bien passé. Lui qui donne finalement l'autorisation en octobre 2019 voit, pendant des années, émissaires américains et bruxellois presser le gouvernement de refuser tandis que Moscou et Berlin l'encouragent à accepter. Copenhague pouvait-il se mettre à dos l'Allemagne, son principal partenaire commercial ? Sachant parfaitement jauger le poids de chaque acteur européen, Poutine avait parié sur l'égoïsme allemand en projetant le Nord Stream II et fait une proposition que Berlin ne pouvait refuser. Avec le doublement du tube baltique, l'Allemagne deviendra le hub gazier de l'Europe, renforçant encore sa mainmise économique sur le Vieux Continent. De quoi faire réfléchir Dame Angela, soudain moins velléitaire quand l'économie de son *Deutschland über alles* est en jeu.

Épilogue caspien

Terminons ce tour d'horizon du Pipelineistan comme nous l'avons commencé. Sous le pont Mirabeau coule la Caspienne, vienne la nuit, sonne l'heure, les jours s'en vont, le gaz demeure... Nous avons vu plus haut que seul l'or bleu turkmène pouvait donner vie au corridor sud, mais que Russes et Iraniens s'opposent depuis longtemps au passage d'un pipeline sous la mer.

Tout géopolitologue digne de ce nom suit avec attention chaque Sommet de la Caspienne qui réunit, outre la Russie et l'Iran, le Kazakhstan, l'Azerbaïdjan et le Turkménistan. On y discute de divers points et, lors du sommet de 2014, Poutine réussit même l'exploit de couper l'herbe sous le pied impérial en faisant signer un accord interdisant toute présence militaire étrangère autour de la Caspienne[219]. *Bye bye,* Otan. Quand on sait qu'au temps de sa splendeur, Washington avait déclaré la zone d'importance stratégique nationale et envisageait d'établir une base en Azerbaïdjan, on mesure la dégringolade...

Le point d'achoppement entre les cinq pays riverains est le statut à donner à l'étendue d'eau : lac intérieur ou mer ? Dans le premier cas, la Caspienne doit être gérée conjointement par les cinq riverains ; dans le second, le droit de la mer s'applique et chaque État est libre d'user de ses eaux territoriales comme il l'entend. De là découle la possibilité ou non d'y faire passer des pipelines[220]. Sans surprise, Russes et Iraniens s'y opposent résolument, Téhéran mettant même son veto en 2008 en arguant du « *danger écologique* »[221]. L'argument prête à sourire mais montre que notre Grand Jeu peut parfois prendre les formes les plus inattendues.

Surprise lors du sommet d'Aktaou en août 2018 : un accord sur le statut juridique de la Caspienne est enfin trouvé après deux décennies de disputes[222]. Moscou et Téhéran lâchent du lest et ne s'opposent plus à la construction du pipeline transcaspien (TCP). Si pour l'Iran, le recul est sans doute à mettre en parallèle avec les sanctions américaines qui étranglent le pays, comment expliquer la décision russe ? Est-ce à dire que la vision de Washington prévaut enfin ? Pas tout à fait.

En réalité, le Kremlin est une nouvelle fois vu comme le grand vainqueur de l'affaire[223]. L'interdiction de toute présence militaire étrangère (lire « de l'Otan ») est actée tandis que la flotte russe aura accès à toute la mer. À ce propos, les tirs des inarrêtables missiles Kalibr, à partir de la Caspienne, sur des positions djihadistes en Syrie provoquent régulièrement des remous dans l'état-major américain et font perler quelques gouttes de sueur sur les fronts soucieux du Pentagone, qui sait maintenant que les Russes peuvent toucher n'importe quel point du Moyen-Orient[224].

Si, en contrepartie, Moscou lâche du lest sur le gazoduc transcaspien, c'est que sa construction sera difficile, prendra du temps et vient de toute façon trop tard alors que les tubes russes sont déjà lancés vers l'Europe (Turk Stream et Nord Stream II)[225]. La chronologie est éclairante. En juin et juillet 2018, Poutine rencontre Merkel et le Bulgare Borissov afin de mettre sur les rails le Nord Stream II et l'extension du Turk Stream. En août, une fois assurés ces deux pipelines, il renonce au veto concernant le TCP. Ce faisant, le Kremlin amadoue également les institutions européennes qui pourront sauver la face en prétendant que le gaz importé ne viendra pas uniquement de Russie – sans préciser que la part turkmène sera mineure. Et peut-être même nulle, car Gazprom annonce deux mois après le sommet qu'il est sur le point de reprendre ses emplettes de gaz au Turkménistan[226]. Comme dans les années 2000, lorsque Moscou en achetait d'importantes quantités afin de tuer dans l'œuf toute possibilité de remplir Nabucco et déjouer ainsi les plans de Washington.

L'ours peut dormir sur ses deux oreilles. Le gaz turkmène prend de toute façon principalement le chemin de la Chine via le CAC (Central Asia-China), inauguré en 2009[227]. Du moment que ça se passe au cœur du continent-monde et que les Américains ne peuvent le contrôler, ça ne gêne pas les Russes qui terminent de leur côté le gigantesque Force de Sibérie. Ce chantier pharaonique de 4 000 kilomètres est tout simplement le plus grand chantier énergétique de la planète et entre en service avant 2020. Il est la conséquence du « contrat du siècle » signé entre Gazprom et le chinois CNPC, portant sur la somme astronomique de 400 milliards d'équivalents dollars. La précision est d'importance, car Russes et Chinois veulent désormais se passer du billet vert.

L'appétit énergétique du dragon ainsi que sa volonté de remplacer impérativement le charbon, qui rend ses villes irrespirables, sont tels que ces deux gazoducs ne se feront pas concurrence. En réalité, ils ne suffiront même pas et l'on parle déjà d'un second Sila Sibirii[228]. Là comme ailleurs, l'Eurasie est en marche et l'empire maritime n'y peut rien. Mackinder et Spykman, d'ailleurs rejoints par Brzezinski et McCain, doivent se retourner dans leur tombe...

Chapitre III

ORIENTALIS

9 décembre 2014. Un énorme train de 82 containers arrive en gare de Madrid. Il est parti trois semaines plus tôt de Yiwu, en Chine, et a traversé toute l'Eurasie avec ses mille tonnes de marchandises[229]. Il a longé le désert de Gobi et le plateau tibétain, traversé les steppes kazakhes, foncé dans l'immense plaine russe, avant de gagner la Pologne, l'Allemagne, la France et enfin l'Espagne. En janvier 2017, c'est à Londres qu'un convoi arrive. La capitale anglaise est alors la quinzième ville européenne à recevoir les trains de fret chinois en provenance de Yiwu[230].

Vous ne connaissez sans doute pas ce nom. Et pourtant... Situé à 300 kilomètres de Shanghai, il s'agit tout simplement du principal marché de gros de la planète. Son slogan – « *Un océan de marchandises, un paradis pour les consommateurs* » – n'est pas exagéré ; avec ses dizaines de milliers de stands et son demi-million de produits différents, il attire hommes d'affaires et commerçants du monde entier.

Surnommés « chameaux de fer », les trains en provenance des villes chinoises qui s'engouffrent vers l'Europe à travers les somptueux paysages eurasiatiques ont déjà effectué plus de dix mille trajets depuis que le commerce ferroviaire a été établi entre la Chine et le Vieux Continent au début des années 2010[231]. Ils présentent des avantages techniques, comme la réduction de moitié du temps de transport. Mais surtout, aux yeux de Pékin, et c'est cela qui nous intéresse, ils répondent à des impératifs stratégiques : éviter l'océan mondial contrôlé par l'empire maritime américain. Ce faisant, ils participent des tentaculaires nouvelles routes de la soie mises en place par Pékin pour intégrer économiquement l'Eurasie.

Washington OBOR du gouffre...

Ne soyez pas effrayés par cet acronyme anglais, les stratèges de Washington le sont bien plus. Désignées par la formule « One Belt One Road » ou OBOR, les routes de la soie modernes constituées par la Chine sont un maillage de voies de communication, de transport et d'énergie reliant les principaux foyers du continent-monde : Extrême-Orient, Europe, sous-continent indien et Moyen-Orient. Le tout passant par le Heartland russe et l'Asie centrale (voir carte page suivante).

Les routes s'accompagnent d'énormes projets d'infrastructures de plusieurs dizaines de milliards d'euros dans les pays qu'elles traversent : voies ferrées, pipelines, autoroutes, ports, câblage Internet... Ne craignant rien, le dragon chinois double même les voies terrestres par une voie maritime qui court jusqu'en Asie du Sud-Est et en Afrique.

Lancé en 2013 lors d'une visite au Kazakhstan, cœur de l'Eurasie notons-le, le projet porte la patte du président chinois Xi Jinping, que d'aucuns comparent à un nouvel empereur[232]. OBOR, ou BRI (Belt & Road Initiative) comme il a été renommé pour bien montrer qu'il s'agit d'une multitude de routes et non d'une seule, couvre une zone englobant 65 pays, représentant les deux tiers de la population mondiale et, à terme, les deux tiers du PIB de la planète[233]. Pour la thalassocratie américaine, qui tente de le torpiller par tous les moyens[234], OBOR incarne la fin de son emprise sur le monde.

Nouvelles routes de la soie chinoises

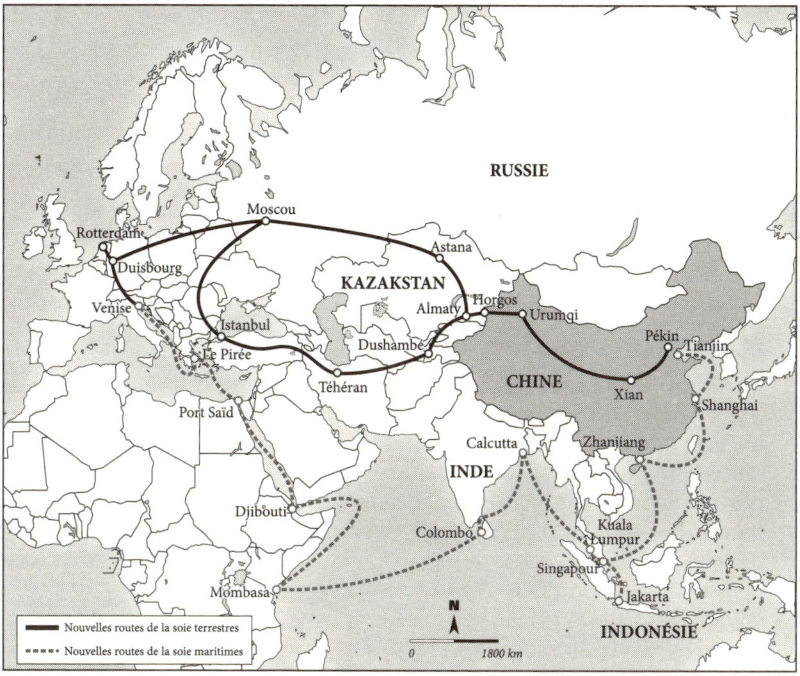

Sentant tourner le vent de l'histoire, de nombreux pays se précipitent. Le 14 mai 2017, le sommet de Pékin consacré aux routes de la soie réunit des dizaines de chefs d'État, à la notable exception de l'Inde, toujours méfiante vis-à-vis de son grand voisin. New Delhi est toutefois bien seule, car tous les acteurs de la région entrent dans la danse et souhaitent participer au nouvel ordre économique mondial[235]. Dominique de Villepin, notre ancien Premier ministre qui s'est opposé avec panache à la guerre en Irak, ne s'y trompe d'ailleurs pas. Dans une tribune remarquée, il fait l'éloge de cette « *matrice pour un nouveau multilatéralisme* », de ce « *récit collectif pour le monde, en panne de projet commun depuis la fin de la Guerre froide* »[236].

L'Eurasie est à l'aube d'une ère nouvelle, faite de paix et de coopération par l'imbrication des économies nationales. Cette unification entre Heartland et Rimland, symbolisée par la nouvelle alliance stratégique entre la Russie et la Chine, est déjà un cauchemar en soi pour l'Amérique en voie de marginalisation. Allant de Charybde en Scylla, elle voit même avec horreur ce mouvement d'intégration s'accompagner d'une lente mais sûre vague de dédollarisation, sapant l'un des piliers de l'hégémonie planétaire des États-Unis depuis la seconde guerre mondiale.

Puissance impériale et dollar

Alors que la poussière du débarquement de Normandie vient à peine de retomber et que la guerre est loin d'être terminée, les États-Unis réunissent une quarantaine de pays à Bretton Woods pour préparer leur domination future. Contrairement à la première guerre, leur intervention dans le second conflit mondial n'a rien de débonnaire. C'est décidé, ils vont s'intéresser aux affaires du monde. Et pour ce pays pétri d'idéologie messianique, convaincu d'être la nation indispensable, s'intéresser au monde équivaut à le régenter.

Ce 22 juillet 1944, les délégués signent ni plus ni moins l'omnipotence universelle du dollar pour les décennies à venir, organisant le système monétaire international autour du billet vert. Parmi les nouveautés, un FMI et une Banque mondiale, prêtant tous les deux uniquement en dollars, obligeant ainsi les pays demandeurs à acheter de la monnaie américaine, donc indirectement à financer les États-Unis. Le dollar est la pierre angulaire de tout le système, intermédiaire unique et indispensable pour demander un prêt, acheter de l'or et bientôt acheter du pétrole. De Gaulle s'élève bientôt contre cette capacité inouïe de l'Amérique à « *s'endetter gratuitement* », c'est-à-dire à vivre au-dessus de ses moyens et à faire financer sa domination sur les autres par les autres. Giscard d'Estaing, qui n'a pourtant rien d'un marxiste anti-impérialiste, parle de « *privilège exorbitant* ». Nixon répond : « *Notre monnaie, votre problème.* »

Cette immunité est encore renforcée en 1973 lorsque ce même Nixon se met d'accord avec les Saoudiens pour que ceux-ci vendent leur pétrole uniquement en dollars, créant de facto le pétrodollar. L'Opep suit deux ans après, obligeant les pays consommateurs de pétrole, à peu près la terre entière, à payer l'or noir en monnaie américaine. Pour les États-Unis, des décennies d'argent facile et de guerres financées par des pays tiers.

Trois-quarts de siècle après Bretton Woods, la prééminence du dollar commence à battre sérieusement de l'aile. La fronde commence dans les années 2000, pour des raisons d'abord purement économiques. En Amérique latine, Argentine et Brésil décident de commercer dans leurs monnaies respectives[237], puis c'est au tour de la Chine et du Brésil[238], tandis que les pays émergents se rebellent au sein même des instances du FMI et de la Banque mondiale et réclament une redistribution des cartes[239]. Curieusement, la Russie est, au départ, en retrait dans ce mou vement, jusqu'à ce que la crise ukrainienne de 2014 ne fasse de Vladimir Poutine le chevalier blanc de la dédollarisation de la planète.

C'est, depuis, une avalanche de défections auxquelles fait face le billet vert, contrairement à la fable qui voudrait nous faire croire à une « communauté internationale » réunie autour de l'Occident. Russie, Chine, Brésil, Argentine, Inde, Afrique du Sud, Turquie, Uruguay, Iran, Équateur, Égypte, Venezuela, Viêtnam, Paraguay, Kazakhstan : tous ces pays ont partiellement renoncé au dollar ou sont en voie de le faire dans leurs échanges commerciaux bilatéraux au profit de leur monnaie ou de l'or. Pire ! les propres alliés de Washington quittent le navire, comme l'Australie, le Canada, la Corée du Sud ou le Qatar, qui s'en vont tranquillement passer des accords SWAP (échanges de devises) avec la Chine[240].

La défiance envers le billet vert est encore renforcée par la batterie de sanctions décidées par l'empire déclinant. Sous l'administration Bush, les États-Unis décident en effet que leurs lois s'appliqueront dorénavant à tous ceux qui exercent tout ou partie de leurs activités sur le sol américain, sont cotés sur une bourse américaine, y effectuent des opérations bancaires ou utilisent le dollar pour leurs opérations financières et commerciales[241]. Cette extraterritorialité mégalomane de la justice américaine vise de facto la quasi-totalité des banques et des grandes entreprises mondiales. Les Français se rappellent par exemple l'énorme amende infligée en 2014 à BNP-Paribas pour avoir eu l'outrecuidance de faire des affaires en dollars avec des pays sous embargo américain. Un nombre croissant de pays se trouvent ainsi obligés d'abandonner la monnaie américaine pour continuer à commercer ; le cas iranien est particulièrement éclairant[242]. Jamais à court de bons mots, Poutine a beau jeu d'ironiser : « *Ce n'est pas nous qui quittons le dollar, c'est le dollar qui nous quitte. Ceux qui prennent de telles décisions* [les sanctions] *ne se tirent pas seulement une balle dans le pied mais un peu plus haut.* »[243]

Pour le coup, Vladimirovitch n'est pas tout à fait honnête. Face à la volonté hégémonique de Washington de contrôler le monde, Russes et Chinois se sont sciemment et résolument attaqués aux fondations de la domination américaine. Les BRICS décident, à Fortaleza, pendant la Coupe du monde brésilienne de football en 2014, la création d'un système financier parallèle, entièrement nouveau, concurrençant le FMI et la Banque mondiale, tous deux d'obédience états-unienne[244]. Le premier jalon est posé avec la Nouvelle Banque de Développement, communément appelée Banque des BRICS. L'on a vu au premier chapitre que c'est au retour de ce sommet historique de Fortaleza, où il a eu un rôle primordial, que le président russe est accusé, dans une campagne médiatique d'une rare violence, d'avoir abattu l'avion de la Malaysia Airlines au-dessus de l'Ukraine.

Jamais rassasiée, la Chine y va également de sa propre banque, bras financier de Pékin pour asseoir son influence géopolitique en Eurasie et au-delà. Lancée en fanfare en janvier 2016, la BAII (Banque asiatique d'investissement pour les infrastructures) attire 57 pays signataires, dont 17 européens, et quelques alliés intimes de Washington comme l'Australie, le Royaume-Uni, l'Arabie Saoudite, Israël ou encore la Corée du Sud[245]. Un véritable succès diplomatique pour Xi Jinping. Seuls le Canada, le Mexique et le Japon succombent à la pression américaine et refusent d'y adhérer. Au grand dam des États-Unis, la BAII compte maintenant 86 pays membres sur les six continents[246].

Elle est complémentaire de la Banque des BRICS ; toutes deux financent des projets d'infrastructure en dehors du contrôle de Washington et qui vont contre ses intérêts stratégiques. Car c'est évidemment vers ce nouveau système financier international que se tournent dorénavant les pays participant aux nouvelles routes de la soie chinoises. Ce n'est d'ailleurs pas un hasard si les États traversés par OBOR sont quasiment tous membres de la BAII.

Corrélation entre routes de la soie et membres de la BAII

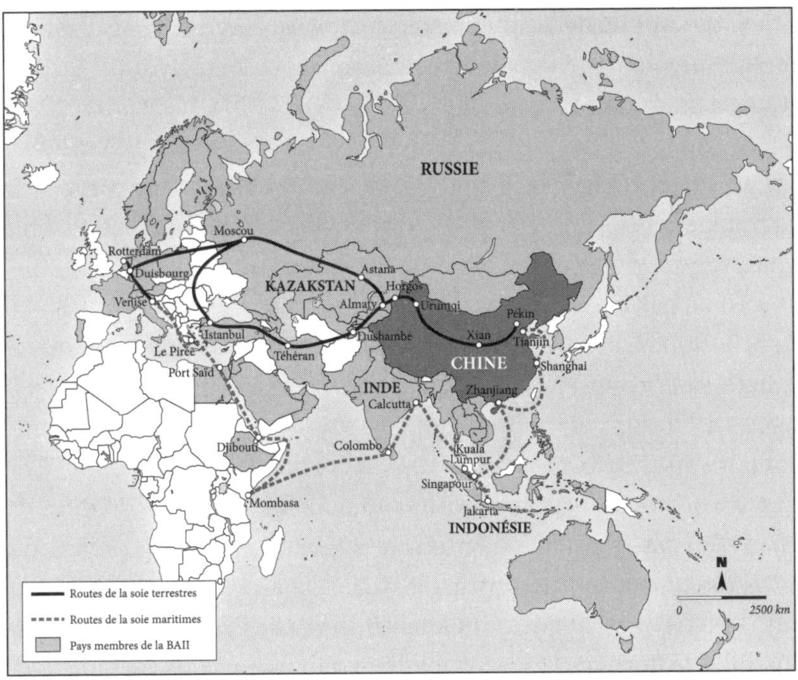

C'est par exemple le cas du virevoltant président philippin Rodrigo Duterte, critiqué par l'administration Obama pour sa sanglante lutte anti-drogue. En réaction à la suspension des subsides américains, il répond du tac au tac : « *Mangez votre aide, nous survivrons. J'irai voir la Chine !* » [247] Moins d'un an après sa création, la BAII débauche un énième allié de l'oncle Sam...

Cerise sur le gâteau, ces nouvelles institutions financières sont au cœur de la dédollarisation. Pékin, principal bailleur de fonds de ces deux banques de développement, n'a jamais caché son intention de ravir au dollar son statut de monnaie du monde pour l'attribuer à son yuan. En cela, les Chinois ne font que suivre, ironie de l'histoire, le parcours de leur rival. À la veille de la première guerre mondiale, les États-Unis étaient déjà la première puissance industrielle et commerciale de la planète. Mais ils attendirent la fin de la seconde guerre et les accords de Bretton Woods, qui font du dollar la monnaie du monde, pour réellement asseoir leur hégémonie. La puissance géopolitique est intrinsèquement liée à la puissance monétaire, et ça, on l'a bien compris à Pékin et à Moscou[248].

Le rouble et l'économie russe n'ayant pas la stature nécessaire, c'est le yuan qui jouera ce rôle. Depuis trente ans, la Chine s'est approprié la suprématie commerciale (énormes excédents de la balance), industrielle et financière (plus grandes réserves de change de la planète). En 2014, son PIB en parité de pouvoir d'achat (l'indicateur le plus pertinent) a officiellement dépassé le PIB américain[249]. La marche du dragon vers le sommet semble inarrêtable et la guerre commerciale engagée par l'administration Trump contre Pékin n'est qu'une pièce dans un jeu en réalité bien plus vaste entre l'empire déclinant et la puissance montante[250].

Pour la Chine, qui s'arroge les uns après les autres les critères de prépondérance géo-économique, ne reste plus que la monnaie et c'est précisément à cela que servent la BAII et la Banque des BRICS. Les prêts y seront progressivement libellés en yuans[251], mais aussi dans les monnaies nationales de ses membres, et non plus en dollars[252]. Le but :

déboulonner la domination financière des États-Unis, donc leur puissance géopolitique. Le Grand Jeu financier sino-russe ne s'arrête pas là et c'est une attaque en règle contre la monnaie américaine à laquelle nous assistons.

Goldfinger *vs* Pétrodollar

Métal précieux entre tous, fascinant l'humanité depuis toujours, l'or a historiquement été érigé en étalon monétaire : l'étalon-or. Dans ce système, l'unité de compte correspond à un poids fixe en or et toute émission de monnaie est garantie par le métal jaune. Elle ne peut donc être émise arbitrairement par un État, contrairement à une monnaie-papier ; elle permet de mieux résister au cercle vicieux du crédit et de la dette, et d'avoir des finances saines.

Les pays qui dépensaient trop et recouraient à l'endettement avaient, on le comprend, une fâcheuse tendance à remettre en cause ce système d'étalon-or, notamment pendant les deux guerres mondiales. Les accords de Bretton Woods, dont nous avons parlé plus haut, entérinent l'omnipotence économique des États-Unis, dont le PIB représente alors la moitié du PIB mondial et qui possèdent les deux tiers du stock d'or de la planète. Il est décidé que la valeur du dollar sera directement indexée sur l'or, tandis que les autres monnaies seront indexées sur le dollar, désormais seule devise convertible en or. Quant au Fonds monétaire dit international et la Banque dite mondiale, ils ne peuvent assurer des prêts... qu'en dollars ! Le billet vert représente l'alpha et l'oméga du système financier international[253].

Mais les folles dépenses de la Guerre froide poussent Nixon, encore lui, à mettre fin, de manière unilatérale, le 15 août 1971, à la convertibilité du dollar en or. En réalité, il s'agit ni plus ni moins d'un défaut de paiement[254]. Très vite, les stratèges états-uniens trouvent la parade : le pétrodollar. Sous la pression menaçante de Washington, l'Arabie Saoudite, véritable protectorat américain, vend à partir de 1973 son précieux naphte uniquement en dollar. Le reste de l'Opep suivra deux ans plus tard. La demande de billets verts est galopante et une masse de dollars imprimés à partir de rien inonde le monde. Cela permettra, entre autres, à Ronald Reagan de relancer la course aux armements, de ruiner l'URSS et de gagner la Guerre froide.

D'aucuns pourraient d'ailleurs se demander, simple hypothèse d'école, si le fameux choc pétrolier de 1973, responsable de la crise économique contemporaine, ne fut pas une énorme mascarade. La vision traditionnelle veut que les pays arabes du Golfe, scandalisés par le soutien occidental à Israël pendant la guerre du Kippour, aient voulu punir l'Occident en multipliant le prix du baril par quatre. Or, coïncidence troublante, le pétrodollar a justement été mis en place la même année, et le quadruplement du cours du pétrole a de facto quadruplé le nombre de pétrodollars en circulation, donnant des moyens supplémentaires considérables aux États-Unis. La « punition » s'est révélée être un véritable cadeau du ciel... Soulignons-le à nouveau, il ne s'agit ici que d'une simple piste de réflexion, non prouvée, qui pourrait faire l'objet de recherches intéressantes de la part des historiens du futur, quand les archives seront déclassifiées.

Dès lors, comme le dit un analyste, « *maintenir le système du pétrodollar devient le but premier de l'empire américain, tout le reste étant secondaire* »[255]. Au début des années 2000, Saddam Hussein tente bien de monter une bourse pétrolière en euros, mais il est immédiatement « tomahawkisé ». En Libye, Kadhafi lance la même idée, mais les bombes « libératrices » de l'Otan tombent déjà sur Tripoli avant qu'il ait eu le temps de passer un coup de fil. Washington peut dormir sur ses deux oreilles, le pétrodollar semble inébranlable : le billet vert achète le pétrole, le pétrole est roi, le billet vert reste donc roi. Jusqu'à ce que Moscou et Pékin s'en mêlent...

Depuis des années, Russes et Chinois sont pris d'une véritable boulimie de l'or et en sont les principaux acheteurs sur le marché mondial[256].

Vladimir Goldfingerovitch Poutine rafle tout le métal jaune qu'il peut trouver, quadruplant les réserves d'or de la Russie en seulement dix ans[257]. Ceux qui pensent qu'il stocke simplement de l'or en vue de la guerre économique de longue haleine engagée contre les États-Unis[258] ne voient pas le changement tectonique qui se prépare. L'objectif est en réalité de démolir la prééminence du dollar, le nerf de la guerre impérial[259]. L'alliance aurifère du tandem sino-russe vise à montrer au monde que les monnaies occidentales sont devenues des monnaies de singe, de simples morceaux de papier sans valeur, émis par des pays surendettés[260]. Il est d'ailleurs possible que Poutine soit même en train de forcer les Américains à revenir à la convertibilité dollar-or abandonnée en 1971, ce qui serait un tremblement de terre géo-économique[261].

Les discussions sino-russes avancent sur l'établissement d'un étalon-or commun aux deux pays et la possibilité de paiements commerciaux en métal précieux. Une triade pétrole-or-yuan se met en place, court-circuitant le dollar. La Chine paye en yuans le pétrole russe qu'elle importe. Avec ces yuans, Moscou se précipite à Shanghai pour acheter... de l'or. Dans ce circuit autarcique, la monnaie américaine est totalement absente. Livre sterling 1931, dollar 2020 ? C'est la question que se pose ouvertement le très sérieux *Daily Reckoning*, dressant un parallèle entre la fin de la domination financière britannique au XXe siècle et le déclin programmé du dollar sous les coups de boutoir de Moscou et de Pékin[262].

Car nous parlons ici des plus gros producteur (Russie) et importateur (Chine) énergétiques de la planète, d'acteurs qui donnent le la sur les marchés mondiaux et entraînent d'autres États à leur suite, notamment leurs partenaires des BRICS, de l'Organisation de Coopération de Shanghai ou des alliés comme le Venezuela, dont les réserves pétrolières sont parmi les plus grandes de la planète et qui commence lui aussi à libeller ses ventes d'or noir en yuan[263]. Est-ce vraiment un hasard si Washington essaie depuis des années de faire tomber le gouvernement chaviste de Caracas, ambition qui s'amplifie encore en 2019 avec la tentative des États-Unis d'y imposer un président autoproclamé favorable à leurs intérêts ?

La signature, en 2014, du « contrat du siècle » entre l'ours et le dragon envoie des ondes de choc dans toute l'Eurasie et au-delà. Ce gargantuesque accord gazier, portant sur la somme de 350 milliards d'euros, provoque l'envie de l'Inde, du Pakistan ou encore du Japon, qui font la queue pour recevoir leur propre pipeline[264]. Un an auparavant, c'est Rosneft qui signait avec Pékin un énorme contrat de 235 milliards d'équivalents euros, le plus gros de l'histoire de l'industrie pétrolière[265]. Oubliez Rockefeller & Co, les mastodontes énergétiques se trouvent en Eurasie maintenant. Les compagnies chinoises se bousculent au portillon du géant russe[266] qui prévoit de fournir chaque année 50 millions de tonnes d'or noir à la Chine[267]. Le chiffre laisse rêveur : il représente un tiers des exportations de Rosneft et un dixième du total des importations chinoises de pétrole.

L'ogre énergétique chinois ne s'arrête d'ailleurs pas là. Pour assouvir sa soif inextinguible d'hydrocarbures, il s'est lancé il y a quinze ans dans une politique d'importations tous azimuts, notamment en provenance d'Asie centrale : des milliers de kilomètres de pipeline amènent, à travers les steppes et les déserts, le pétrole du Kazakhstan[268] ou le gaz du Turkménistan[269]. Cette intégration énergétique de l'Eurasie est doublement cruelle pour Washington. D'une part, ces prodigieux flux gaziers et pétroliers traversant le continent-monde, reliant Heartland et Rimland, sont inaccessibles au contrôle de l'empire maritime, qui accueille chaque nouvel accord avec des haut-le-cœur. D'autre part, ils participent au grand mouvement de dédollarisation, car les contrats sont de plus en plus souvent signés en monnaies nationales. Ainsi, Gazprom décide en 2015 de vendre son pétrole à la Chine en yuan et non plus en dollar, donnant naissance au cauchemar des Américains : le pétroyuan[270]. Rosneft se met de la partie en octobre 2019, remplaçant le billet vert par l'euro pour tous les contrats signés à partir de cette date[271].

Qu'on ne s'y trompe pas, derrière la simple logique économique[272] se cache un scénario écrit à Pékin et à Moscou[273]. Il vise à dégrader la puissance états-unienne en affaiblissant le statut de sa monnaie, « *le début du glacial déclin du dollar* » comme l'explique poétiquement un analyste financier[274]. Le 26 mars 2018, un événement considérable a lieu à la bourse de Shanghai, qui risque de bouleverser encore un peu plus le système monétaire global : la Chine lance ses premiers contrats à terme sur le pétrole en yuan, garantis par l'or[275]. En six mois, ils connaissent un essor effréné et deviennent le troisième indice pétrolier du monde, commençant à concurrencer les traditionnels étalons occidentaux (WTI et Brent)[276].

Dans la ligne de mire du pétroyuan : l'Arabie Saoudite. Pékin pousse chaque jour un peu plus Riyad à abandonner sa cotation en dollars et à lui vendre son pétrole en devise chinoise, et la révolution boursière de Shanghai peut justement servir cet objectif[277]. Économiste de renom, Carl Weinberg ne s'est pas souvent trompé dans ses analyses. Aussi, quand il prédit que les Saoudiens succomberont bientôt à la pression du dragon, il vaut mieux le prendre au sérieux : « *D'ici deux ans, la demande chinoise en pétrole écrasera la demande américaine. Je pense que la cotation des cours en yuans est pour bientôt. Dès que les Saoudiens l'accepteront – comme les Chinois les y contraignent – le reste du marché* [les pétromonarchies, N.D.A.] *suivra le mouvement.* »[278]

Les Saoudiens se retrouvent maintenant face à un terrible dilemme : faire une croix sur leur prééminence pétrolière mondiale, s'ils refusent la requête chinoise, ou faire une croix sur le pétrodollar, au risque de voir les Américains le prendre très mal et fomenter un de ces changements de régime dont ils ont le secret...

2018 aura d'ailleurs été une année très mouvementée en Arabie Saoudite. Le printemps a vu l'attaque du palais royal et peut-être même un attentat contre Mohammed ben Salmane, le puissant prince héritier, invisible pendant de longues semaines. L'automne n'est pas en reste, avec l'affaire Khashoggi et l'inhabituelle remise en cause de ce même MBS par l'*establishment* américain, pourtant accoutumé à accepter à peu près tout de son allié fondamentaliste. N'y aurait-il pas l'ombre du pétroyuan derrière tout cela, par exemple une certaine décision princière d'accéder aux demandes chinoises et d'abandonner le pétrodollar ? Difficile à dire, tant les informations en provenance du royaume wahhabite sont rares et nimbées de brouillard.

Quo non ascendet ?

La devise de Nicolas Fouquet – « *Jusqu'où ne montera-t-il pas ?* » – semble lui coller à merveille. Mais si l'aventure s'est assez vite arrêtée pour le flamboyant surintendant des finances de Louis XIV, il y a peu de chance que l'Organisation de Coopération de Shanghai connaisse le même sort. À peu près inconnue des médias français, trop souvent tournés vers l'écume des choses, mais étudiée de très près par les chancelleries et les publications anglo-saxonnes, l'OCS est *la* grande organisation eurasiatique de coopération militaire, politique et économique.

Nous avons vu au chapitre précédent que les États-Unis, auréolés du prestige de leur « victoire » dans la Guerre froide, sont frappés d'une véritable folie des grandeurs en mars 1999. Alors que la Serbie, dernier allié de la Russie en Europe, est bombardée et que la Pologne, la Hongrie et la République tchèque entrent dans l'Otan, le Congrès américain approuve le Silk Road Strategy Act. Ciblant huit ex-républiques de l'URSS, le projet vise ni plus ni moins à arracher le Caucase et l'Asie centrale de la sphère russe. Même si ce n'est pas explicitement dit, il s'agit évidemment de pénétrer le cœur du continent-monde et diviser l'Eurasie à jamais, objectif fondamental des stratèges de Washington.

La Russie eltsinienne étant entrée en phase de coma éthylique, c'est Pékin qui réagit aux formidables velléités américaines et pousse à la création d'une structure eurasiatique de sécurité. Fondée en 2001, l'OCS regroupe initialement six pays : outre la Chine et la Russie, on y trouve le Kazakhstan, l'Ouzbékistan, le Kirghizistan et le Tadjikistan – soit toute l'Asie centrale sauf le Turkménistan, attaché à une neutralité absolue. Sentant le danger, les États-Unis réclament très vite un statut d'observateur mais se voient opposer un *niet* sec et définitif. Non seulement ils ne réussissent pas à s'établir dans le Heartland ou à en détacher véritablement le Rimland, mais ils sont maintenant témoins de ce qu'ils craignaient le plus : l'émergence d'une organisation susceptible de constituer un bloc eurasiatique. Car la croissance de l'OCS semble en effet inarrêtable. Au sommet d'Oufa de 2015, l'alliance décide d'admettre l'Inde et le Pakistan en tant que membres à part entière, ce qui est officialisé en juin 2017.

Organisation de Coopération de Shanghai

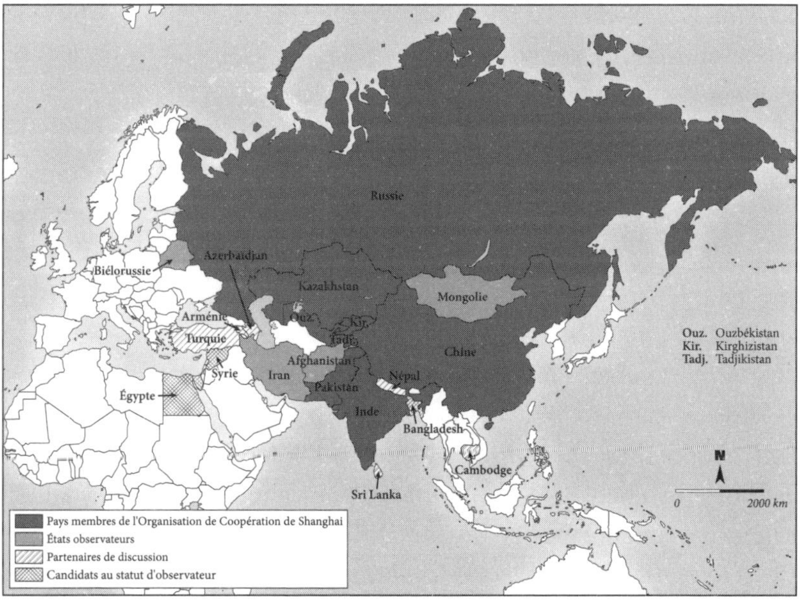

L'OCS représente désormais plus de 40 % de la population mondiale (dont les deux pays les plus peuplés de la planète), près de 40 millions de km², quatre puissances nucléaires (Russie, Chine, Inde, Pakistan) et, *last but not least*, les ressources énergétiques fabuleuses de la Russie, des républiques d'Asie centrale et de l'Iran quand ce dernier entrera finalement dans l'organisation[279]. De quoi faire se retourner Mackinder et Spykman dans leur tombe.

À Washington, on ne prend pas du tout la chose à la légère et chaque sommet, chaque évolution de l'organisation, sont scrutés à la loupe. Le sentiment d'impuissance des États-Unis est d'autant plus profond que ce sont leurs propres ingérences dans le Heartland-Rimland qui ont accéléré le processus d'intégration eurasiatique et le rapprochement sino-russe. Malgré les rodomontades de l'*establishment* américain – on se rappelle les déclarations très sèches de la Secrétaire d'État Hillary Clinton en décembre 2012 : « *Les États-Unis s'opposeront à tout processus d'intégration dans l'espace post-soviétique* » –, il n'a tout simplement plus les moyens de s'opposer à quoi que ce soit. Cette petite phrase, relevant évidemment du Grand Jeu, est une réaction épidermique devant le rapprochement inéluctable du Heartland et du Rimland. Assistant, impuissants, à l'unification du continent-monde, les Américains en sont réduits à espérer que l'OCS ne puisse surmonter ses contraintes internes.

Car si l'Organisation de Coopération de Shanghai pourrait bien, à terme, supplanter l'Otan et contrôler l'échiquier eurasiatique, c'est-à-dire *in fine* le destin du monde, nous n'en sommes pas encore à une union militaire intégrée. Le nouveau bloc n'est pas homogène et il convient de mentionner les rivalités, petites (Tadjikistan contre Ouzbékistan) ou grandes (Inde contre Pakistan), susceptibles d'entraver son développement. Mais les choses évoluent très vite. D'une structure informelle à ses débuts, l'OCS s'est transformée en organisation de sécurité et de lutte contre « *le terrorisme, l'islamisme et le séparatisme* », l'un des fondements de sa charte. Elle devient également un espace de coopération économique visant à favoriser les échanges commerciaux. Passant à la vitesse supérieure, des manœuvres militaires communes voient le jour à partir de 2005, notamment entre la Russie et la Chine, incluant forces aériennes et terrestres, troupes parachutistes, opérations spéciales ou guerre électronique. Cette coopération stratégique entre les deux pays[280] était encore inimaginable il y a quelques décennies, nous y reviendrons. C'est enfin une plateforme de dialogue où les chefs d'État se rencontrent chaque année, discutent et, dans le cas de l'Inde et du Pakistan, dégèlent leurs relations. Ainsi, août 2018 est à marquer d'une pierre blanche : pour la première fois de leur histoire, New Delhi et Islamabad participent à des exercices militaires communs sous l'égide de l'Organisation de Coopération de Shanghai[281]. Ce que ni l'ONU, ni les pressions diplomatiques internationales n'ont réussi à faire en sept décennies, l'OCS est peut-être en train d'y parvenir : réconcilier les frères ennemis, en guerre ouverte ou couverte depuis 1947 à propos du Cachemire.

Pire encore pour Washington, de nouveaux pays frappent à la porte du groupe, parfois alliés intimes de l'oncle Sam : l'Égypte[282], la Syrie[283], l'Azerbaïdjan[284], Israël (!)[285], l'Irak[286], le Qatar ou encore Bahreïn[287]. Même l'Ukraine de la junte post-Maïdan n'a pas fait une croix sur la demande du précédent président Ianoukovitch[288]. En janvier 2013, Erdogan lance une bombe : le président turc déclare que son pays est enclin à abandonner sa démarche européenne pour lui préférer une entrée dans l'Organisation de Coopération de Shanghai, qu'il qualifie de « *plus forte et plus importante que l'UE* »[289]. Si l'OCS se met à débaucher des membres jusque dans l'Otan, où va-t-on...

Restons prudents, le sultan d'Ankara est connu pour ses incessants retournements de veste et l'idée d'un bluff à l'attention de Bruxelles n'est pas non plus à écarter. Au siège de l'OCS, on accueille d'ailleurs cette floraison de candidatures avec plaisir, mais on ne s'emballe pas. La qualité de la coopération prime sur la quantité de membres, et l'éventuelle adhésion de trublions comme la Turquie d'Erdogan ou le duo israélo-syrien, susceptibles de remettre en cause l'harmonie patiemment bâtie, laisse circonspect. C'est à cela que servent les statuts d'observateurs et de partenaires de dialogue, antichambre où certains peuvent attendre longtemps. L'Iran en sait quelque chose qui, pourtant allié de Moscou, Pékin et New Delhi, fidèle partenaire depuis 2005, n'a toujours pas reçu son ticket d'entrée[290]. Russes et Chinois, les vrais patrons de l'OCS, voient à long terme et travaillent posément à l'établissement d'un monde multipolaire. Ils préfèrent ne prendre aucun risque, sachant que la moindre anicroche serait immédiatement exploitée par Washington. Ils constatent néanmoins avec régal l'attractivité de leur organisation, synonyme de rejet du monde unipolaire que les États-Unis et leurs satellites prétendent régenter.

Le parallèle est saisissant : l'Eurasie attire inexorablement alors que le système occidental se désagrège (Brexit, élection de Trump qui provoque l'émoi dans le *deep state* américain, montée des « populismes » en Europe...)[291] Le vent tourne, au grand dam de l'*establishment* politico-médiatique occidental qui pique une véritable crise de nerfs. Au moment où l'Inde et le Pakistan commencent leurs démarches pour devenir membres définitifs de l'OCS, les Britanniques votent pour sortir de l'UE et le Premier ministre David Cameron de lâcher, désabusé : « *Poutine doit être content* »[292]. Ne craignant visiblement pas le ridicule, il ajoute même le chef de Daech à la liste des « vainqueurs » du Brexit ! L'ancien ambassadeur états-unien à Moscou, Michael McFaul, en remet une couche le soir du vote britannique : « *C'est une gigantesque victoire pour Poutine.* »[293] Si les Russes ont tendance, depuis quelques années, à devenir les boucs émissaires universels de tout ce qui ne va pas en Occident, il est certain qu'ils ne voient pas d'un mauvais œil le détricotage du système mis en place par les États-Unis en Europe au lendemain de la seconde guerre mondiale.

Le maître du Kremlin ne s'arrête pas à ces enfantillages. Lui et Xi Jinping rêvent peut-être de ce que pourrait devenir l'OCS dans quelques décennies. Une fois n'est pas coutume, faisons un peu de « géopolitique fiction » et imaginons ce bloc, allant de la mer Jaune à la Méditerranée, réunissant pour la première fois les cinq grandes civilisations historiques de l'Asie. Les mondes indien (Inde, Pakistan), chinois, russe, perse (Iran, Tadjikistan) et turc (Turquie, Ouzbékistan, Kazakhstan, Kirghizistan), si souvent ennemis par le passé, désormais associés dans une organisation contrôlant l'échiquier eurasiatique, réunissant le Heartland et le Rimland. Le rêve inachevé des invincibles Mongols de Gengis Khan et le cauchemar absolu de Washington...

Nous n'en sommes pas là pour le moment. L'OCS est une organisation jeune, encore dans son adolescence et qui connaîtra invariablement des problèmes de croissance. Nul doute que les États-Unis s'immisceront dans toutes les failles possibles afin de diviser ses membres et d'empêcher son développement. Mais si l'OCS parvient à unifier les contraires qui la composent et à harmoniser leurs stratégies, tout en continuant son intégration, en un mot, si cette organisation devient adulte, elle changera la face du monde et le dominera.

L'ours et le dragon

BRICS, dédollarisation, BAII, nouvelles routes de la soie, OCS... Derrière ces coups de poignard qui déchirent le manteau américain se cache le tandem sino-russe, partout à la manœuvre. Les deux compères se complètent d'ailleurs parfaitement : à la puissance énergétique, militaire et diplomatique de l'un fait écho la prépondérance économique, démographique et technologique de l'autre. Mais que de chemin parcouru depuis un demi-siècle ! Pour bien comprendre le changement tectonique que représente le rapprochement des deux géants, un retour en arrière est nécessaire.

1960, date charnière de la Guerre froide. Cette année-là, le bloc communiste, qui occupe une bonne partie de l'Eurasie, se scinde en deux : c'est la rupture sino-soviétique. Les causes en sont multiples. Pendant la seconde guerre mondiale, Staline apporte son soutien au nationaliste chinois Tchang Kaï-chek, grand adversaire de Mao. Quand ce dernier réussit finalement sa révolution en 1949, Moscou met curieusement quelques temps avant de l'adouber. Dès lors, une certaine méfiance s'installe malgré la proximité idéologique et les sujets de désaccord se multiplient : refus de Mao d'accepter la tutelle du grand frère soviétique, refus russe de partager le leadership du monde communiste avec Pékin, alliance entre l'URSS et l'Inde avec laquelle la Chine est en guerre, etc. Ironie de l'histoire, c'est le dégel entre Moscou et Washington, après la mort de Staline, qui précipite la rupture, Mao refusant toute idée de coexistence pacifique avec le camp occidental. Ironie car, une dizaine d'années plus tard, c'est justement lui qui pactisera avec les États-Unis.

Revenons à l'été 1960. La tension est palpable depuis des mois quand l'URSS retire brutalement les milliers de techniciens soviétiques présents en Chine et cesse toute assistance. Cela tombe au plus mal pour Mao qui a lancé, deux ans auparavant, le désastreux Grand Bond en avant, l'industrialisation forcée du pays responsable d'une immense famine ayant causé entre 30 et 50 millions de morts. Pendant quelques années, Moscou et Pékin se regardent en chiens de faïence, se contentant d'invectives tout en maintenant une certaine coopération pour aider matériellement les Vietnamiens en guerre contre les Américains. Mais les relations se dégradent encore en 1969 et un conflit frontalier de quelques mois éclate le long du fleuve Amour – ça ne s'invente pas !

La Chine retourne alors sa veste à col mao et prend langue avec les Américains qui, depuis plusieurs mois, leur font des avances. Dès 1967, Richard Nixon, décidément omniprésent dans ce chapitre, écrit une tribune remarquée dans la revue *Foreign Affairs* où il préconise un rapprochement avec Pékin[294]. Élu président l'année suivante, il ouvre des canaux de communication, notamment via la dictature militaro-islamique du Pakistan, allié commun aux deux pays[295]. En 1971, l'illustre Kissinger, conseiller à la sécurité nationale, effectue deux voyages en Chine pour préparer la visite d'État de son président l'année suivante[296].

Ce 21 février 1972, lorsqu'il pose son pied sur le tarmac de l'aéroport de Pékin, Nixon a conscience du tremblement de terre qu'il provoque. En pleine Guerre froide, censée être la lutte entre le communisme et le capitalisme, un président américain débarque en Chine maoïste, le pays le plus communiste de la planète, infiniment plus sectaire que l'URSS déstalinisée qui se normalise peu à peu. Le monde en reste abasourdi et l'expression anglaise « *Nixon goes to China* » est même devenue une métaphore pour décrire l'action inattendue, surprenante d'un dirigeant.

Les connaisseurs du Grand Jeu, eux, ne sont pas surpris. Il s'agit de profiter de la rupture sino-soviétique et de jouer la carte chinoise contre l'URSS, le Rimland contre le Heartland. Dès lors, face à Moscou, se met en place la triade Amérique-Pakistan-Chine qui marque les deux décennies à venir. Pour abattre leur grand rival soviétique, cœur de l'Eurasie, les États-Unis n'ont aucun scrupule à flirter avec l'islamisme ou le maoïsme. Du soutien aux Khmers rouges de Pol Pot, comme on l'a vu au premier chapitre, à l'armement des djihadistes en Afghanistan, tout est bon pour faire chuter l'URSS.

Ce glissement américain est symbolisé à merveille en 1979, année exceptionnelle sur le plan historique et géopolitique, matrice pour comprendre la situation actuelle du monde (voir Annexe III). Le 1er janvier, la Chine et les États-Unis rétablissent officiellement leurs relations diplomatiques et Washington reconnaît le gouvernement de Pékin comme le seul gouvernement légal de la Chine. Une semaine plus tard, au Cambodge, le régime de Pol Pot est renversé par l'offensive du Viêtnam. En effet, dans la foulée de la rupture sino-soviétique, les communistes du Sud-Est asiatique se divisent eux aussi. Les Vietnamiens, vainqueurs des Américains, sont favorables à l'URSS, les Khmers rouges à la Chine. Ces derniers, d'obédience maoïste, ont exterminé, entre 1975 et 1978, le tiers de la population cambodgienne et lançaient de nombreuses attaques en territoire vietnamien, sous le regard complaisant des États-Unis qui venaient d'y perdre la guerre et étaient ravis de voir Pol Pot harceler leurs vainqueurs.

En février éclate le conflit sino-vietnamien : en réaction à l'occupation du Cambodge par le Viêtnam, 200 000 soldats chinois traversent la frontière, avec l'assentiment de Washington. Les combats durent un mois et causent de lourdes pertes de chaque côté. Dans le même temps, la CIA s'infiltre en Afghanistan où elle commence son travail de déstabilisation, on l'a vu au second chapitre. Dépassé, le gouvernement pro-soviétique de Kaboul appelle Moscou à l'aide et l'Armée rouge entre dans le bourbier afghan le 25 décembre, début d'une guerre de dix ans qui mettra l'URSS à genoux.

Quarante ans plus tard, nous assistons à une véritable révolution copernicienne. L'URSS était ruinée, isolée et entourée d'ennemis cornaqués par les États-Unis. La Russie est maintenant alliée à la Chine, dans un tandem qui met en péril la puissance du dollar et débauche l'un après l'autre, par l'entremise de l'OCS et des nouvelles routes de la soie, les anciens alliés de Washington, comme le Pakistan en passe d'être lui aussi perdu[297]. En Eurasie, la dégringolade de l'empire américain est retentissante et il ne peut s'en prendre qu'à lui-même. Ce sont ses continuelles ingérences, ses folles prétentions qui ont alarmé la Chine et l'ont poussée à se rapprocher de son ancien ennemi russe, dans un mouvement de bascule classique de l'histoire des relations internationales.

Le 4 juillet 2017, Xi Jinping est à Moscou. C'est alors la 22e rencontre (!) en cinq ans entre le président chinois et Vladimir Poutine[298]. Rarement dans l'histoire aura-t-on vu une telle communion. Le maître du Kremlin n'a pas tort lorsqu'il évoque le « *niveau sans précédent des relations sino-russes* », que son homologue chinois considère à « *un plus haut historique et un modèle entre grandes puissances* »[299]. Le président russe l'affirme sans ambages : « *Dire que nos deux pays coopèrent stratégiquement est dépassé. Nous travaillons désormais ensemble sur tous les grands sujets. Nos vues sur les questions internationales sont similaires ou coïncident. Nous sommes en contact constant et nous nous consultons sur toutes les questions globales ou régionales.* » Xi n'est pas en reste, déclarant tout de go que les deux pays seront « *amis pour toujours* »[300].

Impensable en 1960. Inconcevable aujourd'hui encore pour les *think tanks* états-uniens qui tentent, de manière assez infantile d'ailleurs, d'enfoncer un coin dans les relations sino-russes en échafaudant des théories abracadabrantes sur le « danger chinois » pour la Russie, par exemple l'improbable colonisation de la Sibérie par le « péril jaune » (alors que la Chine est à moitié vide et que sa population est vieillissante[301]). Il est bien difficile pour les stratèges américains d'accepter l'inévitable. Ce que Staline et Mao n'avaient pas réussi à faire, la Chine de Xi et la Russie de Poutine, pragmatiques, débarrassées de l'encombrante idéologie communiste, sont en train de le réaliser.

Le reste suit... Faire ici la liste exhaustive des accords entre les deux géants eurasiatiques prendrait plusieurs pages. Faramineux contrats gaziers et pétroliers, manœuvres militaires communes, accords rouble-yuan entre les banques centrales, entente à l'ONU sur à peu près tous les sujets, intégration de l'Union eurasiatique russe aux nouvelles routes de la soie chinoises, *joint ventures* dans l'aéronautique[302] y compris militaire[303], vente à l'armée chinoise du S-400 russe (le système de défense anti-aérien le plus performant de la planète)[304]. N'en jetez plus, les petits génies de Washington en ont des sueurs froides. Attardons-nous néanmoins sur deux ou trois faits marquants.

Le vénérable transsibérien n'étant plus capable de suivre le rythme de l'intégration de l'Eurasie, une ligne à grande vitesse de 7 000 kilomètres sera construite entre Pékin et Moscou, reliant les deux capitales en 30 heures[305]. Cet énième projet monumental, qui montre bien où penche désormais le centre de gravité du monde, coûtera la bagatelle de 200 milliards d'euros. Il sera d'ailleurs doublé d'un TGV de fret, le premier du genre, circulant à 400 km/h[306].

Si les exercices militaires communs sont devenus une norme au sein de l'OCS, Moscou invite personnellement la Chine, en septembre 2018, à participer à ses propres manœuvres. Baptisées Vostok, ce sont les plus grandes depuis l'époque soviétique[307]. 3 500 soldats chinois sont envoyés en Sibérie orientale, où ils rejoignent les 300 000 militaires russes mobilisés pour cet entraînement sans commune mesure. Le message à destination de Washington n'est pas passé inaperçu : Moscou et Pékin, alliés presque indéfectibles maintenant, sont prêts en cas de guerre.

Quatorze mois auparavant, fait inédit, la flotte chinoise est allée jusqu'en mer Baltique participer à des exercices avec la marine russe, dans ce qui est vu comme un pied de nez à l'Otan[308]. C'est la première fois que Pékin envoie sa flotte en Europe et c'est tout sauf un hasard. Un expert militaire russe nous en donne l'explication : « *Depuis 2015, les exercices russo-chinois s'approchent de plus en plus des points chauds aux frontières des deux pays* (...) *On sait que lors des exercices précédents, les marins des deux pays se sont entraînés à mener une guerre locale.* »[309]

De fait, ces manœuvres navales ne sont pas nouvelles. En 2015, les deux flottes se sont retrouvées dans le port russe de Novorossiisk, sur la mer Noire, pour ensuite gagner la Méditerranée[310]. L'année suivante, c'est en mer de Chine méridionale, autre point chaud s'il en est, que les deux compères se retrouvent. À cette occasion, l'agence officielle de presse Chine Nouvelle s'amuse d'ailleurs des réactions occidentales : « *Il est possible que les liens militaires de plus en plus étroits entre la Russie et la Chine agissent sur les nerfs de certains.* »[311] Et deux mois après la Baltique, le second volet des manœuvres, d'une plus grande envergure, se déroule dans les mers du Japon et d'Okhotsk (voir carte page suivante).

Est-ce un hasard si ces exercices ont lieu dans toutes les zones de friction entre l'empire maritime américain et le duopole continental sino-russe ? Toujours est-il qu'en ce même mois de juillet 2017, Poutine paraphe la nouvelle doctrine navale russe, en vigueur jusqu'en 2030. Pour la première fois, elle nomme l'adversaire et range explicitement dans le champ des menaces « *l'intention de plusieurs pays, particulièrement les États-Unis et leurs alliés, de vouloir dominer les océans du monde* ». Ambiance, ambiance...

Ce que Vladimirovitch énonce est une évidence. Après l'Athènes classique contre la continentale Sparte il y a vingt-cinq siècles, après l'Angleterre contre la force européenne dominante du moment (Habsbourg, France napoléonienne, Allemagne), les États-Unis ne font que reprendre, à l'échelle-monde, l'éternel combat entre puissance maritime et puissance continentale.

Exercices navals russo-chinois

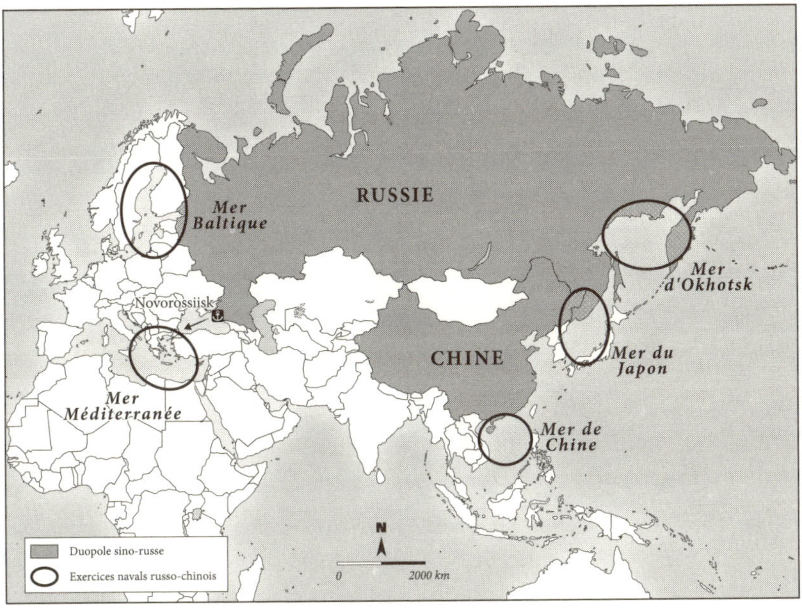

Rien ne sert de Corée, il faut partir à point

Incapables de s'établir au cœur de l'Eurasie et peinant à en arracher le Rimland, les États-Unis tentent par tous les moyens de la contenir, dans un remake de la politique d'endiguement mise en place par le président Truman en 1947, au début de la Guerre froide, visant à empêcher toute expansion de la zone d'influence soviétique. Que nous assistions à une

Guerre froide 2.0 ou que l'originale n'ait été elle-même qu'un élément du Grand Jeu importe finalement peu. La politique américaine vis-à-vis de la Russie, désormais rejointe par la Chine, n'a pas changé et ne changera jamais. L'idéal stratégique de Washington ressemble à ceci :

Statégie de *containment* de l'Eurasie par l'empire maritime américain

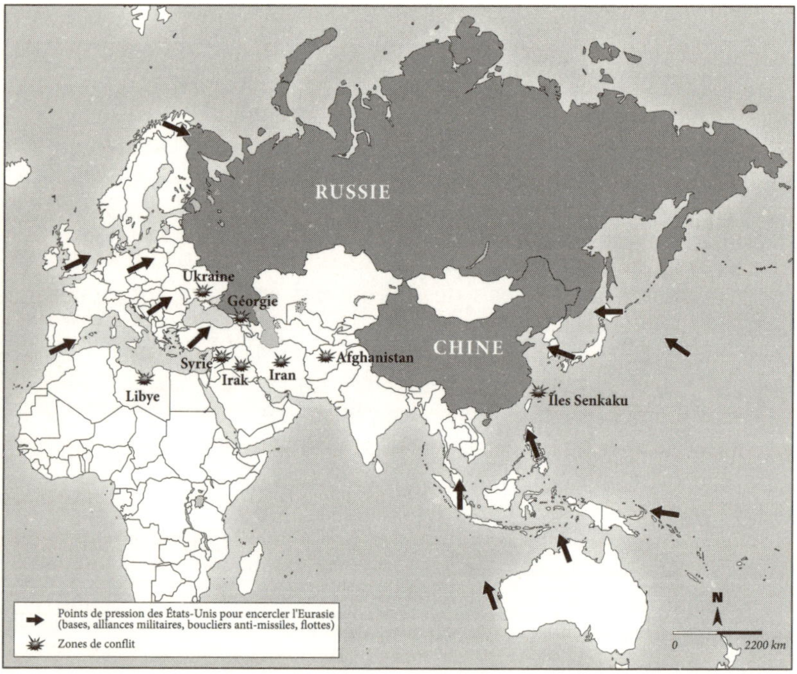

À l'Ouest, on l'a vu au premier chapitre, la construction européenne, décidée par et pour les États-Unis, a accouché de l'UE tandis que l'Otan a profité de l'écroulement de l'URSS et de la déliquescence de la Russie durant la décennie 1990 pour avancer vers le Heartland. Le « front » est maintenant à peu près stabilisé suite à la crise ukrainienne. Le Sud, ventre mou de la Russie, sera abordé dans les prochains chapitres, mais disons tout de suite que l'Amérique n'y est plus en position de force. Reste l'Orient, témoin d'une superbe joute où se mêlent, comme souvent, considérations géostratégiques et historiques. Lorsque Magellan le découvrit et le nomma « Pacifique » en raison du temps calme qu'il y rencontra durant sa traversée, il ne pouvait imaginer que le digne océan deviendrait une composante du Grand Jeu un demi-millénaire plus tard.

Les journaux pondent de temps à autre un article sur les disputes territoriales dans les différentes mers de Chine – méridionale et orientale – autour d'archipels inhabités au nom exotique : Paracels, Spratleys, Senkaku/Dyaoshu. Si nos plumitifs font parfois un réel effort pour tenter de comprendre la situation, analysant par exemple la lutte pour le contrôle des routes maritimes parmi les plus importantes du globe, la toile de fond est malheureusement totalement ignorée. Elle explique pourtant tout. Les querelles ne concernent pas une quelconque volonté de mettre la main sur des ressources énergétiques ou des voies de navigation, ou seulement en deuxième instance. Nous sommes ici comme ailleurs en plein Grand Jeu, qui voit la tentative d'endiguement du Heartland eurasiatique par l'empire maritime. Les revendications territoriales chinoises, parfois abruptes, ne sont, elles, qu'une tentative de briser l'encerclement américain pour s'ouvrir des routes vers l'océan, comme la Russie le fait sur la partie ouest de l'échiquier avec ses pipelines et ses alliances de revers.

La présence américaine en Extrême-Orient est le fruit de l'histoire. Peu connue du grand public, la guerre hispano-américaine de 1898 eut pourtant des conséquences considérables et était, à bien des égards, étonnamment moderne. Le prétexte en fut l'explosion d'un navire états-unien, le *Maine*, dans la rade de La Havane. Très probablement accidentelle, elle fut immédiatement récupérée par le « parti de la guerre », la presse et certains milieux d'affaires. Toute ressemblance avec des personnes ou des situations existantes ne saurait être que fortuite... Quelques mois plus tard, l'Espagne, défaite, reconnut l'indépendance de Cuba (qui devenait de facto un protectorat américains jusqu'à la révolution de Fidel Castro) et vendit à son vainqueur américain ses dernières colonies : Porto Rico, Guam et surtout les Philippines. La même année, Washington annexa par ailleurs Hawaii et une partie des îles Samoa en 1899, devenant une puissance majeure du Pacifique.

Une guerre meurtrière éclata presque immédiatement aux Philippines contre le nouveau maître colonial, qui fit un million et demi de morts, mais ce n'est qu'en 1946 que les États-Unis accordèrent l'indépendance à l'archipel. Ils y conservèrent toutefois des bases militaires auxquelles venaient s'ajouter celles héritées de l'après-guerre : Japon et Corée en 1945, Taïwan en 1949. La boucle était bouclée et l'Eurasie cernée à l'est, comme elle l'était à l'ouest par l'Otan, au Moyen-Orient par le Cento et en Asie du Sud et Sud-Est par l'Otase. Si ces deux dernières alliances militaires ont aujourd'hui disparu, la présence américaine aux extrémités occidentales et orientales du continent-monde reste plus que jamais d'actualité (voir carte page suivante).

Il est fondamental de comprendre que, derrière l'événementiel à court terme, l'état de guerre entre les deux Corées ou entre Pékin et Taïwan est en réalité du pain béni pour Washington, prétexte parfait au maintien de ses bases dans la région. Stratégiquement parlant, contrairement à la fable médiatique serinée ici ou là, le drame serait que le régime nord-coréen tombe ou que la relation sino-taïwanaise se normalise, rendant illégitime la présence militaire américaine. Le cas de la Corée est frappant.

À la fin de la seconde guerre mondiale, Soviétiques et Américains occupent le pays, tout juste libéré de la présence japonaise. Chacun contrôle sa zone, de part et d'autre du 38e parallèle et la Corée se trouve temporairement coupée en deux, même si personne n'imagine alors que la situation perdurerait jusqu'à nos jours. À la fin de la seconde guerre mondiale, Soviétiques et Américains occupent le pays, tout juste libéré de la présence japonaise.

Face-à-face américano-chinois dans le Pacifique

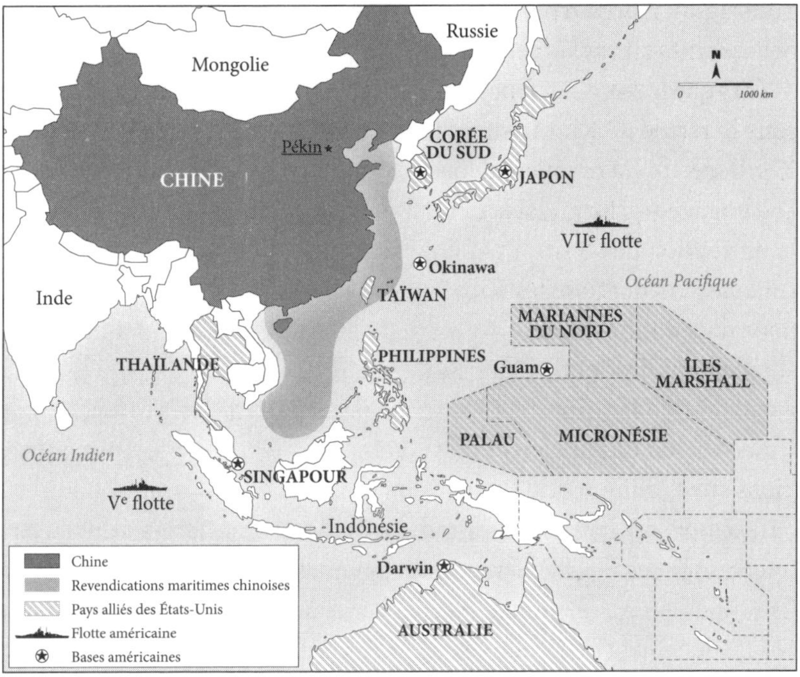

Chacun contrôle sa zone, de part et d'autre du 38e parallèle et la Corée se trouve temporairement coupée en deux, même si personne n'imagine alors que la situation perdurerait jusqu'à nos jours. En juin 1950, la Corée du Nord, dirigée par un gouvernement communiste soutenu par l'URSS et la Chine fraîchement maoïste depuis 1949, attaque son voisin du Sud appuyé par les États-Unis. Sans entrer dans le détail des offensives et contre-offensives, notons simplement que l'envoi, en décembre 1950, d'un demi-million de soldats chinois de l'Armée populaire de libération entraîne une mémorable débandade américaine sur des centaines de kilomètres. Devant la débâcle, le célèbre général MacArthur propose même de recourir à l'arme atomique contre la Chine avant d'être rappelé aux États-Unis ! Soulignons que c'est à ce jour la seule confrontation militaire directe entre Pékin et Washington et qu'elle a tourné à l'avantage du dragon. Après trois ans de guerre et deux millions de morts, les belligérants en reviennent finalement au 38e parallèle.

Alors que le Nord s'enfonce dans une dictature typiquement stalinienne sous la férule de Kim Il-sung, puis de son fils Kim Jong-il et petit-fils Kim Jong-un (la première dynastie communiste de l'histoire est née), le Sud engage son formidable développement économique et se place sous la protection des États-Unis qui y établissent des bases permanentes. Chaque provocation des Kim – appelons-les Kim I, Kim II et Kim III pour plus de simplicité – est prétexte à l'envoi de troupes américaines supplémentaires et de matériel dernier cri, au grand dam de la Russie et surtout de la Chine[312]. Fins stratèges, les États-Unis utilisent habilement un conflit ancien et réel – la crise coréenne – pour placer leurs pions sur l'échiquier du Grand Jeu.

L'exemple des batteries anti-missile THAAD est éclairant. Conçu pour intercepter des missiles balistiques de courte et moyenne portée quand ils sont en phase terminale dans la haute atmosphère, le système n'est pas franchement utile face à la menace nord-coréenne, dont les missiles pointés sur Séoul ont une trajectoire bien plus basse[313]. Il constituerait par contre un rouage fondamental dans le bouclier anti-missile que Washington essaie de mettre en place depuis des années en Asie orientale, officiellement contre la Corée du nord, officieusement contre la Chine dont la capacité de dissuasion nucléaire serait réduite.

À Séoul, personne n'est dupe. Comme l'expliquait déjà en 2013 un analyste : « *Cela fait plus de trois ans que les États-Unis demandent à notre pays de participer à leur bouclier anti-missile. Mais si la défense anti-missile de la Corée du Sud était intégrée au système américain dans la région, cela nous obligerait en pratique à aider les États-Unis à détecter d'éventuels missiles chinois... Notre armée serait alors considérée comme une ennemie potentielle par la Chine.* »[314] L'opinion publique sud-coréenne ne s'y trompe pas et est majoritairement hostile au déploiement du

THAAD[315]. En 2017, la présidente Park Geun-hye, pourtant très pro-américaine, refuse catégoriquement de prendre en charge le coût de l'installation du système anti-missile[316]. Les États-Unis acceptent finalement de payer[317] et, sans vergogne, se dépêchent d'incruster en Corée du Sud une partie des batteries avant les élections de mai 2017, dont le favori est Moon Jae-in, moins favorable aux vues américaines que son prédécesseur[318]. Une véritable mise devant le fait accompli qui n'échappe à personne[319].

Pendant la campagne, son entourage avait dénoncé avec force ces manières cavalières et affirmé que seul le président élu serait autorisé à prendre la décision finale sur le déploiement du système[320]. Lui-même n'avait jamais caché son opposition au déploiement anti-missile et répété que Séoul devait apprendre à dire non à Washington[321]. Un mois après sa prise de fonction, le bien nommé Moon envoie les Américains valser sur la lune en suspendant le déploiement du THAAD[322]. Pékin pousse déjà un grand soupir de soulagement lorsque, dans un rebondissement digne d'un thriller, Kim III refait des siennes. L'indécrottable leader nord-coréen procède, le 3 septembre 2017, à un essai nucléaire, forçant la Corée du Sud à finalement accepter le THAAD sur son territoire malgré les protestations houleuses de la population : « *Une décision difficile mais inévitable* » selon Séoul[323]. Kim III ou l'idiot utile de l'empire...

Les anti-américains primaires, il y en a, qui voient dans la Corée du Nord la bête noire de Washington se fourrent le doigt dans l'œil. Les multiples provocations de Pyongyang sont, au contraire, une excuse en or dont usent et abusent les États-Unis pour conserver leurs bases dans la région. Contrairement à ce que caquettent régulièrement les bisounours de l'info, il ne s'agit pas de faire pression sur la Chine pour qu'elle ramène à la raison son encombrant allié nord-coréen ; il s'agit au contraire d'utiliser la déraison nord-coréenne pour contenir la Chine. Donc l'Eurasie. Le but stratégique de l'Amérique est de voir la menace nord-coréenne perdurer et d'entretenir un conflit de basse intensité en Asie orientale, suffisant pour y maintenir une présence militaire en réalité tournée contre Pékin et Moscou.

Novembre 2016. L'élection de Donald Trump est un traumatisme pour le système impérial. Goûtant peu à l'aventurisme extérieur et à la guerre perpétuelle, il tend vers l'isolationnisme et prétend retirer les forces américaines de plusieurs théâtres d'opérations. Drame sur le Potomac... Installé à tous les étages du pouvoir depuis des décennies et dirigeant la politique étrangère américaine, le *deep state* est, au moins partiellement, à l'origine de la folle campagne médiatique lancée contre le président nouvellement élu[324]. On ne sera pas étonné de retrouver dans ces basses œuvres l'ancien directeur de la CIA John Brennan ou l'insubmersible John McCain, que l'on a déjà croisé en Ukraine ou en Bulgarie à propos d'un certain pipeline... Toujours dans les mauvais coups, le sénateur est à l'origine de la publication du dossier Steele[325], du nom de cet ancien barbouze du MI6 britannique, engagé par les Démocrates[326] pour pondre un mémo tellement abracadabrant et obscène sur la supposée collusion entre Trump et Moscou que même des opposants déclarés du président, comme le *Washington Post*, préfèrent prendre leurs distances[327]. Cela n'empêche d'ailleurs pas la presse, notamment française, de reprendre les ragots salaces du dossier en question ni, dans un bel exercice de transe collective, de porter aux nues le va-t-en-guerre McCain quand il meurt en août 2018.

Obligé de composer avec l'État profond qui le cerne, Trump fait souffler le chaud et l'effroi. Sans surprise, ses tentatives de dégel avec Moscou ou de désengagement de Syrie sont accueillies avec des cris d'orfraie. Sur la Corée, le Donald fait également trembler le landerneau politico-stratégique lorsqu'il tend la main à Kim III le 12 juin 2018, lors du sommet désormais historique de Singapour puis, à nouveau, en juin 2019. Le rapprochement inédit entre Pyongyang et Washington pousse la Maison-Blanche à annuler les exercices militaires américano-sud-coréens, ce qui met en émoi le Pentagone[328]. Pire, Trump évoque un possible rapatriement, à terme, des soldats américains en cas de dénucléarisation de la péninsule coréenne[329]. Si cette éventualité est très populaire dans l'opinion publique états-unienne, c'est, on l'imagine, un véritable *casus belli* pour le *deep state*[330]. Et une énorme victoire pour la Chine[331].

Avant de passer de vie à trépas, John McCain laisse un dernier cadeau empoisonné. Celui qui a passé sa carrière à réclamer toujours plus de bombardements et de révolutions colorées, qui a soutenu tous les fiascos guerriers américains se chiffrant en millions de morts (Kosovo, Afghanistan, Irak, Syrie, Libye, Ukraine), ne peut accepter de voir le démantèlement, même mineur, du réseau des 800 bases américaines dans le monde, qui plus est dans cette région hautement stratégique qu'est le Nord-Est asiatique. En tant que patron du Comité des forces armées au Sénat, il fait voter une loi restreignant fortement la possibilité de réduire le nombre de soldats américains en Corée du Sud[332]. Il peut maintenant retrouver Brzezinski ou Spykman l'esprit tranquille : quelle que soit l'évolution de la question nord-coréenne, la présence militaire états-unienne est à peu près garantie au Pays du Matin calme...

QUADrature du cercle

La Corée n'est qu'un chaînon d'un réseau de *containment* bien plus vaste, mis en place par Washington dès les années 1950 : l'*Island chain strategy* ou, en bon français, « stratégie des chaînes d'îles »[333]. Si ce fait est très peu connu en Europe et n'est jamais évoqué dans les médias, même les moins mauvais, il occupe pourtant les pensées des amiraux chinois[334] et américains[335], ainsi que les états-majors de tous les pays de la région ou les publications spécialisées (en particulier le site de la revue japonaise *The Diplomat*[336]).

Fait intéressant, la réflexion stratégique autour des îles du Pacifique-ouest commence très tôt, dès le début du XXe siècle[337]. À l'époque, les États-Unis mettent la main sur les anciennes colonies espagnoles de Guam et des Philippines, tandis que l'Allemagne occupe les îles Mariannes et Palau, et que la marine japonaise prend son essor en dépossédant la Chine de Taïwan (1895). C'est à un certain Haushofer, attaché militaire allemand au Japon de 1908 à 1910, que l'on doit les premières analyses sérieuses, où apparaissent déjà des considérations bien actuelles : rideau de protection, nœuds stratégiques...[338] Pour Haushofer, cependant, ces chaînes d'îles constituaient pour les États continentaux comme la Chine un rempart face aux menées des puissances maritimes. Les vicissitudes du XXe siècle et l'inexorable expansion de l'empire américain retournent complètement la donne. Ces arcs insulaires sont désormais pour Washington un rideau de fer protégeant « son » Pacifique et contenant l'Eurasie – le bloc sino-soviétique durant la Guerre froide, le duo Pékin-Moscou de nos jours.

Stratégie des chaînes d'îles

Le premier rideau passe par les points chauds de l'actualité en Extrême-Orient : la Corée, Okinawa, Taïwan et les Philippines. Là, les bases américaines et la fameuse VIIe flotte font directement face au dragon. La seconde ligne, principalement maritime, est plus lâche et sans véritable armature terrestre. Partant du Japon, elle est centrée autour de l'île de Guam. L'on comprend maintenant mieux la volonté chinoise de réunification avec Taïwan ou les revendications dans les mers de Chine méridionale (Spratleys, Paracels) et orientale (Senkaku/Dyaoshu). Elles visent avant tout à repousser l'encerclement américain et à s'ouvrir des voies vers l'océan mondial.

Dans ce contexte, le cas philippin est intéressant. Ancienne colonie américaine ayant gardé des relations privilégiées avec son ex-tuteur, les Philippines conservent des bases états-uniennes jusqu'en 1992, date à laquelle Manille demande, après un vote serré au Sénat, le départ des troupes américaines. Surprise en 2014, un curieux accord à la légalité discutée est signé, qui autorise à nouveau la présence de bases américaines, mais à l'intérieur des propres bases de l'armée philippine[339]. D'aucuns y voient évidemment un signe du « pivot asiatique » décidé par l'administration Obama et visant à contenir plus agressivement la Chine[340]. Toutefois, l'élection de Rodrigo Duterte en 2016 change la donne. On a vu que, en délicatesse avec Washington, il se précipite à Pékin pour demander l'aide financière de la BAII. Qualifiant Obama de « *fils de p...* » et priant gentiment l'Union européenne d'aller littéralement « *se faire foutre* », il met au défi la CIA de l'éliminer[341] et se félicite que « l*a Chine et la Russie contrôlent l'arrogance américaine* »[342].

Ses menaces de rompre de l'alliance militaire rappellent étrangement le cas ouzbèke de 2005 (voir chapitre II). *Bis repetita* sous les tropiques ? Moscou et Pékin, qui ont la fâcheuse habitude de récupérer un à un tous les pions perdus par Washington, sont en tout cas prêts à ramasser la mise[343]. Pour les États-Unis, ça ne peut plus mal tomber alors que les Philippines, maillon important de la première chaîne d'îles, occupent une place stratégique majeure dans le *containment* de l'Eurasie. Que le domino philippin tombe et c'est le premier rideau qui est ébréché. Si le départ d'Obama et l'élection de Trump ont quelque peu calmé les ardeurs de Duterte dans ce feuilleton aux rebondissements multiples, le divorce semble tout de même engagé et Manille considère ouvertement une rupture militaire avec Washington[344]. À suivre...

La pensée stratégique de Pékin, elle, ne s'arrête déjà plus à la barrière psychologique constituée par les chaînes d'îles et des exercices navals sont dorénavant réalisés au-delà[345]. Surtout, la Chine met en place depuis des années sa propre chaîne maritime au doux nom de « Collier de perles » : un véritable chapelet de ports commerciaux et de bases navales dans l'Océan indien. Destiné initialement à ponctuer et sécuriser les grandes lignes maritimes de son approvisionnement en hydrocarbures ainsi qu'à encercler son grand rival indien, le collier est dorénavant le copier-coller de la route maritime de la soie.

Perle d'entre les perles : la base de Gwadar au Pakistan, dont nous avons parlé au chapitre précédent. Située à la sortie du détroit d'Ormuz, porte naturelle du golfe Persique, c'est assurément l'un des endroits les plus stratégiques de la planète, au carrefour des routes de l'énergie et de trois aires fondamentales pour le contrôle de l'Eurasie – l'Asie centrale, le Moyen-Orient et le sous-continent indien (voir carte page suivante).

« *Quand la Chine s'éveillera, le monde tremblera* », aurait prophétiquement annoncé Napoléon. C'est fait, le dragon est sorti de sa caverne et fait feu de tout bois. Prenant en compte cette métamorphose, fulgurante aux yeux de l'histoire, les stratèges américains se doivent de réagir. Le concept d'une troisième chaîne d'îles est remis sur la table, centrée sur Hawaii, au beau milieu du Pacifique. Si les analystes ne sont pas tout à fait d'accord sur la réalité du troisième rideau[346], l'archipel paradisiaque devient essentiel dans le Grand Jeu océanique qui se prépare. Un roman récent, mettant en scène une future guerre mondiale entre les États-Unis et l'alliance sino-russe, sert de support aux séminaires de l'armée américaine et trône en bonne place sur le bureau des généraux[347]. Dans cet ouvrage, *Ghost Fleet*, Pékin va même jusqu'à attaquer Hawaï, comme au bon vieux temps de la seconde guerre mondiale et de Pearl Harbor, les Chinois remplaçant simplement les Japonais dans le rôle de l'ennemi. Si l'US Air Force y stationne dorénavant ses bombardiers furtifs dernier cri, cela n'a rien d'une fiction...[348]

Collier de perles chinois dans l'Océan indien

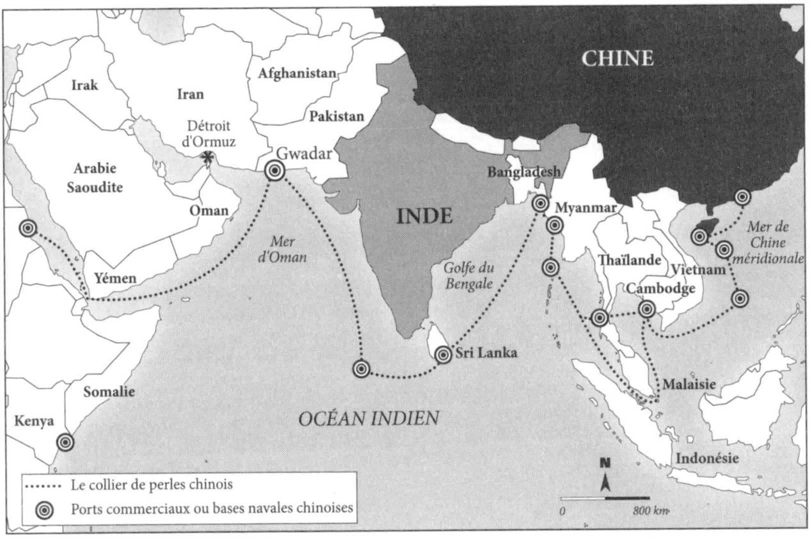

En décembre 2018, le Royaume-Uni surprend son monde en annonçant le projet d'ouvrir une base navale en Asie du Sud-Est[349]. Diantre, que vient donc faire l'illustre, quoique défraîchie, Royal Navy dans cette galère ? L'argument officiel – le Brexit nous permet de redevenir un acteur indépendant et global – n'est pas faux en soi, mais la perfide Albion n'a pas de réels intérêts dans la région. Il ne faut pas être grand clerc pour deviner que Londres « roule » en réalité pour quelqu'un d'autre et que la Chine est dans le collimateur[350]. D'où il est, Nelson doit s'arracher sa perruque d'amiral devant le spectacle de sa chère Navy devenue le supplétif de l'empire américain...

Une petite parenthèse s'impose ici. Comme les hégémons de la Grèce antique, l'Amérique a toujours eu la grande intelligence de s'entourer d'alliés et de ne « pas y aller seul » pour parler un peu trivialement. Si l'Otan est théoriquement une alliance entre États libres et égaux, dont le siège est à Bruxelles et le Secrétaire général un Européen, on sait parfaitement qui décide *in fine*. La coalition qui envahit l'Irak en 2003 compte officiellement une quarantaine de pays, bien que certains n'y envoient que quelques cuisiniers. En 2014, une autre coalition, pompeusement qualifiée d'internationale, est montée contre Daech ; la majorité de la soixantaine de pays y participant n'est en réalité là que pour la photo et n'a pas effectué une seule sortie aérienne. Montrer au monde que l'on est à la tête d'une communauté étendue tout en déléguant aux États vassaux/clients un certain rôle médiatique pour mieux les tenir, le procédé est habile.

C'est ainsi qu'est créé en 2007 le QUAD, sur proposition japonaise et non américaine, même si cette sous-traitance ne trompe personne. Le Quadrilateral Security Dialogue est un attelage informel regroupant les États-Unis, le Japon, l'Australie et l'Inde. Plateforme de dialogue, il organise aussi, plus rarement, des exercices navals conjoints. S'il n'est officiellement dirigé contre aucune puissance, tout le monde sait bien en coulisses qu'il vise la Chine dans les deux océans, Indien et Pacifique. D'aucuns y voient même les prémices d'une Otan indo-pacifique[351] (voir carte page suivante).

Rêve illusoire, répondront beaucoup. S'il connaît actuellement un regain de forme avec la sinophobie de Donald Trump, pour une fois d'accord avec son *deep state*, le QUAD a déjà traversé diverses vicissitudes malgré son jeune âge[352]. Sa pérennité est tout sauf assurée et, pour oser une comparaison avec son homophone à moteur, deux de ses quatre roues sont voilées.

Certes, le Japon est indéfectiblement soumis à Washington depuis la seconde guerre mondiale et il y a peu de chance de voir la situation changer. Cela fait d'ailleurs les choux gras de Moscou qui se moque gentiment de la « *dépendance* [américaine] *du Japon indépendant* » lors des négociations sur les îles Kouriles. Cet archipel, revendiqué par Tokyo qui argue de ses intérêts nationaux, pourrait en réalité servir aux Américains afin d'étendre leur bouclier anti-missile[353]. Mais si le Japon est dans la poche de l'oncle Sam, ce n'est pas tout à fait le cas de l'Australie et encore moins de l'Inde.

Encerclement de la Chine par le QUAD

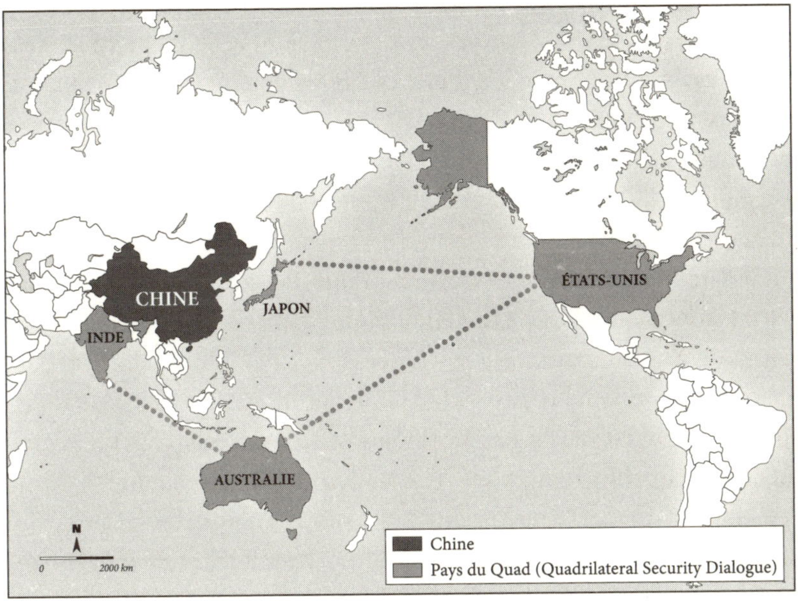

Le pays des kangourous est, avec le Royaume-Uni, le Canada et la Nouvelle-Zélande, membre du Five Eyes mis en place par les États-Unis. On sait depuis Snowden et d'autres lanceurs d'alerte que cet inquiétant réseau de surveillance, à la connotation très anglo-saxonne, espionne la vie quotidienne de milliards de personnes. Que l'Australie en fasse partie n'est pas tout à fait une surprise tant son noyautage par le cousin américain est ancien[354]. De la Corée à l'Irak en passant par le Viêtnam, Canberra n'a d'ailleurs jamais manqué de participer à toutes les guerres états-uniennes du XXe siècle. Aussi, quand George W. Bush qualifie en 2003 le pays de « *shérif US dans la région* », il provoque peut-être un tollé mais n'a en réalité pas tort[355].

Toutefois, la grande île australe suit également sa propre dynamique et sa vie politique, extrêmement polarisée, est loin d'être monocorde. En 1972, l'élection du travailliste Gough Whitlam envoie des ondes de choc à travers le Pacifique. Le nouveau Premier ministre remet en cause la soumission australienne, prétend rejoindre le bloc des pays non-alignés et envisage de fermer la station d'écoute américaine de Pine Gap faisant partie du réseau Échelon. La fébrilité gagne les esprits à Washington, traumatisés par ces dangereuses déviances. La CIA, qui avait infiltré l'*establishment* politique, médiatique, économique et sécuritaire[356] australien, organise alors un véritable putsch institutionnel qui destitue Whitlam en 1975[357].

En 2008, un autre travailliste, Kevin Rudd, arrive au pouvoir et retire résolument l'Australie du QUAD, signant l'arrêt de mort de l'embryon d'alliance. Son successeur, Julia Gillard, pourtant du même parti, la réintègre en 2010 pour le plus grand bonheur du système politico-médiatique du pays[358]. Néanmoins, l'économie australienne est très dépendante de Pékin et, chose intéressante, pas seulement pour ses importations : 30 % du total de ses exportations prennent le chemin de la Chine. Le commerce avec le dragon surpasse la somme combinée de ses échanges avec les États-Unis et le Japon, ses deux acolytes du QUAD[359]. On comprend dans ses conditions que, quel que soit le gouvernement en poste à Canberra, il est obligé de ne pas prendre son principal partenaire commercial à rebrousse-poil en se montrant trop ouvertement favorable aux intérêts américains.

C'est également le cas de l'Inde. Entrée dans l'Organisation de Coopération de Shanghai, membre des BRICS, elle ne peut plus se permettre de s'opposer ouvertement à son grand voisin comme ce fut le cas dans un passé pas si lointain. Les relations entre les deux colosses asiatiques, traditionnellement adversaires, s'améliorent indéniablement depuis quelques années. Malgré de nombreux sujets de discorde (litiges frontaliers, alliance sino-pakistanaise, asile donné au Dalaï-Lama par l'Inde, etc.), des tendances lourdes, économiques et géographiques, poussent à cet inévitable rapprochement. Notons que la personnalité de Narendra Modi n'y est pas tout à fait étrangère non plus.

Fervent admirateur du modèle chinois, il y fait de nombreuses visites lorsqu'il n'est encore que ministre en chef de sa province du Gujarat. En retour, les dirigeants de Pékin ne ménagent pas leurs louanges, le comparant même à Deng Xiaoping[360]. Nommé Premier ministre de l'Inde en 2014, Modi invite le ministre des Affaires étrangères chinois (ainsi que le Premier ministre pakistanais) à la cérémonie d'investiture, une première. Deux mois après sa prise de pouvoir, il sort enfin de ses frontières, tenant à réserver sa première visite internationale officielle à Brasilia, pour l'importantissime sommet des BRICS où est décidée la création de la banque du même nom.

Mais New Delhi reste très sourcilleuse sur son indépendance et fidèle à sa traditionnelle politique de non-alignement, comme le montre son refus de participer au lancement des nouvelles routes de la soie. Jamais tout à fait dans un camp ni dans l'autre, l'Inde laisse tout le monde dans l'expectative. Sa traditionnelle proximité avec Moscou ne l'empêche pas de faire des ouvertures aux Américains et ceux-ci pensent peut-être avoir gagné la partie dans les années 2000.

Le réchauffement commence sous Clinton (le mari) ; puis l'inénarrable « guerre contre le terrorisme » de Bush (le fils) peut faire croire aux Indiens que les États-Unis sont sérieux. Il est vrai que le théâtre afghano-pakistanais post-2001 est sans doute le seul endroit du monde où

Washington lutte réellement contre le djihadisme islamique, et pour New Delhi, confrontée au même problème dans le Cachemire, c'est tout ce qui compte. En 2007, l'Inde entre dans le QUAD puis annule le gazoduc IPI sous pression américaine en 2009 (voir chapitre II).

Les stratèges états-uniens ont toutefois tort de se réjouir trop vite. Élu en 2014 comme on l'a vu, Modi réoriente la politique étrangère de New Delhi vers un rapprochement eurasiatique, notamment avec Pékin[361]. Cette tendance générale au réchauffement des relations se constate sur nombre de dossiers, y compris mineurs : c'est le cas de la proposition chinoise de travailler de concert avec New Delhi aux Maldives, archipel devant faire partie du Collier de perles et où les deux poids lourds asiatiques se tiraient précédemment la bourre[362]. Modi voit le QUAD avec méfiance, souhaite qu'il reste à un niveau relativement informel et ne veut pas entendre parler d'une alliance anti-chinoise[363] ni de projets d'infrastructures concurrençant OBOR[364].

En octobre 2018, la visite annuelle de Poutine en Inde donne lieu à une kyrielle d'accords allant de l'énergie nucléaire ou gazière à l'exploration de l'espace. À cette occasion, l'Inde étudie très sérieusement la possibilité de court-circuiter le dollar pour son commerce pétrolier, non seulement avec l'Iran, mais aussi avec le Venezuela et la Russie[365]. Lors de ce sommet est également officialisée la vente des fameux S-400, New Delhi balayant d'un revers de la main les menaces de sanctions américaines. Comme l'explique un bon connaisseur : « *L'Inde sait que les Américains ont besoin de ne pas se l'aliéner afin de disposer d'un éventuel allié de revers contre la Chine (...) La Russie est la mieux placée pour assurer la stabilité de l'Asie centrale et y contenir, avec l'Inde et la Chine, la montée de l'islam radical (...) Que les Américains l'admettent ou non, ils ne pèsent rien sur la scène asiatique lorsqu'il s'agit du jeu à trois entre Russes, Chinois et Indiens. Ils ne sont qu'un joker éventuel dans le jeu de vieilles puissances pratiquant une autre diplomatie que la leur, sur un autre tempo chronologique.* »[366]

Mais surtout, Poutine et Modi insistent à plusieurs reprises dans leur déclaration finale sur la « *nécessité de consolider le monde multipolaire et les relations multilatérales* ». Ils évoquent même l'idée d'une architecture de sécurité régionale dans la zone indo-pacifique. Décodage : l'unipolarité américaine est rejetée. Pour plusieurs observateurs, Modi signe ainsi de facto, sinon de jure, la fin du QUAD[367]. Pour l'amiral Philip Davidson, patron du commandement indo-pacifique de l'armée américaine, l'alliance rêvée par Washington est maintenant mise en veilleuse[368].

Modi a également un certain mal à tenir compte de la position américaine sur l'Iran. Les relations entre les mondes indien et iranien sont traditionnellement harmonieuses, ce depuis les temps les plus reculés. Origine commune indo-européenne il y a quatre mille ans, fuite des Zoroastriens en Inde lors de la conquête arabo-musulmane... La Révolution islamique iranienne de 1979 n'y a rien changé, New Delhi et Téhéran conservent des liens étroits, presque indéfectibles. Alarmée par le Collier de perles et l'installation du dragon à Gwadar, l'Inde fait jouer, au début des années 2010, sa connexion iranienne et s'établit à Tchabahar, à quelques encablures du port chinois[369]. L'idée, outre le fait de concurrencer Pékin et de s'installer également dans l'un des points les plus chauds du globe, est de désenclaver l'Afghanistan et d'avoir une voie d'accès à l'Asie centrale en évitant le territoire du frère ennemi pakistanais[370]. En octobre 2017, après des centaines de millions de dollars d'investissements, le premier chargement de blé à destination de l'Afghanistan quitte les côtes indiennes[371].

Il est même probable que Tchabahar sera intégré à l'énorme corridor Nord-Sud qui se met en place, long de 7 000 kilomètres et allant de la Russie à l'Inde via l'Azerbaïdjan et l'Iran[372]. Beaucoup plus rapide et bien moins cher, il ne vise rien moins que de concurrencer le Canal de Suez ![373]

Projets chinois et indiens au débouché du golfe Persique

Ce que ses promoteurs ne disent pas, mais qui sous-tend évidemment le projet, c'est la volonté d'éviter l'océan international contrôlé par la thalassocratie anglo-saxonne et de favoriser les voies de transport continentales où l'empire n'a pas son mot à dire. Le corridor se combinera avec les routes chinoises de la Soie qui courent d'est en ouest pour former un maillage eurasiatique serré par lequel transiteront marchandises et hydrocarbures. De Lisbonne à Pékin et de l'océan Indien à l'océan Arctique, un seul absent : les États-Unis, dont la capacité de nuisance s'amenuise à mesure que l'unification de l'Eurasie se poursuit (voir carte page suivante).

La pierre angulaire de ce dispositif est l'Iran. Téhéran a, de plus, le grand avantage d'avoir d'excellentes relations avec tout le monde : la Russie bien sûr, l'Inde mais aussi la Chine, et même le Pakistan. Conscients de leur position, les Iraniens entendent jouer un rôle central, responsable, dans l'intégration de cette case capitale de l'échiquier eurasiatique, par où passerait également le fameux gazoduc offshore IPI construit par Moscou (voir chapitre II). L'ambassadeur iranien au Pakistan résume parfaitement la situation : « *Tchabahar n'est pas une menace pour Gwadar. Ces ports jumeaux deviendront au contraire complémentaires, source de paix, de stabilité et d'une grande coopération régionale.* »[374] Ce cauchemar stratégique de Washington est exactement l'un des buts recherchés par l'Organisation de Coopération de Shanghai, dont fait désormais partie tout ce joli monde...

Corridor Nord-Sud

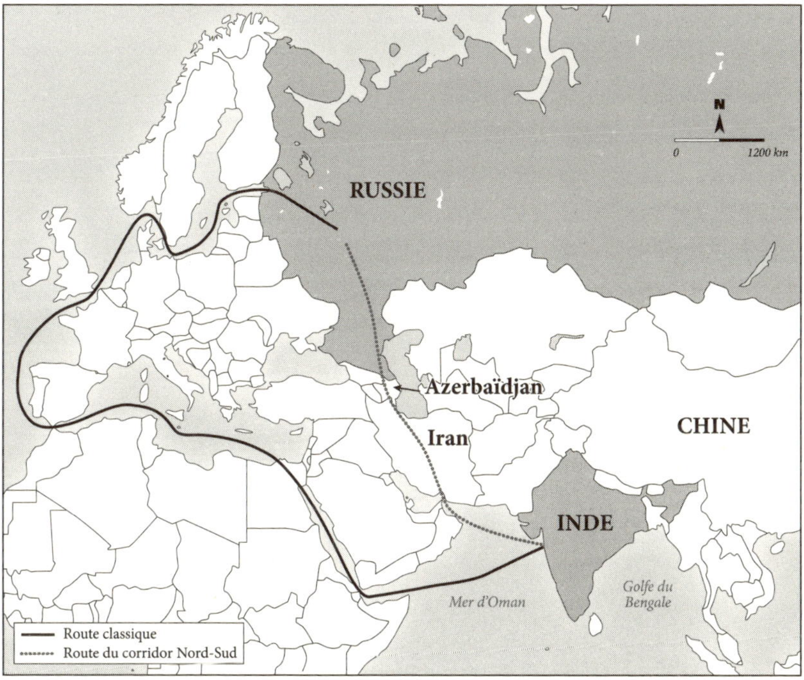

Chapitre IV

TOUS LES CHEMINS MÈNENT À MOSCOU

3 juillet 1996. Dans la chambre 1120 de l'hôtel Président à Moscou, un petit groupe d'Américains sautent de joie lorsque s'affiche le résultat de l'élection présidentielle. Au second tour, Boris Eltsine est réélu à la tête de la Fédération de Russie avec 54 % des voix. Six mois plus tôt, personne ne lui donnait une chance. Erratique et alcoolique, à la tête d'un pays à la dérive qui voit la pauvreté et la mortalité exploser tandis que les oligarques dépècent ses richesses, sa cote de popularité n'atteignait même pas les deux chiffres.

Mission accomplie, le quarteron peut maintenant retourner aux États-Unis avec la satisfaction du travail bien fait. Envoyés par l'administration Clinton, ces discrets conseillers en communication avaient pour tâche de faire réélire Eltsine en utilisant toutes les techniques modernes de campagne électorale à l'américaine : propagande, meetings arrangés, diffamation, analyse scientifique des sondages, utilisation des médias…[375]

Ironie de l'histoire, l'un de ces agents, Michael Caputo, membre de l'équipe de campagne de Donald Trump, se retrouve sous les feux des projecteurs vingt ans plus tard. Le climat d'hystérie médiatique autour de la supposée collusion entre le président américain et la Russie fait rire jaune ce petit homme grassouillet : « *C'est nous qui nous sommes ingérés dans leur élection ! À l'époque, j'ai été envoyé en Russie par l'administration Clinton pour m'impliquer dans l'élection présidentielle et faire réélire Boris Eltsine.* »[376] Le comique de la situation n'échappe à personne[377]. Alors que depuis 2016, Hillary Clinton impute sa défaite à l'ingérence du Kremlin, son président de mari était ouvertement intervenu dans l'élection russe deux décennies plus tôt !

Pour les Russes, les années 1990 sont considérées comme l'une des plus grandes calamités de leur histoire, qui en a pourtant vécu beaucoup. Le rôle joué par les États-Unis, sous couvert de soutien à la « démocratie naissante », est connu de tous et ne trompe personne. En maintenant l'impotent Eltsine à la tête d'une Russie pillée par les oligarques pro-américains, épuisée par l'anarchie généralisée et les privatisations sauvages fortement conseillées par les banques de Wall Street, Washington pense affaiblir son grand rival stratégique de manière irréversible.

Dans la colossale partie d'échecs géopolitique qui se joue depuis deux siècles entre la thalassocratie anglo-saxonne (qu'elle soit britannique ou américaine) et le Heartland russe, les années 1990 représentent une fenêtre exceptionnelle, unique, ouverte par la chute de l'URSS en 1991 et refermée par Vladimir Poutine en 2000. Jamais l'empire maritime n'aura été aussi proche de réaliser son objectif fondamental. Ce que l'Angleterre victorienne n'osait imaginer dans ses rêves les plus fous, les États-Unis sont en passe de le réussir : abattre le Heartland, voire s'en emparer.

Grand Jeu 1.0

Cette prodigieuse bataille pour le contrôle de l'Eurasie vient de très loin. Nous allons retracer ici cette histoire, parfois extravagante, toujours passionnante, car elle préfigure déjà notre Grand Jeu 2.0. Premier prince moscovite à se faire désigner sous le titre de tsar, le célèbre Ivan le Terrible lance le grand mouvement d'expansion de la Russie vers l'est au XVIe siècle. Dans ces steppes désolées s'installent des hommes libres, aventuriers, vagabonds ou mercenaires : les fameux cosaques. Ils s'organisent en armée irrégulière sur les marges, jouant le rôle de pionniers ou de gardes-frontières. La Sibérie est explorée et le Pacifique atteint dès le XVIIe siècle, alors que la Russie doit attendre Pierre le Grand et le début du XVIIIe siècle pour obtenir un accès à la mer Baltique. Ceci est d'ailleurs tout sauf anecdotique. Dans le grand débat historique entre Orient et Occident qui caractérise la pensée russe, les eurasianistes préconisent de tourner le dos à l'Occident pour tendre les bras à l'Asie. Ils ont beau jeu de rappeler que les tsars ont atteint le Pacifique avant les mers européennes et que la sibérienne Irkoutsk fut fondée bien avant l'européenne Saint-Pétersbourg.

En 1750, la Russie est à peu de chose près dans ses limites actuelles. S'engage alors la descente vers le sud – Caucase et Asie centrale – au cours de laquelle les intérêts russes entrent en collision avec ceux des Britanniques qui s'installent alors aux Indes. C'est le début d'un Grand Jeu dont, sous des formes diverses, nous ne sommes toujours pas sortis.

Si ces deux puissances sauront parfois s'allier devant un danger commun – les invasions napoléoniennes ou les deux guerres mondiales –, elles n'en demeurent pas moins fondamentalement, naturellement opposées. Entre la démocratie impérialiste maritime et l'autocratie continentale, peu de points communs existent si ce n'est les zones de tension. Londres voit avec horreur les Russes investir l'Asie centrale et s'approcher dangereusement du joyau de la couronne : ses possessions indiennes. Les élites britanniques commencent d'ailleurs à être pénétrées d'une réflexion géopolitique plus générale qui se résume en quelques mots : éviter à tout prix l'hégémonie d'un pays sur le continent, qui mettrait en danger la suprématie anglaise. Diviser pour mieux régner...

La Grande-Bretagne n'intervient pas dans la majorité des guéguerres européennes au XIXe siècle car elles ne remettent pas en cause l'équilibre des forces en présence. Mais que survienne un danger pour ses intérêts géostratégiques, qu'un pays devienne trop puissant et la perfide Albion n'hésite pas à sortir de son proverbial splendide isolement, à monter des coalitions et à envoyer des corps expéditionnaires contre l'indélicat. La France post-napoléonienne ayant perdu sa folie des grandeurs, Londres place tour à tour dans le rôle du vilain hégémonique l'Allemagne ou la Russie, selon que l'accent est mis sur les intérêts britanniques en Europe ou, plus globalement, en Eurasie. Jouer la carte allemande contre la Russie ou l'inverse importe peu. L'objectif reste le même, inébranlable : empêcher coûte que coûte leur alliance.

Joseph Chamberlain, ministre des Colonies et grand tenant de la suprématie impériale, résume parfaitement la situation en 1900 : « *Il est de notre intérêt que l'Allemagne s'oppose aux Russes. Notre principale crainte est de les voir s'allier* (...) *Nous devrions faire tout notre possible pour accentuer la cassure entre l'Allemagne et la Russie, ainsi qu'entre la Russie et le Japon.* »[378] Le hasard faisant bien les choses, c'est à cette date qu'apparaît un jeune et brillant professeur d'Oxford dissertant sur les concepts de Heartland et d'océan mondial. Vous l'avez deviné, Halford Mackinder, théoricien de l'antagonisme terre/mer et conseiller de tous les gouvernements britanniques de l'époque, publie en 1904 *Le Pivot géographique de l'histoire*.

Chamberlain – père de Neville, le signataire des fameux accords de Munich en 1938 – tente à trois reprises de conclure une alliance entre l'Angleterre et l'Allemagne (1898, 1899, 1901). Sans succès. Devant le refus répété de Berlin, Londres change de stratégie et se rapproche de la France et de la Russie, donnant naissance en 1907 à la Triple Entente. L'essentiel est sauf : Berlin et Saint-Pétersbourg restent dans des camps irrémédiablement opposés. Et si, pendant la première guerre mondiale, les Britanniques sont finalement alliés à la Russie sur le théâtre européen, ils l'avaient auparavant largement combattue, contenue et épuisée en Asie durant un demi-siècle, lors d'un Grand Jeu de toute beauté.

Sébastopol, Alma, Malakoff, Odessa... Ces noms sont familiers aux Français, qui ignorent cependant souvent à quoi ils se réfèrent. Tombée dans les limbes de l'oubli, la guerre de Crimée, qui oppose de 1853 à 1856 la Russie à une improbable coalition anglo-franco-turque, est pourtant d'une incroyable modernité. La déliquescence au XIXe siècle de l'empire ottoman, « l'homme malade de l'Europe », attise la convoitise de la Russie qui y voit un moyen d'accéder aux mers chaudes, son rêve de toujours. Pour l'Angleterre, c'est un *casus belli*. Maîtresse de l'océan depuis Trafalgar, très sourcilleuse sur la « sécurité internationale des détroits » (traduire : son propre contrôle sur les détroits), elle ne peut accepter que la Russie acquière trop d'influence en Méditerranée et en Orient. Londres vole donc logiquement au secours du sultan, embarquant au passage la France de Napoléon III.

Cette guerre extrêmement meurtrière – 700 000 morts dont 95 000 soldats français – se solde par la défaite du tsar et devient un archétype pour les siècles à venir. La thalassocratie anglo-saxonne entrave la Russie sur son flanc, manœuvre dans son ventre mou méridional, y joue contre elle la carte de l'Islam et use de ses alliés, véritables idiots utiles qui ne savent en réalité même pas pourquoi ils combattent... Un chef-d'œuvre stratégique dont les Américains reprendront ensuite bien des éléments, en Afghanistan, en Ukraine ou ailleurs.

L'Angleterre ne s'arrête pas là et nous assistons à une offensive généralisée pour contenir la Russie sur tout son pourtour. En 1878, elle prend Chypre afin de contrer l'ours qui descend doucement mais sûrement du Caucase vers le Moyen-Orient[379]. Les féroces guerres anglo-afghanes (1839-1842, 1878-1880, 1919) visent à s'emparer de l'Afghanistan ou, a minima, à y installer un gouvernement de paille face à la poussée russe en Asie centrale. Les troupes de Sa Gracieuse Majesté y connaissent d'ailleurs quelques désastres retentissants comme la bataille de Gandamak, au cours de laquelle les tribus pachtounes (déjà !) massacrent 16 600 Britanniques et auxiliaires, ne laissant que... deux survivants. Pour la petite histoire, Conan Doyle utilisera une autre déroute, la bataille de Maiwand, pour expliquer la blessure du docteur Watson, compagnon de son célèbre héros Sherlock Holmes.

Si l'aventure afghane s'avère finalement bien plus compliquée que prévu, Londres ne renonce pas à sa formidable stratégie d'encerclement du Heartland. Quatre petites années après le mémorandum de Joseph Chamberlain cité plus haut, éclate la guerre russo-japonaise de 1904-1905. Un magnifique cas d'école. Les manuels qui en parlent encore aujourd'hui la présentent principalement comme la première défaite d'un peuple « blanc » face à un pays asiatique[380]. Ceci n'est pourtant qu'une partie dérisoire de toute l'histoire. Cette guerre participe avant tout du Grand Jeu entre Russes et Britanniques et constitue, pour ces derniers, un de leurs plus brillants succès.

Éternellement inquiète de l'influence grandissante de sa bête noire en Asie, l'Angleterre s'allie au Japon en 1902 et le pousse, deux ans plus tard, à déclarer la guerre à la Russie. Fait très peu connu, une semaine après le début du conflit, Londres monte sa propre expédition militaire contre le Tibet. Comment ne pas y voir un classique mouvement de prise en tenailles ? Le lien est évident et la presse de l'époque, bien plus pertinente que sa consœur actuelle dans ses analyses géopolitiques, ne s'y trompe pas : « *Pendant que l'attention du monde est absorbée par la lutte gigantesque en Extrême-Orient, il se passe au centre de l'Asie des événements moins sanglants, d'une apparence moins tragique, mais dont les résultats peuvent peser d'un grand poids dans les destinées de l'humanité. L'Union Jack a été hissée sur les murs de Lhassa et les pas des soldats de l'Angleterre ont foulé les rues de la mystérieuse ville sainte, de la Rome bouddhique. À Lhassa et en Mandchourie se débat le même procès. La campagne du Tibet est un corollaire de la guerre russo-japonaise, c'est un des actes de la lutte sourde engagée depuis longtemps entre la Russie et l'Angleterre pour la suprématie en Asie.* »[381]

Les Russes, déjà influents au Turkestan chinois et en Mongolie, étaient en effet sur le point de « récupérer » le Tibet. L'affaire est étonnante et romanesque : des missions de lamas-diplomates-espions bouriates y étaient envoyées pour le persuader d'entrer dans le giron russe, allant jusqu'à présenter le tsar comme une réincarnation de la Tara blanche, déité du bouddhisme symbolisant la paix et la longévité ! Déjà, il est prévu que des instructeurs militaires russes forment l'armée tibétaine, que des armes y soient transportées. À l'aube de ce XXe siècle, les dirigeants de Lhassa sont sur le point de remplacer l'empereur de Chine par le tsar dans le rôle de suzerain. Un accord russo-chinois, la Convention secrète de Canton, est même signé en 1902, entérinant cette prépondérance russe. Pékin, en accord avec les Tibétains eux-mêmes, reconnaît à Saint-Pétersbourg le rôle de protecteur conjoint du Tibet. L'on imagine aisément comment la nouvelle est reçue par les autorités coloniales britanniques, particulièrement le vice-roi des Indes, Lord Curzon... La réaction de l'Angleterre est foudroyante et, du point de vue stratégique, lumineuse. Elle lance le Japon contre les Russes et, profitant de ce que son adversaire est empêtré dans cette guerre épuisante, mène le raid de Lhassa qui détache définitivement le Tibet de la Russie.

Containment de la Russie par les Britanniques lors du premier Grand Jeu

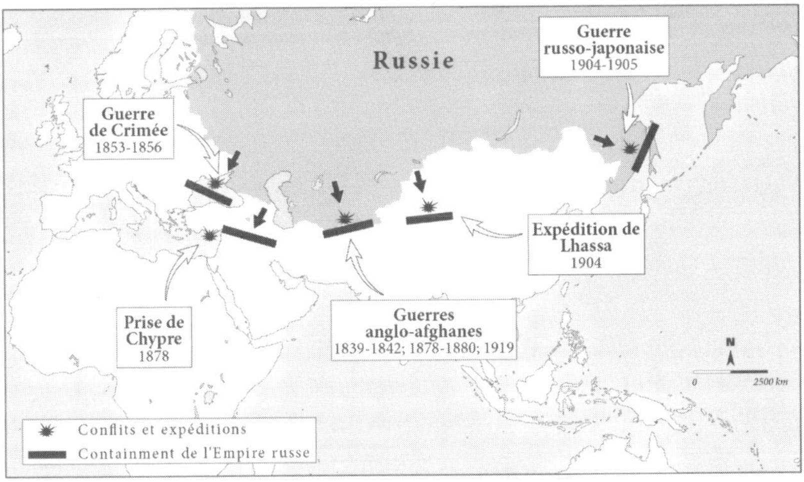

La première guerre mondiale et la Révolution bolchevique de 1917 marquent une pause dans le Grand Jeu. La Russie, prise dans les affres de la terrible guerre civile entre Blancs et Rouges puis transformée en URSS, vit sous le joug d'un Staline relativement isolationniste. L'Angleterre elle-même n'est plus tout à fait ce qu'elle était : dépassée économiquement par son ancienne colonie américaine, concurrencée par l'industrie allemande, elle assiste, impuissante, à l'éclosion du mouvement indépendantiste dans ses colonies, notamment en Inde avec Gandhi.

Pourtant, entre l'ours autarcique et le lion qui a perdu de sa superbe, toute rivalité eurasiatique n'a pas disparu et l'on assiste encore, dans les années 1920 et 1930, à quelques galantes joutes au caractère délicieusement suranné. Le Grand Jeu 1.0, ou « Tournoi des ombres » comme il est appelé en Russie, n'est pas tout à fait mort. En décembre 1928, éclate une révolte des tribus pachtounes d'Afghanistan, toujours elles, contre le roi Amanullah Khan. Dix ans auparavant, celui-ci avait affronté les Britanniques lors de la troisième guerre anglo-afghane et proclamé l'indépendance formelle de son pays. Réputé proche de Moscou, il est la hantise de Londres. En cet hiver 1928, la presse soviétique est en émoi : elle accuse le célèbre Lawrence d'Arabie d'être l'instigateur de la rébellion ! Peut-être pas à tort...

Fuyant la notoriété, ayant changé son patronyme, le paladin de la lutte dans le désert s'est engagé incognito dans la Royal Air Force. Envoyé aux Indes, Lawrence est effectivement, au moment des faits, en poste à Miranshah, dans ce qui deviendra les fameuses zones tribales pakistanaises dont on a parlé au deuxième chapitre. Dans ce lieu solitaire, il traduit *L'Odyssée* d'Homère mais, lorsque son identité est découverte, son prestigieux passé le rattrape. La presse britannique s'en mêle. On lui impute des activités d'espionnage et d'agitation, on raconte qu'il s'est déguisé en saint homme pour soulever les tribus contre le roi... Le gouvernement afghan va jusqu'à émettre un mandat d'arrêt contre lui[382]. On ne prête qu'aux riches et il est difficile, en l'absence d'archives, de faire la part de la légende et de la réalité. Toujours est-il que, devant le scandale naissant, Lawrence est renvoyé en Angleterre[383].

Mais l'histoire ne s'arrête pas là. Voulant éviter un bain de sang, Amanullah abdique quelques semaines plus tard, ouvrant une période d'anarchie. Or, ce roi était réformateur dans l'âme et avait tenté d'abolir le port du voile, d'interdire la polygamie et le mariage sans consentement. Un gouvernement pro-soviétique laïc et moderniste à Kaboul, qui tente de réformer en profondeur la société afghane, heurtant les tribus conservatrices qui se révoltent à partir des zones tribales pakistanaises, avec l'appui d'une certaine puissance anglo-saxonne. Cela ne vous rappelle rien ? Un demi-siècle avant le soutien américain aux moudjahidine et autres combattants islamistes, inaugurant la guerre d'Afghanistan dont ne sortira pas vivante l'URSS, le scénario est déjà écrit à la virgule près. Seule nuance : la participation des Britanniques aux événements de 1928-1929 n'est pas prouvée et l'on ne saura jamais tout à fait si Lawrence y a joué le rôle que jouera la CIA cinquante ans plus tard.

À quelques centaines de kilomètres de là, en Chine, se déroulait une brillante lutte d'influence au Turkestan oriental. Aujourd'hui appelé Xinjiang, il est depuis quelques années sous les feux de l'actualité en raison de la révolte des Ouïghours et de la féroce répression chinoise qui s'ensuit. Partie intégrante du Grand Jeu durant l'âge d'or de la rivalité russo-britannique en Eurasie, il était toutefois moins médiatique que l'Afghanistan, la Perse ou le Tibet. La géographie y est sans doute pour quelque chose.

En raison des formidables plissements tectoniques qui l'ont façonné il y a des millions d'années, le Turkestan chinois est peut-être l'endroit le plus grandiose et improbable de la planète. Entouré sur trois côtés par les montagnes les plus hautes du monde (plateau tibétain et Himalaya, Pamir, monts Célestes), il est fermé à l'est par le désert de Gobi. En son centre émerge un autre désert, le terrible Taklamakan, et des dépressions parmi les points les plus bas du globe (150 mètres sous le niveau de la mer). Neiges éternelles et sables brûlants se côtoient dans cette région naturellement isolée, donnant une aura de mystère supplémentaire à la guerre secrète que se menaient Russes et Anglais.

La joute était subtile, à fleurets mouchetés. On s'espionnait mutuellement pour anticiper le prochain coup de l'adversaire, on déployait des trésors de diplomatie pour s'attacher les caciques locaux, souvent ombrageux, on tentait de capter le commerce des caravanes. L'on attendait également avec impatience les renseignements des rares voyageurs qui s'y aventuraient car, aussi étonnant que cela puisse paraître pour cette contrée traversée depuis l'Antiquité par les légendaires routes de la soie, la région était en réalité mal connue et sa carte contenait de nombreux blancs.

L'épicentre des grandes manœuvres était l'oasis de Kachgar, où Russes et Britanniques avaient chacun implanté leur consulat. Derrière les protestations d'amitié lors des quelques réceptions mondaines, la méfiance restait de mise et, dans l'ombre, on s'efforçait de déjouer les complots que ne manquait d'ourdir l'adversaire. Restés des dizaines d'années à leur poste dans ce lieu reculé, Nikolaï Petrovsky (1882-1902) et George McCartney (1890-1918) ont marqué l'histoire de Kachgar, tissant leurs réseaux d'espions, rivalisant pour être le premier à accueillir les explorateurs de passage et avoir ainsi la primauté de l'information, luttant d'influence auprès des tribus musulmanes et des gouverneurs chinois car Pékin, alors en pleine décadence, restait théoriquement suzerain de la région[384].

Dans les années 1930 encore, les manigances vont bon train. Une révolte des Ouïghours, soutenue en sous-main par la Grande-Bretagne, débouche sur l'éphémère République islamique du Turkestan oriental (1933-1934). À cette occasion, Moscou apporte son soutien au gouverneur chinois, ancien seigneur de la guerre, qui mate la rébellion[385]. Quand Peter Fleming, célèbre écrivain-voyageur (et frère de Ian Fleming, le créateur de James Bond) entreprend en 1935 une épique traversée de

Pékin à Kachgar en compagnie de l'aventurière suisse Ella Maillart, il ne fait peut-être pas que du tourisme... On imagine que le service secret britannique, très désireux de connaître l'état du Turkestan après la chute de la république indépendante, le compte au nombre de ses honorables correspondants. Il nous a en tout cas laissé un merveilleux compte rendu de ses tribulations intitulé *Courrier de Tartarie*, un grand classique de la littérature de voyage.

Guerre froide et lutte chaude

Après la seconde guerre mondiale, le Royaume-Uni déclinant transmet le relais à son héritier américain. Soit dit en passant, il est piquant de constater à quel point les États-Unis, qui se veulent pourtant la nation indispensable régentant le globe, ont en réalité emprunté à d'autres les composantes essentielles de leur identité sans rien créer en propre. Ils ont hérité de l'Angleterre leur langue, leur religion, leurs institutions et leur vision géopolitique, et, de l'Espagne, leur monnaie ainsi d'ailleurs que son symbole ($) : un véritable empire d'emprunt...

Grande gagnante de la guerre en compagnie de l'URSS, thalassocratie excentrée décidant à partir de 1945 de dominer le monde, l'Amérique ne pouvait que reprendre à son compte le Grand Jeu contre Moscou. S'y ajoute désormais un élément idéologique – le combat entre capitalisme et communisme – qui donne une dimension supplémentaire à la Guerre froide. Mais nous avons vu au chapitre précédent que Washington n'hésitera pas à flirter avec la branche la plus radicale du communisme, la Chine maoïste et les Khmers rouges, pour abattre son grand adversaire stratégique, le Heartland soviétique.

En 1944, un an avant sa mort, Nicholas Spykman publie *The Geography of the Peace*, texte de référence et bible de la vision géostratégique américaine[386]. Complétant la pensée de Mackinder, le brillant universitaire de Yale introduit la notion de Rimland, les terres bordières de l'Eurasie : Europe, Moyen-Orient, sous-continent indien et Extrême-Orient.

Heartland et Rimland

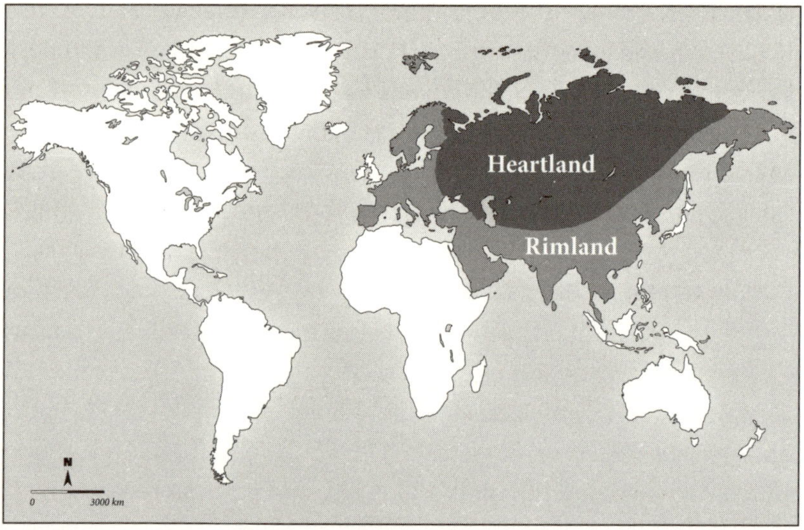

C'est dans cette région intermédiaire entre le Heartland et les mers riveraines que se joue le vrai rapport de force entre la puissance continentale et la puissance maritime, ce que Spykman résume d'une formule célèbre qui fera date : « *Qui contrôle le Rimland gouverne l'Eurasie. Qui gouverne l'Eurasie contrôle les destinées du monde.* » Non seulement il convient d'empêcher à tout prix l'union du Heartland et du Rimland en soutenant les États du croissant contre le centre, mais il faut également empêcher toute tentative hégémonique dans le Rimland : « *La sûreté et l'indépendance des États-Unis ne peuvent être maintenues que par une politique étrangère qui empêcherait la masse terrestre eurasiatique de voir naître une puissance indiscutablement dominatrice en Europe et en Extrême-Orient.* »

Trois ans plus tard, Truman décrète la politique d'endiguement contre l'URSS, tâche aisée étant donné la peur qu'inspire alors le régime totalitaire de Staline. Le rêve de Spykman se met en place... L'Otan est créée en 1949 sur le front ouest, mais elle n'est elle-même qu'un des maillons de la chaîne d'alliances qui entourent l'Union soviétique. En Asie et en Océanie, l'Otase est mise en place en 1954 ; elle comprend, outre les États-Unis, le Royaume-Uni et la France, le Pakistan, la Thaïlande, les Philippines, l'Australie et la Nouvelle-Zélande. Sur le flanc sud, est signé l'année suivante le Pacte de Bagdad ou Cento, qui ajoutent l'Irak et l'Iran au cordon sanitaire autour du Heartland. La boucle est bouclée avec la rupture sino-soviétique en 1960 et le rapprochement entre Washington et Pékin qui s'ensuit. L'URSS est maintenant encerclée de toute part et le Rimland, contrôlé par Washington, assiège littéralement le Heartland.

Grand Jeu en Eurasie durant la Guerre froide

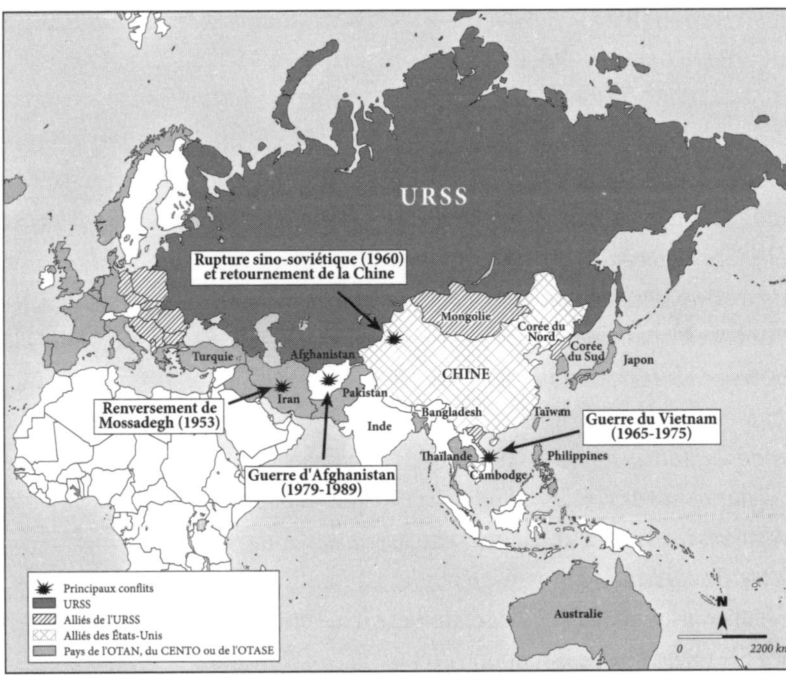

En géopolitique comme en histoire, l'écume événementielle ne doit jamais cacher l'essentiel. Au moment où les GI quittent piteusement Saïgon en 1975 après la guerre perdue au Viêtnam, péripétie circonstancielle, les Américains n'ont en réalité jamais été aussi forts sur l'échiquier eurasiatique. Il ne leur restera plus, la décennie suivante, qu'à attirer les Soviétiques en Afghanistan pour leur porter le coup de grâce, suivant la stratégie terrible et géniale de Brzezinski (voir chapitre II).

Pétrole, ton univers impitoyable

Revenons un instant sur l'entrée de l'Iran dans le Cento au milieu des années 1950, car elle met en lumière une autre composante essentielle du Grand Jeu : l'or noir. Les démêlés entre Téhéran et les intérêts pétroliers anglo-saxons ne datent pas d'hier et seront plus amplement étudiés au chapitre suivant. En 1951 est nommé un Premier ministre démocrate, laïc et nationaliste : Mohammad Mossadegh. Farouchement opposé à l'ingérence occidentale, il fait des ouvertures à Moscou et supervise la nationalisation de l'industrie pétrolière iranienne, jusque-là sous contrôle britannique. Il n'en fallait pas plus pour qu'un coup d'État anglo-américain le renverse en 1953, donnant les pleins pouvoirs au Shah. L'Iran change alors de trajectoire, entre dans le Cento et devient l'avant-poste des États-Unis au Moyen-Orient jusqu'à la révolution islamique de 1979.

Quand le Grand Jeu sent le pétrole, la CIA n'est jamais loin... Le 27 octobre 1962, Enrico Mattei, flamboyant directeur de l'ENI, la compagnie italienne des hydrocarbures, meurt dans un mystérieux accident aérien, vraisemblablement causé par l'explosion d'une bombe à bord de son avion près de Milan[387]. Il s'était fait connaître en proposant des accords très avantageux pour les pays producteurs de pétrole, dont l'Iran justement, négociant souvent un partage des bénéfices à 50/50. Jusqu'ici, le Moyen-Orient était exploité sans vergogne par les majors anglo-saxonnes, regroupées en un cartel qui ne disait pas son nom : les Sept Sœurs[388].

C'est dans un vénérable château écossais, lors d'une partie de chasse au coq de bruyère, qu'eut lieu le 28 août 1928 un véritable partage du monde.

Lors de ce Yalta pétrolier, les dirigeants de la Royal Dutch-Shell, de la Standard Oil (future Exxon) et de l'Anglo-Persian (BP), ensuite rejoints par Chevron, Texaco, Mobil et Gulf Oil, s'accordèrent sur les zones d'exploitation, les prix, le transport. Ce pacte secret laissait dans l'ignorance la plus totale les pays producteurs, dont la fonction se résumait en une phrase : fournir, sans poser de questions, du pétrole abondant et bon marché. Trente ans plus tard, avec ses propositions révolutionnaires, Mattei compromet gravement le monopole des Sept Sœurs et menace, *in fine*, le contrôle des flux énergétiques mondiaux par Washington.

Il aggrave son cas en se rendant, en pleine Guerre froide, à Moscou où il négocie un accord d'importation de pétrole soviétique et la construction d'un pipeline. Il prophétise la fin prochaine du monopole américain sur le précieux naphte, provoquant l'ire de l'Otan et des États-Unis. La CIA commence alors à le surveiller de très près tandis que la pression diplomatique s'accentue sur les autorités italiennes[389]. Les projets de l'ENI sont présentés comme une « grave menace à la sécurité de l'Occident », petite phrase très familière à nos oreilles : ce sont mot pour mot les termes employés de nos jours à propos du gaz russe...

Fait intéressant, la politique de Mattei provoque en Italie un examen de conscience national que nous connaissons bien aujourd'hui, à l'heure où les sanctions européennes contre la Russie, décidées par et pour Washington, coûtent très cher au Vieux Continent. En 1960, une grande partie de l'industrie transalpine se sent en effet bridée par l'allégeance de Rome à l'Occident, qui l'empêche de faire des affaires : la « protection » américaine se double d'une vassalité qui interdit de commercer librement avec les adversaires du suzerain. Par ses ouvertures, Mattei pourrait entraîner derrière lui une partie des milieux d'affaires italiens voire européens.

Le point crucial reste cependant l'or noir et l'obsession américaine de contrôler la géopolitique du pétrole par le biais des Sept Sœurs et de leurs cousines occidentales. Le patron de la compagnie soviétique d'hydrocarbures, un certain Gurov, résume alors parfaitement la situation : « *L'exploitation pétrolière est le fondement de l'influence politique occidentale dans le tiers-monde, de ses alliances et de ses bases militaires. Si ce fondement se fissure, c'est l'édifice tout entier qui commencera à chanceler puis à s'écrouler.* »[390] La CIA a-t-elle assassiné Enrico Mattei ? Nous ne le saurons peut-être jamais, d'autant que le condottiere s'était fait des ennemis par ailleurs. Une chose est sûre : après la mort de son charismatique président, l'ENI change totalement de cap et se range sagement derrière l'hégémonie anglo-saxonne.

L'histoire ne s'arrête pas là. En 1975, le célèbre écrivain-cinéaste Pasolini est retrouvé sauvagement assassiné sur une plage. Très vite, les enquêteurs estiment impossible la thèse du tueur solitaire si opportunément arrêté et ils s'étonnent de l'intrusion des services secrets dans le cours de leurs investigations. Ces doutes sont confirmés par de récentes publications[391]. En 1975, Pasolini met la dernière main à son roman *Pétrole*, pour lequel il avait longuement enquêté sur la mort de Mattei et la disparition, en 1970, d'un journaliste, De Mauro, qui travaillait lui aussi sur l'attentat. Bien qu'amputé d'un chapitre mystérieusement disparu, l'ouvrage paru à titre posthume met en cause les services secrets et Eugenio Cefis, successeur de Mattei à la tête de l'ENI et membre de la loge P2. Cette loge, sorte d'État dans l'État, rassemble le gotha italien jusqu'à son démantèlement dans les années 1980, suite à plusieurs scandales retentissants. Députés et ministres, banquiers, journalistes influents, magistrats, chefs des services secrets, industriels ou officiers supérieurs s'y côtoient allègrement et, dans ce marigot de corruption et de népotisme, les liens avec la CIA ou la mafia sont notoires. Un livre récent[392] établit le lien entre les trois assassinats et affirme que Pasolini et De Mauro ont payé de leur vie leur trop grande curiosité dans l'affaire Mattei, l'homme qui avait fait trembler la suprématie pétrolière américaine.

Le monde de l'or noir n'a rien à envier aux thrillers les plus sombres et compte son lot de morts équivoques. Cinquante-deux ans presque jour pour jour après l'attentat de Milan, le Français Christophe de Margerie meurt lui aussi dans un accident aérien (encore un) à l'aéroport de Moscou. En pleine crise ukrainienne, le PDG de Total vient de rendre visite à Vladimir Poutine avec qui il entretient des relations très cordiales. Le Kremlin a en effet toutes les raisons d'apprécier ce Vendéen à l'imposante moustache et lui rendra d'ailleurs un hommage posthume en baptisant de son nom le premier méthanier brise-glace russe[393]. Critiquant à plusieurs reprises les sanctions occidentales « *injustes* » contre la Russie suite au rattachement de la Crimée[394], Margerie est en guerre ouverte avec la justice américaine pour avoir contourné l'embargo de Washington vis-à-vis de l'Iran et de la Libye[395] (la fameuse extraterritorialité judiciaire impériale dont nous avons parlé au chapitre précédent). Il commet même le crime de lèse-majesté parfait lorsqu'il critique l'hégémonie du dollar et propose d'acheter son pétrole en d'autres devises.

Ce 20 octobre 2014, le Falcon du patron de Total percute au décollage un chasse-neige (alors qu'il ne neige pas) conduit par un conducteur « ivre » avec 0,6 gramme d'alcool dans le sang (l'équivalent de deux petits verres de vin). Vous l'aurez compris, les incohérences et zones d'ombre sont légion, d'autant que les proches du défunt auraient reçu des pressions de l'Élysée pour ne pas se porter partie civile[396]. Très vite, le parallèle est dressé avec le meurtre de Mattei. Mais si la CIA a, selon toute probabilité, quelque chose à voir avec la disparition de l'Italien, son implication dans celle de Margerie est plus problématique. Il faudrait imaginer que l'agence américaine opère comme un poisson dans l'eau à Moscou, ait recruté le conducteur de la déneigeuse (passé sur le gril par le contre-espionnage russe qui n'a rien trouvé), l'ait placé là au moment où l'avion décollait... Si la thèse de l'accident est bancale, celle de l'assassinat l'est à vrai dire encore plus. Contrairement à l'ENI, la mort de son patron ne change de toute façon pas la politique de Total. Impliqué dans un énorme projet d'exploitation gazière dans l'Arctique russe, le groupe continue de jouer au chat et à la souris avec Washington.

En 2016, il contourne les sanctions américaines en renonçant au dollar et fait appel à des capitaux chinois[397].

Nous avons vu dans les chapitres précédents que l'énergie est l'une des principales armes de l'empire, obnubilé par le contrôle des flux énergétiques mondiaux pour mieux dominer le globe et par la perpétuation du pétrodollar lui permettant de financer ses guerres. Le pétrole n'est pas une fin en soi comme le voudrait la légende urbaine, c'est avant tout un moyen. Si, en prime, les dirigeants américains peuvent assurer de gros bénéfices à leurs compagnies pétrolières, ils ne vont évidemment pas s'en priver ; mais ces intérêts économiques passent toujours après les impératifs stratégiques. Exxon en sait quelque chose, qui a perdu un milliard de dollars du fait de son départ de Russie suite aux sanctions[398]. Les malheurs de la compagnie texane ne sont qu'un exemple parmi d'autres. Au début des années 1990, épuisé après huit ans de guerre Iran-Irak, Téhéran fait des ouvertures aux États-Unis et propose même de concéder à Conoco, autre pétrolière texane, l'exploitation de l'un des plus grands gisements iraniens. Refus catégorique de Washington, pour qui le *containment* de l'Iran est bien plus important que les profits de son lobby pétrolier[399].

L'arme du pétrole n'a peut-être jamais été plus efficace que dans les années 1980. Comme nous l'avons vu au deuxième chapitre, les Américains attirent l'URSS en Afghanistan pour l'étrangler. Au sud du Heartland, traditionnellement considéré comme le talon d'Achille de Moscou, l'alliance islamo-anglo-saxonne contrecarrant le rêve russe de descente aux mers chaudes est un grand classique de l'histoire. Washington ne fait que reprendre la politique de l'Angleterre victorienne et renouvellera ensuite l'expérience, en Tchétchénie ou en Asie centrale. En Afghanistan, le trio américano-pakistano-saoudien forme, arme, finance et idéologise les « *quelques excités islamistes* » si chers à Brzezinski, mais cela ne suffit pas. Pour faire définitivement tomber l'Union soviétique, une autre lutte s'engage dans les salles de marché boursier. Les États-Unis demandent à leur protégé saoudien d'augmenter soudainement sa production pétrolière. En quelques mois, le baril s'effondre à dix dollars, ruinant Moscou qui dépend fortement de ses exportations d'hydrocarbures[400].

Cours du baril de pétrole entre 1970 et 1995

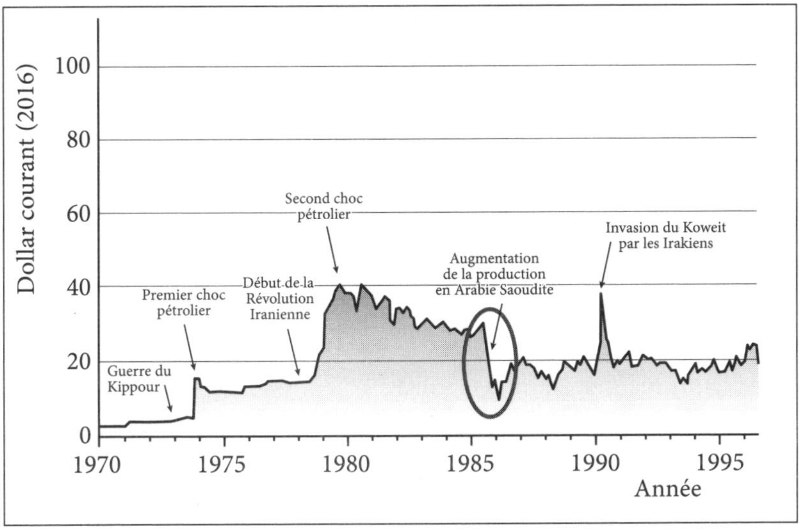

Prise entre la faucille djihadiste et le marteau financier, l'URSS est à genoux et se retire d'Afghanistan. Exsangue, elle finit par éclater en 1991.

La curée

La période qui s'ouvre alors est un festin pour Washington. Gorbatchev ne s'y trompe pas : « *Les Américains se sont frotté les mains de joie. Ils ont pensé qu'ils étaient les chefs du monde. Ils n'étaient pas sincèrement intéressés à l'idée d'aider la Russie à devenir une démocratie forte et stable, ils considéraient qu'ils l'avaient amputée de territoires.* »[401] Notons au passage l'incroyable naïveté du dernier dirigeant soviétique. Comme si la fin du communisme et l'établissement d'une démocratie en Russie avaient été les objectifs réels des États-Unis pendant la Guerre froide...

Les Américains exultent. Avec la dislocation de l'URSS en quinze nouveaux États, le Heartland, désormais réduit à la seule Russie, perd un quart de son territoire et la moitié de sa population. Ne s'arrêtant pas en si bon chemin, le nouveau paradigme de la stratégie impériale est double : faire entrer les ex-républiques soviétiques fraîchement indépendantes dans un Rimland d'obédience américaine et continuer à déconstruire ce qui reste du Heartland en corrodant la jeune Russie.

Nous avons déjà abordé le premier volet dans les chapitres précédents : extension de l'Otan aux pays Baltes, démarches pour y faire entrer l'Ukraine et la Géorgie, offensive générale sur les richesses énergétiques de la Caspienne, plans mégalomanes pour arracher l'Asie centrale à la sphère russe et la faire passer sous domination euro-atlantique... En ces années 1990, les stratèges américains ne se sentent plus : c'est *le* moment qu'ils attendaient depuis toujours. D'autant que, seconde partie du plan, ils ont enfin accès au saint des saints.

Automne 1991. L'Union soviétique est dans le coma. Depuis un an, le président du Soviet Suprême de Russie, Boris Eltsine, réclame la dissolution de la fédération et l'indépendance de la Russie (et des autres républiques). Il s'oppose à Gorbatchev, quant à lui patron du Soviet Suprême de l'URSS, qui souhaite conserver le statu quo. Un cénacle se réunit dans une datcha de la banlieue de Moscou. Les jeunes conseillers économiques libéraux de l'équipe Eltsine discutent du futur de la Russie avec leurs mentors américains regroupés autour de Jeffrey Sachs, professeur à Harvard[402]. C'est à cette occasion qu'est décidée la fameuse « thérapie de choc », programme de réformes radicales prévoyant entre autres la fin du contrôle sur les prix et la privatisation à marche forcée.

Cette politique catastrophique, fortement encouragée par Washington, entraîne une hyperinflation vertigineuse (2 600 % en 1992) et le pillage des biens de l'État par une poignée d'oligarques sans scrupule, tandis que la majorité de la population s'enfonce dans l'indigence[403]. Cela ne refroidit apparemment pas les *Harvard boys* qui applaudissent des deux mains les « réformateurs » de l'équipe Eltsine, Iegor Gaïdar et Anatoli Tchoubaïs en tête. Il est vrai que tout ce joli monde en profite d'ailleurs pour arrondir ses fins de mois[404]. Dès 1992, d'énormes sommes sont débloquées en faveur du Russian Privatization Center, institution clé pour la mise en œuvre des programmes de privatisation dont bénéficieront les oligarques. L'administration américaine ne cache même pas son implication : « *Si nous n'avions pas été là pour financer Anatoli Tchoubaïs, aurions-nous gagné la bataille des privatisations ? Probablement pas. Avec quelques centaines de millions de dollars, il n'est pas possible de changer le pays, mais il est possible d'apporter une assistance ciblée pour aider Tchoubaïs.* »[405]

Ces petits génies aux dents longues ont beau alors être les chouchous de l'*establishment* financier occidental, ils sont proprement haïs par leur peuple. Dans l'humour russe, une *anekdot* est une blague grinçante à caractère socio-politique. En ces années de plomb, certaines sont sur toutes les lèvres : « *Nous tombons dans l'abîme et nous nous apercevons que Tchoubaïs en a même privatisé le fond !* » Une autre concerne son acolyte libéral : « *Quel est le plus grand économiste marxiste de Russie ? Iegor Gaïdar, car il a réussi en deux ans ce que ni Lénine ni Staline n'avaient su faire : discréditer complètement le capitalisme dans ce pays.* » Quand, en 2003, l'administration Bush invitera ce même Gaïdar en Irak pour réfléchir à un plan de sauvetage économique du pays, la rue moscovite ironisera : « *Les Américains n'ont pas trouvé d'armes de destruction massive en Irak mais ils veulent en créer une !* » [406]

Derrière le noyautage en règle de l'économie et de la politique, il y a ce que beaucoup voient ni plus ni moins comme une volonté hégémonique de mise sous tutelle de la Russie par l'Amérique[407]. Ou, en d'autres termes, la capture du Heartland par l'empire maritime. Cette période est cruciale pour comprendre la popularité actuelle de Poutine. Si les partis libéraux et les oligarques russes sont régulièrement encensés dans notre presse, ils sont profondément exécrés par la population qui voit en eux les chevaux de Troie de Washington et d'horribles profiteurs.

Alors que cette toute petite classe occidentalisée s'enrichit sans vergogne, la Russie sombre dans le chaos, à l'image de son président éthylique. Le PIB est divisé par deux, le chômage et la pauvreté explosent. Selon la Banque mondiale, dès 1993, près de la moitié de la population vit sous le seuil de pauvreté[408]. L'espérance de vie chute lourdement, la démographie s'effondre (voir graphique page suivante).
Dans la pyramide des âges (voir graphique page suivante), l'anarchie des années 1990 (1) n'est pas sans rappeler le cataclysme de la seconde guerre mondiale (2) .

La destruction de la société russe ne suffit pas. Graham Fuller, un haut ponte de la CIA et ancien chef de station à Kaboul où il était en charge du recrutement des moudjahidine, le déclare sans ambages au début des années 1990 : « *La politique consistant à guider les musulmans et à les aider contre nos ennemis a superbement bien marché en Afghanistan contre l'Armée rouge. Le même procédé peut encore être utilisé pour déstabiliser ce qui reste de la puissance russe.* »[409] Direction la Tchétchénie.

Les velléités indépendantistes de cette petite contrée musulmane du Caucase, conquise au début du XIXe siècle par les tsars, ne sont certes pas nouvelles. Les farouches montagnards tchétchènes ne cessent de se révolter, notamment sous le légendaire chef de guerre Chamil. En voyage dans la région, Alexandre Dumas décrit ce conflit « *sans merci, sans prisonnier, où tout blessé est considéré comme un homme mort, où le plus féroce des adversaires coupe la tête, où le plus doux coupe la main.* »[410]

Cependant, dans une tradition typiquement russe, lorsque Chamil est enfin arrêté, les soldats acclament leur vieil adversaire. Reçu par le tsar qui lui donne le bras et l'appelle son ami, l'irréductible guerrier est accueilli en héros par la noblesse locale dans les villes où il vivra en résidence surveillée.

Natalité et mortalité en Russie 1946-2018

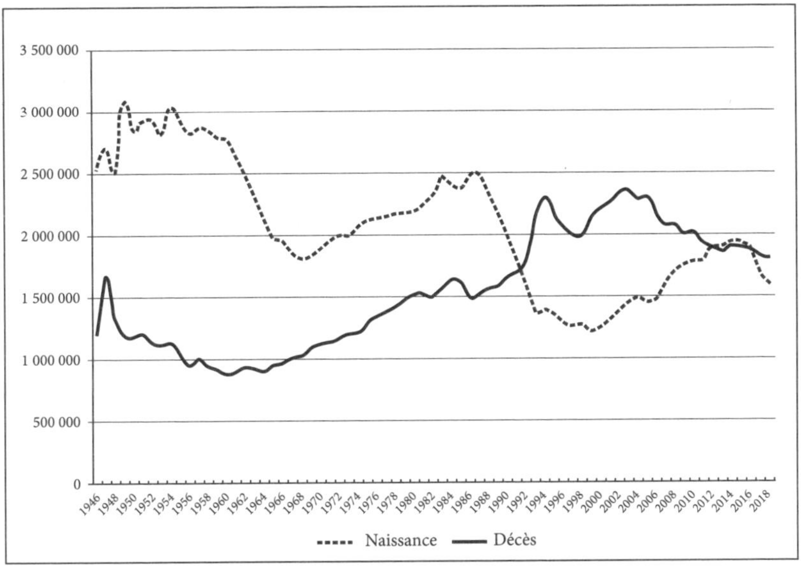

Pyramide des âges en Russie

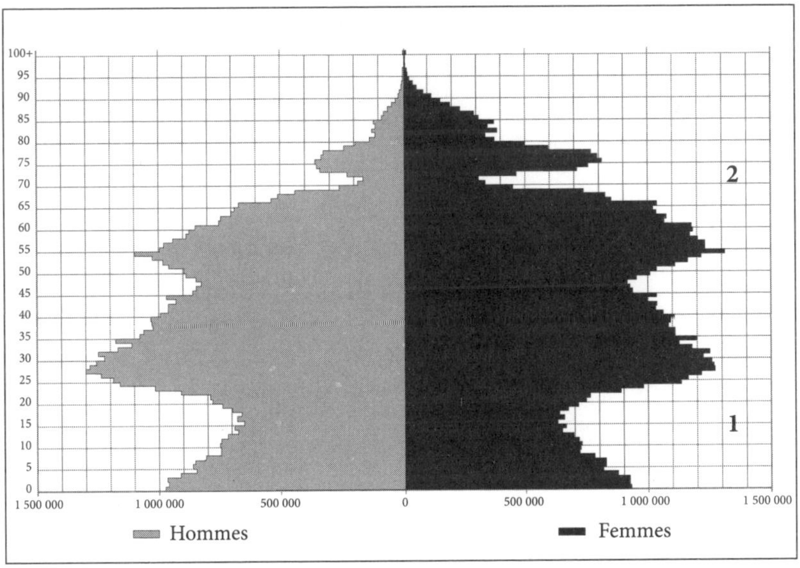

En novembre 1991, un général de l'armée de l'air soviétique, qui plus est décoré de l'ordre de Lénine, déclare unilatéralement l'indépendance de la Tchétchénie. Profitant du vide provoqué par l'agonie de l'URSS, Djokhar Doudaïev veut émanciper la petite république caucasienne, sur le modèle de ce qui se passe alors partout ailleurs, dans les pays Baltes, en Ukraine, en Géorgie, en Azerbaïdjan, en Arménie, etc. À une notable différence près : la Tchétchénie n'a jamais été l'une des quinze républiques unionistes de l'URSS, elle fait partie intégrante de la Russie. Moscou ne peut évidemment accepter ce coup de force et Boris Eltsine ordonne l'état d'urgence à Grozny, sa capitale, tout en envoyant des troupes du ministère de l'Intérieur. Doudaïev réplique en menaçant la Russie d'une « *campagne terroriste visant les centrales nucléaires* »[411]. La chose est d'importance : les « combattants de la liberté », dépeints avec tant d'amour pendant des années par les médias américains et européens[412], se révèlent, dès le début, être de dangereux forcenés. Cela expliquera bien des choses du côté russe, notamment la brutalité des deux guerres de Tchétchénie (1994-1996, 1999-2001) ou la fureur devant le double discours occidental sur le terrorisme.

Mais en cette fin d'année 1991, Moscou n'a plus les moyens de faire quoi que ce soit et, désavoué par son parlement, Eltsine rappelle les troupes au bout de quelques jours. La Russie refuse toujours de reconnaître l'indépendance de la république mais hésite à utiliser la force. La Tchétchénie, ou Itchkérie comme elle est rebaptisée, est de facto indépendante, même si elle n'est reconnue internationalement que par le président géorgien Gamsakhourdia, férocement anti-russe, et plus tard par les talibans ![413] Les milices tchétchènes commencent d'ailleurs à nouer des liens étroits et sulfureux avec certaines organisations islamistes, en Afghanistan ou au Moyen-Orient (Arabie Saoudite, Jordanie). Durant les trois années de statu quo qui suivent, le nouveau pouvoir laisse faire, voire encourage, l'exode massif de populations non-tchétchènes, principalement russes[414]. Ce nettoyage ethnique, qui ne dit pas son nom, concerne 300 000 personnes mais il est totalement passé sous silence en Occident.

Outre la volonté de Moscou de remettre la main sur la république, dont la sécession menace l'intégrité territoriale de la Russie, d'autres raisons moins glorieuses expliquent le déclenchement de la première guerre de 1994. À l'heure où les compagnies anglo-saxonnes commencent à investir la Caspienne, le secteur pétrolier russe est dans un état proche de l'anarchie. L'or noir azéri, qui transite par un oléoduc soviétique passant par Grozny, est détourné. Pendant des années, tout le monde y trouve son compte : la direction tchétchène islamo-mafieuse comme une partie de l'*establishment* russe tout aussi véreux (généraux, ministres, hauts fonctionnaires)[415]. Des câbles de l'ambassade américaine montrent l'invraisemblable état de corruption généralisée qui prévaut alors autour du pétrole « tchétchène », le propre ministre russe de la Défense allant jusqu'à voler le carburant des unités militaires pour l'exporter ![416] Mais Doudaïev, qui prend d'ailleurs tous les pouvoirs en 1993, prétend maintenant garder le pactole pour lui seul, ce qui provoque la colère de Moscou et pousse à l'intervention[417]. Plus visible pour le grand public est le spectacle des rues du pays ensanglantées par les règlements de compte des gangs tchétchènes, liées aux oligarques comme Boris Berezovski[418], autre chéri de notre presse. Ce chaos rend encore plus impopulaire le gouvernement et surtout Eltsine, qui voit avec angoisse se profiler l'élection présidentielle.

Lorsque le Kremlin ordonne le bombardement de l'aéroport de Grozny, le 1er décembre 1994, et le débarquement des troupes onze jours plus tard, il s'attend à une victoire fulgurante. Au lieu de cela, la féroce résistance locale transforme la guerre en un insondable et meurtrier bourbier. Le fait que des commandants russes refusent d'obéir aux ordres, mènent leurs propres opérations personnelles, acceptent des pots-de-vin pour laisser s'échapper des unités tchétchènes encerclées ou vendent même des armes à leurs adversaires n'arrange évidemment rien. Les atrocités, commises par les deux camps, offusquent nos journaux de manière toute sélective ; la brutalité russe est systématiquement mise en avant, les crimes tchétchènes passés par pertes et profits. Comme en Syrie tout récemment, les « rebelles » sont présentés comme de gentils garçons épris de liberté tandis que les aspects moins séduisants sont opportunément évacués (terrorisme, djihadisme, liens avec al-Qaida...[419]).

Officiellement, Washington et les capitales européennes ne prennent pas parti et se contentent de faire les gros yeux quand un massacre est commis, sans pour autant rompre avec Moscou. Hypocrisie suprême qui confine à la farce, cette position prudente est fortement critiquée par tout un aréopage de journalistes et de pseudo-intellectuels qui s'en prennent à la supposée inaction occidentale. Ils ne savent pas, ou ne veulent pas savoir, qu'en coulisses la CIA a déjà pris fait et cause pour les « combattant de la liberté », dans un grand remake de la guerre d'Afghanistan. Quand, en 2015, Vladimir Poutine déclare que des agents américains ont directement aidé les insurgés lors de la seconde guerre tchétchène, il est, selon un rituel bien huilé, pris de haut par nos plumitifs en herbe[420]. Les déclarations du président russe restent pourtant très en deçà de la réalité...

Dans une analyse au titre évocateur – « *Russie, États-Unis : la guerre de Tchétchénie en tant que bataille géopolitique* » –, le groupe d'expertise stratégique Stratfor résume parfaitement la terrible lutte d'influence entre Moscou et Washington dans le Caucase : « *Le conflit tchétchène est porteur d'une dimension globale capitale. Moscou doit gagner la guerre afin d'enrayer son déclin, éviter le processus de désintégration de la Russie et recouvrer son influence sur la Caspienne. Les Américains veulent, au contraire, voir Moscou perdre ou s'enliser dans ce conflit sanglant afin d'affaiblir définitivement la Russie et entreprendre la conquête géopolitique du bassin caspien, région vitale pour leurs intérêts stratégiques. Les États-Unis, en tant qu'unique superpuissance mondiale, sont les mieux placés pour y remplacer définitivement la Russie si celle-ci perd la Tchétchénie.* »[421]

Cela fait écho aux propos de Fuller vus plus haut ou à ce que Caspar Weinberger, secrétaire d'État à la Défense de Ronald Reagan tout au long des années 1980, déclarait encore en 1997 : « *Si Moscou réussit à dominer la Caspienne, cette victoire pourrait être plus importante que, pour nous, l'élargissement de l'Otan.* »[422]

On comprend maintenant mieux l'enjeu primordial qui sous-tend les deux guerres tchétchènes. Washington, qui a soigneusement préparé le terrain en amont, n'attend pas le deuxième conflit pour entrer dans la danse. Dès 1991, un groupe de vétérans des opérations noires (Laos, Contras) est envoyé à Bakou, dans l'Azerbaïdjan voisin, sous couvert d'une société pétrolière fantôme. Ils y montent une petite compagnie aérienne qui transporte les combattants « arabes-afghans », laissés pour compte de la guerre d'Afghanistan[423]. Ces djihadistes, préalablement entraînés dans des camps pakistanais sous la supervision de l'ISI, donc de la CIA, se trouvent une nouvelle raison d'être dans le Caucase[424]. Bakou devient alors la plaque tournante du djihadisme international et al-Qaida, en coopération avec l'Arabie Saoudite et les Américains, y va même de sa petite ONG[425]. Les moudjahidine 2.0 se font les dents en participant au coup de force contre le président élu Eltchibeï, remplacé par l'autocrate Aliyev, plus complaisant pour les intérêts pétroliers américains en Azerbaïdjan. Surtout, ils commencent à s'infiltrer en Tchétchénie.

Appuyé par les millions saoudiens et sous l'œil complaisant de Washington, le wahhabisme fait ainsi son entrée dans la petite république caucasienne, jusqu'ici connue pour son soufisme relativement tolérant. Pour les Russes, c'est l'intemporel Grand Jeu qui reprend : la thalassocratie anglo-saxonne alliée à l'islam militant s'introduit dans leur ventre mou méridional. Le début de la guerre en 1994 provoque un afflux de combattants djihadistes, dont Ibn al-Khattab, frère d'armes de Ben Laden en Afghanistan et clé du financement de la rébellion par les pétromonarchies du Golfe[426]. Pour la petite histoire, il survivra au premier conflit, mettra sur pied une légion islamiste de volontaires étrangers, survivra encore à la seconde guerre pour finalement mourir en 2002, tué par une lettre empoisonnée envoyée par les services secrets russes[427]. Le KGB a encore de beaux restes...

Ibn al-Khattab a une durée de vie relativement longue pour un chef rebelle en Tchétchénie. Beaucoup d'autres n'ont pas cette chance, dont Djokhar Doudaïev lui-même, tué en avril 1996 lors d'un bombardement, son téléphone par satellite ayant été repéré par les Russes. Bouleversée, la presse occidentale en vient presque à porter le deuil ![428] Ce coup pour l'honneur ne change rien au fond : humiliée, la Russie met fin à cette guerre meurtrière en retirant ses troupes, reconnaissant l'indépendance de facto de sa région séparatiste même si les discussions sur son statut définitif sont repoussées. Les Américains gagnent la première manche de la partie caucasienne et ont du mal à cacher leur joie.

La sécession tchétchène est le premier domino pouvant mener à la désintégration de la Russie, véritable mosaïque de peuples, de religions et de provinces aux tendances centrifuges. On ne comprend d'ailleurs rien à la brutalité de la répression russe si l'on ne garde pas à l'esprit que Moscou veut y faire un exemple, sanglant, pour décourager d'éventuels candidats inspirés par l'exemple tchétchène. C'est bien le seul succès dont peut se targuer le Kremlin à la fin de la guerre : aucune autre région ne réclamera ensuite son indépendance. Notons également que si le but ultime de la stratégie américaine vise à l'éclatement du Heartland, cette vision est alors tempérée par d'autres considérations. La désintégration du pays pourrait en effet avoir des conséquences catastrophiques sur l'arsenal nucléaire russe et entraîner une dangereuse prolifération, grande obsession de cette fin de XXe siècle. Pour l'heure, une Russie faible, complètement dépassée mais restant unitaire vaut mieux que son émiettement anarchique au cours duquel des vecteurs atomiques pourraient passer en de mauvaises mains. Les États-Unis ont de toute façon bien d'autres raisons de se réjouir...

La première tâche est de faire réélire l'impotent Boris Eltsine afin de maintenir Moscou la tête sous l'eau. Malgré la débâcle tchétchène et le marasme intérieur, c'est chose faite en juillet 1996 grâce aux conseillers envoyés par Clinton. Grâce aussi au soutien financier décisif des oligarques – on parle de plus d'un milliard de dollars[429] – qui avaient tout à craindre d'un retour au pouvoir des communistes. La couverture grossièrement biaisée[430] de la campagne électorale par l'ensemble des médias russes, corrompus ou noyautés, ne suffit pourtant pas : la victoire de Boris Eltsine est très vraisemblablement due à des fraudes massives[431]. Il se peut même que Ziouganov, le candidat communiste, soit menacé d'un coup d'État s'il n'accepte pas sa « défaite »[432].

Avec leur créature reconduite dans ses fonctions au Kremlin, les Américains ont les mains libres, notamment dans le Grand Jeu énergétique. Nous avons vu plus haut que le pétrole azéri gagnait le marché mondial via un pipeline passant près de Grozny. La défaite en Tchétchénie invalide la route russe d'évacuation des richesses de la Caspienne. Douce coïncidence, c'est justement le moment que choisit l'administration américaine pour réfléchir à la construction d'un oléoduc évitant soigneusement la Russie. Vous l'avez deviné, il s'agit du BTC (voir carte page suivante), reliant l'Azerbaïdjan à la Turquie via la Géorgie (voir chapitre II).

Ce serpent de mer louvoie difficilement entre l'Arménie (avec qui l'Azerbaïdjan est en guerre) et les deux provinces séparatistes russophones de Géorgie (Ossétie du Sud et Abkhazie) avant de se jeter en pleine zone kurde de Turquie (le PKK sabotera d'ailleurs une portion du tube en 2008). On l'a compris, le BTC est un projet bien plus stratégique qu'économique. Il s'agit comme toujours d'isoler la Russie et l'Iran, et les compagnies doivent s'y plier même si elles rechignent devant les coûts et les risques. Nouvel exemple qui illustre ce que nous avons montré à plusieurs reprises : les intérêts pétroliers ne dirigent pas la politique de Washington, ils sont au contraire à son service.

Grand Jeu énergétique dans le Caucase à la fin des années 1990

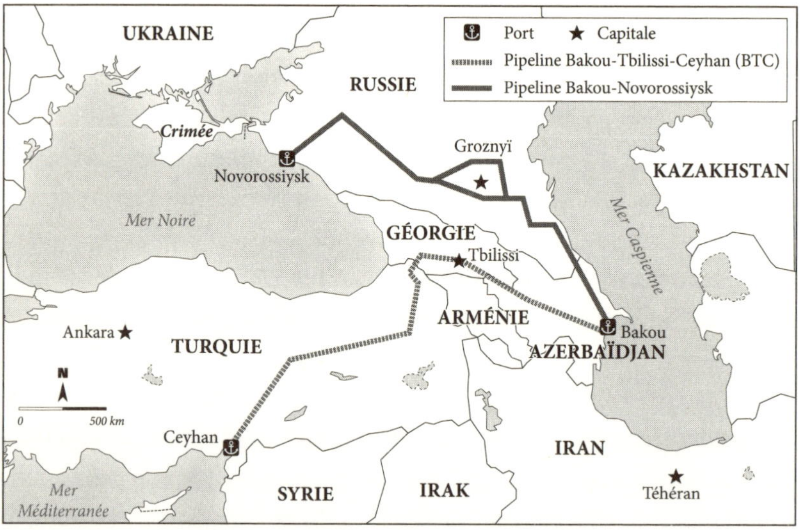

Parmi les promoteurs du pipeline est un homme dont la carrière résume à elle seule le Grand Jeu américain en Eurasie. Richard Morningstar se fait d'abord connaître en supervisant les énormes sommes allouées au Russian Privatization Center ; c'est lui qui, un peu plus haut, se vantait d'avoir aidé Tchoubaïs avec des centaines de millions de dollars. Il est ensuite nommé conseiller spécial du président aux Nouveaux États indépendants de l'ex-URSS, puis à la Diplomatie énergétique du bassin Caspien : le BTC est son bébé[433]. Ensuite promu envoyé spécial du Secrétaire d'État à l'Énergie en Eurasie, il finit ambassadeur en Azerbaïdjan avant de prendre une semi-retraite dorée à l'Atlantic Council, l'un des innombrables *think tanks* néo-impériaux. Démembrement de l'URSS, énergie, Eurasie, Rimland, tout y passe.

Mais quand on évoque le Caucase et le pétrole, c'est avant tout à Dr Zbig que l'on pense. C'est un Brzezinski aux anges, mais déjà quelque peu troublé par la récente arrivée au pouvoir de Poutine, qui porte en février 2000 un toast au président azéri Aliyev, en visite aux États-Unis : « *Il y a plus de cinq ans, je suis allé à Bakou, porteur d'une lettre du Président Clinton au Président Aliyev. Nous avons discuté toute la nuit et une décision historique en a résulté : l'Azerbaïdjan ne resterait plus dépendant d'une seule voie d'accès au reste du monde. Concrètement, cela signifiait que l'Azerbaïdjan développerait d'autres tracés de pipelines pour ne plus dépendre de l'oléoduc russe (...) Étant donné ce qui se passe en Tchétchénie, nous voyons se développer, entre le Caucase du Sud* [indépendant : Géorgie, Arménie et Azerbaïdjan] *et le Caucase du Nord* [russe], *deux concepts opposés. L'un encourage l'ouverture et la participation multiple dans le développement de la prospérité future de la Caspienne. L'autre s'appuie sur le fait qu'une seule puissance – la Russie – devrait contrôler l'accès à la région, l'échec de ce monopole signifiant pour elle une importante défaite géopolitique. L'opposition entre ces deux concepts éclaire la question tchétchène, qui n'est pas liée à l'unité de la Russie ni au terrorisme, mais au fait de savoir si une région peut se développer dans l'ouverture. (...) Le danger est que le nouveau président russe, M. Poutine, interprète la passivité du public américain envers la Tchétchénie comme un feu vert pour que la Russie fasse ce qu'elle veut, non seulement au Caucase du Nord mais aussi dans le Caucase du Sud.* »[434]

Avec la merveilleuse hypocrisie mâtinée de novlangue qui le caractérise, Brzezinski dit en réalité à peu près tout. Il est l'un des architectes du BTC, accepté par Bakou après une intense séance de lobbying ; au-delà des fadaises rhétoriques (« ouverture », « participation multiple »), les États-Unis et leurs alliés doivent contrôler la Caspienne et empêcher les Russes d'en avoir la maîtrise pour leur porter un coup stratégique ; il faudrait intensifier la campagne médiatique dénonçant la Russie en Tchétchénie (ce satané public américain trop passif) pour renforcer le soutien aux djihadistes tchétchènes ; Poutine est dangereux pour les intérêts de l'empire dans le Rimland et il faut désormais le présenter comme une menace pour ses voisins.

De fait, les Américains profitent de la défaite de Moscou lors de la première campagne de Tchétchénie pour tenter d'arracher définitivement plusieurs pays de l'ex-URSS à la sphère d'influence russe. L'Otan lance des œillades appuyées vers la Géorgie et l'Ukraine tandis qu'est créé, en 1996, le Guam (Géorgie, Ukraine, Azerbaïdjan, Moldavie), organisation de coopération régionale cornaquée par Washington. Parallèlement, des accords bilatéraux de coopération dans les domaines de la sécurité et de la défense sont signés. Si l'Ukraine est la clé pour déstabiliser la Russie sur le front européen, la Géorgie tient le même rôle dans le Caucase. Par sa position géographique, qui plus est au carrefour des pipelines, c'est la pierre angulaire de la stratégie américaine dans la région.

Avant même que la bande à Soros n'y perpètre une révolution colorée en 2003, installant au pouvoir l'américano-compatible Saakachvili, la Géorgie est déjà une épine dans le pied de Moscou. La vallée de Pankissi, connue pour être un réservoir de candidats partant gonfler les rangs de l'EI, fait aujourd'hui parfois l'objet d'un article de presse[435]. Ce que ne disent pas nos journaux apparemment atteints d'amnésie, c'est que lors des deux guerres de Tchétchénie, la vallée en question constitue déjà une base arrière des rebelles en territoire géorgien et la porte d'entrée des djihadistes étrangers vers le Caucase russe[436]. Le tout sous l'œil bienveillant de la Géorgie, donc des États-Unis, dont le but est d'entretenir une nouvelle guerre périphérique affaiblissant la Russie[437].

En cette fin de décennie 1990, tout sourit à Brzezinski, qui préside d'ailleurs sans rire le Comité américain pour la paix en Tchétchénie en compagnie de va-t-en-guerre bien connus – Richard Perle, architecte de l'invasion à venir de l'Irak, Elliott Abrams, que l'on retrouve derrière tous les mauvais coups, du scandale des Contras à la tentative de putsch au Venezuela, James Woolsey, ancien directeur de la CIA, ainsi qu'une flopée de *think tanks* néo-conservateurs comme la Freedom House, l'Heritage Foundation ou l'American Enterprise Institute. Tout ce joli monde est ravi de la tournure que prennent les événements : grâce aux financements saoudiens, la wahhabisation rampante de la Tchétchénie profite aux chefs islamistes comme Bassaïev qui lancent des raids dans les provinces voisines, menaçant d'embraser tout le Caucase russe pour la plus grande joie de Washington[438].

Directeur du groupe de travail du Congrès des États-Unis sur le terrorisme et la guerre non-conventionnelle, Yossef Bodansky n'est pas vraiment ce qu'on pourrait appeler un conspirationniste. Ses mots n'en ont que plus de force. Il se lamente sur la responsabilité américaine dans cet « *énième djihad contre la Russie* » passant par « *le soutien à des groupes islamistes férocement contraires à nos valeurs* »[439]. Il poursuit : « *En décembre 1999, des représentants officiels du gouvernement US ont participé à une réunion en Azerbaïdjan au cours de laquelle ont été décidés des programmes précis d'entraînement des moudjahidine du Caucase et d'Asie centrale. Washington a encouragé ses alliés musulmans (la Turquie, la Jordanie et l'Arabie Saoudite) et des compagnies américaines privées de sécurité à aider les Tchétchènes et leurs alliés islamistes à assurer la poursuite du djihad, moyen de priver la Russie d'une route d'évacuation énergétique viable à cause de la flambée de violence et de terrorisme.* » Tout est dit.

L'implication de Washington dans cette deuxième guerre de Tchétchénie (1999-2001) est encore plus flagrante que lors de la première. Quand Rizvan Chitigov, l'un des principaux commandants rebelles, est tué en 2005, le monde découvre avec étonnement que ce radical au doux surnom d'Amerikanets (« l'Américain ») est passé par les *Marines* américains et a tranquillement vécu aux États-Unis avant de revenir en Tchétchénie faire le djihad contre Moscou[440]. Les services russes le soupçonnent alors fortement d'avoir gardé des liens avec la CIA[441]. Sans doute nostalgique de la glorieuse époque du Grand Jeu et toujours prête à servir sur un plateau son fils spirituel américain, l'Angleterre n'est pas en reste. En 2000, un scandale éclate au cours duquel d'anciens officiers britanniques sont accusés d'entraîner des militants tchétchènes à la pose de mines[442]. Comble de l'hypocrisie, tout cela n'empêche pas les dirigeants occidentaux, qui geignent par ailleurs sur les dangers du terrorisme, de faire pression sur la Russie pour qu'elle négocie avec les rebelles islamistes une solution politique[443]. Pour les États-Unis et leurs sujets européens, le terroriste est comme le fameux chasseur du sketch des Inconnus : il y a le bon et le mauvais. Malheureusement pour eux, l'interlocuteur à Moscou vient de changer.

Vladimirovitch Ier, le nouveau tsar

Lorsqu'en août 1999, Boris Eltsine change pour la cinquième fois de Premier ministre en deux ans et nomme Vladimir Poutine, personne ne s'attend à ce que ce personnage quelque peu falot, à l'apparence terne, reste plus de quelques mois à son poste. Et encore moins qu'il soit, depuis, régulièrement désigné comme l'homme le plus influent de la planète[444].

L'histoire de Poutine est connue, aussi n'est-il pas très utile d'y revenir. Quelques remarques sont néanmoins fondamentales pour comprendre le personnage. C'est un Saint-Pétersbourgeois dans l'âme. La chose est d'importance quand on sait que la ville fut créée par Pierre le Grand et symbolise l'ouverture vers l'Occident. Dans les années 1990, il est le bras droit d'Anatoli Sobtchak, son maire réformateur et libéral. Au départ, Poutine n'est donc pas opposé au système occidental, bien au contraire. Et l'on a vu au premier chapitre que, devenu ensuite président, il se laissera à quelques reprises prendre par les belles promesses de l'Ouest.

Ce réel esprit d'ouverture est toutefois tempéré par son parcours au sein du KGB. Non qu'il ait été un idéologue communiste pur et dur, loin de là. Son philosophe de référence, Ivan Ilyin, qu'il cite régulièrement dans ses discours, était même un anti-communiste convaincu qui fut expulsé d'URSS en 1922[445]. Quand Poutine y entre dans les années 1970, le KGB n'est plus tout à fait ce creuset policier du régime soviétique mais une sorte d'Ena, un passage presque obligé d'où l'on peut ressortir aussi bien juriste ou administrateur qu'espion[446]. Cependant, l'imposante institution reste la garante de l'ordre et de la souveraineté du pays, et voit avec horreur le délitement de l'URSS. Le chaos économique de la décennie 1990, l'anarchie sociale et démographique, le pillage systématique des richesses par les oligarques et le noyautage par les Américains sont très vivement ressentis par la vieille garde du désormais ex-KGB, véritable noyau de stabilité dans un pays à la dérive. On ne saura jamais si c'est elle qui, tapant du poing sur la table, impose finalement Poutine à Eltsine, mais une chose est sûre : le président alcoolique, qui jouait avec ses Premiers ministres interchangeables tout en enfonçant le pays dans une ornière sans fond, semble soudain dégrisé. Seulement quatre mois plus tard, Eltsine démissionne et Poutine devient président par intérim. L'ascension fulgurante de celui-ci se poursuit lors des élections anticipées de mars 2000, qui voient sa victoire dès le premier tour et son accession pleine et entière au Kremlin. En un semestre, il est passé du statut d'inconnu à celui de président de la deuxième puissance militaire mondiale.

Sa position sans concession – « *On ira buter les terroristes jusque dans les chiottes* » – sur la guerre de Tchétchénie qui vient de reprendre explique sa soudaine popularité. Ne craignant apparemment pas la contradiction, nos commentateurs s'étendent à satiété sur une possible conspiration des services de sécurité russes visant à organiser une série d'attentats attribués aux Tchétchènes en septembre 1999, dans le but de reprendre la guerre et renforcer la popularité de Poutine, qui n'est encore alors que Premier ministre. Ceux qui poussent des cris d'orfraie devant les théories du complot n'hésitent pas à utiliser le même procédé quand il s'agit d'accuser le nouvel homme fort du Kremlin. En réalité, la seconde guerre de Tchétchénie redémarre avant même que Poutine ne devienne chef du gouvernement. Début août 1999, des milliers de djihadistes, menés par Bassaïev et Ibn Khattab, entrent au Daghestan voisin pour y établir un émirat islamique. Les combats sont rudes et font des centaines de morts de chaque côté. Pour Moscou, l'abcès tchétchène doit être définitivement crevé.

Contrairement au premier acte, la seconde guerre est foudroyante et Poutine peut se targuer de l'avoir globalement remportée avant même l'élection présidentielle de mars 2000. Les principales villes sont occupées et le conflit se déplace dans les montagnes. Isolés territorialement, les rebelles entrent dans la clandestinité et ont recours désormais exclusivement à des tactiques de guérilla et de terrorisme. Les énormes prises d'otages du théâtre de Moscou en 2002 et de l'école de Beslan en 2004, au cours desquelles les services de sécurité russes ont la main particulièrement lourde, sont du pain béni pour la presse occidentale qui tient pour seul responsable le Kremlin. Le *Poutine-bashing*, sport national de notre chère classe médiatique, commence déjà.

Confortablement élu, vainqueur de la Tchétchénie, soutenu par une population excédée par le marasme des années Eltsine, Vladimir Poutine acquiert une formidable légitimité pour remettre la Russie sur les rails. Mais sa trajectoire, et celle du pays qu'il veut redresser, ne peuvent qu'entrer en collision avec les oligarques.

Moscou est alors le Chicago des années 1930. La mafia règne en maître, les règlements de compte sont quotidiens. La disparition de la chape de plomb soviétique fait surgir les penchants les plus violents d'une société sous pression depuis 70 ans, qui, du jour au lendemain, passe du contrôle aseptisé d'un État policier à la loi de la jungle. Au sommet, règnent en maîtres les oligarques qui, par le meurtre et la corruption, se sont partagé les richesses du pays lors des sordides privatisations, vues par beaucoup comme l'un des plus grands faits crapuleux de l'histoire de la criminalité[447]. Ils exercent une influence politique démesurée, inspirent les nominations et les oukases présidentiels servant leurs intérêts bien compris. L'un des principaux oligarques, Boris Berezovski, se vantera même un jour d'avoir fait tomber trois Premiers ministres d'affilée ! Insatiable, il est propulsé secrétaire adjoint du Conseil de sécurité en octobre 1996. D'autres lui emboîtent le pas et siègent au gouvernement, comme Potanine, récompensé d'avoir financé la campagne de Boris

Eltsine par un poste de vice-Premier ministre chargé de l'Économie, mandat bien commode pour effacer les dettes de sa compagnie Norilsk Nickel[448]. Quant à Mikhaïl Khodorkovski, qui deviendra bientôt la coqueluche de nos salles de rédaction malgré les cadavres parsemant son parcours, il est tout simplement nommé vice-ministre du Pétrole et de l'Énergie, une charge très utile pour continuer ses affaires dans le domaine énergétique et acquérir le géant pétrolier Ioukos pour une bouchée de pain[449]. Achetée 350 millions de dollars, la compagnie vaudra 45 milliards quelques années plus tard ![450]

Poutine exècre les oligarques mais, fraîchement arrivé au pouvoir, doit encore composer avec eux. C'est à ce moment que le nouveau président lance son célèbre avertissement aux milliardaires : « *Gardez vos richesses mal acquises, mais ne vous mêlez plus de politique.* »[451] Sous-entendu : n'intervenez plus dans le destin de la Russie et ne vous mettez pas en travers de mon entreprise de redressement du pays. Certains comprennent le message, tel Abramovitch qui jonglera entre son club de football de Chelsea et ses yachts à Monaco, et ne sera pas inquiété. D'autres, qui ont pris goût au pouvoir, ont plus de mal. C'est le cas de Berezovski et surtout de Khodorkovski. Conséquence aggravante pour ce dernier, il se retrouve à la croisée du Grand Jeu énergétique.

Au début des années 2000, l'oligarque se rapproche de Washington et Ioukos noue une alliance avec Exxon qui louche sur les gigantesques réserves du groupe russe et se dit prêt à le racheter[452]. Coïncidence, Khodorkovski est alors membre du board de Carlyle, puissant fonds d'investissement américain qui compte dans ses rangs des noms très familiers : George H. Bush, James Baker, George Soros, John Major, ancien Premier ministre britannique, Franck Carlucci, ancien directeur adjoint de la CIA et secrétaire à la Défense de Reagan, mais aussi la famille Ben Laden... En visite aux États-Unis, il s'acoquine avec Dick Cheney ou Condoleezza Rice, grands pétroliers devant l'Éternel et piliers de la présidence de Bush Junior[453].

Pour le Kremlin, c'en est trop. Ce panier de crabes oléo-impérial est, depuis vingt ans, à la manœuvre contre Moscou, en Afghanistan comme ailleurs. Voir la deuxième compagnie pétrolière russe et ses immenses réserves (20 milliards de barils) passer définitivement sous la coupe américaine, assister silencieusement à la captation énergétique du Heartland par le grand adversaire stratégique n'est pas tolérable. Khodorkovski doit être stoppé, d'autant que, cerise sur le gâteau, il arrose copieusement les députés de la Douma afin d'enterrer tout projet de loi augmentant les taxes sur l'industrie pétrolière[454]. L'oligarque est finalement arrêté le 25 octobre 2003, dans un concert de lamentations occidentales digne d'un opéra wagnérien. À cette occasion apparaît un petit couplet à la postérité étonnante : « *Mon arrestation est politique.* » Vous pouvez avoir pillé sans vergogne le pays, corrompu des politiciens et usé de méthodes criminelles, il suffit de vous déclarer « opposant à Poutine » pour être soudain absout de tous vos péchés !

Faisant preuve d'une remarquable constance, l'adoration de nos médias pour Khodorkovski ne se dément pas au fil des années. Les articles paraissant régulièrement dans la presse sont empreints d'un amour bucolique et touchant qui rendrait Flaubert jaloux. Dans la longue litanie des hagiographies, contentons-nous de citer ce billet doux du *Figaro* : « *C'est l'histoire d'un homme qui pensait pouvoir changer son pays grâce à son argent mais a finalement chuté, victime de la raison d'État. Le destin exceptionnel de l'oligarque russe (...) tel un héros dostoïevskien. (...) C'est au moment où il entend faire profiter la Russie de sa colossale richesse en finançant une démocratie balbutiante, que son destin bascule. En 2000, l'ancien lieutenant-colonel du KGB, Vladimir Poutine, est arrivé au pouvoir.* »[455] Blanche-Neige contre la méchante sorcière, on en frémit dans les chaumières.

Dans ce récital de niaiseries, la palme revient sans doute à l'« intellectuel » André Glucksmann, qui n'a visiblement pas peur du ridicule : « *Avec Khodorkovski, on avait affaire au seul oligarque qui essayait de traiter son entreprise selon les codes des démocraties voisines. Il ne voulait pas utiliser le pétrole comme une arme anti-Occident ou anti-Europe. Lorsqu'il était encore président de la société Ioukos, on n'avait jamais eu de coupures de gaz entre la Russie et l'Ukraine* [le rapport avec le pétrole ?, N.D.A.]. *Si on se pèle de froid chaque fois que Poutine pousse une colère, c'est parce que Khodorkovski est en prison.* »[456] Quand Saint-Germain-des-Prés défend Al Capone...

Son arrestation ne met pas immédiatement fin au feuilleton Ioukos. Montrant à qui allait son allégeance, Khodorkovski avait au préalable racheté une entreprise américaine afin de se placer sous la juridiction des États-Unis et se protéger légalement contre une possible nationalisation par l'État russe. Au terme d'une complexe bataille juridico-institutionnelle à multiples rebondissements, le Kremlin démembre la compagnie et en vend les meilleurs morceaux à Rosneft. Quant aux amendes records décidées par différentes cours européennes (que viennent-elles faire dans cette histoire ?), elles sont finalement annulées[457].

D'une ambition sans limite, Rosneft continue sur sa lancée : le rachat monstrueux de TNK en 2012 fait d'elle l'une des premières compagnies pétrolières mondiales et de Poutine « *le nouveau Shah du pétrole* » selon l'expression des analystes[458]. Intelligemment, Rosneft fait à cette occasion entrer BP, propriétaire de TNK, à hauteur de 20 % dans son capital, embarquant la major anglaise de son côté. Quand, par la suite, les États-Unis décideront de sanctionner la Russie suite à la crise ukrainienne, BP sera automatiquement affectée[459]. Dès lors, comme Exxon pour d'autres raisons (voir chapitre I), elle se dressera contre les sanctions et tentera par tous les moyens de les alléger ou de les contourner[460]. Voir ces deux anciennes Sept Sœurs prendre le parti de Moscou contre Washington n'est pas le moindre des paradoxes de l'histoire et démontre une fois de plus, s'il en était encore besoin, que le lobby pétrolier ne dirige pas la politique étrangère américaine, dont les impératifs géostratégiques priment sur tout le reste.

De son côté, après avoir remis à plat, et sous le giron de l'État, le secteur énergétique après la gabegie des années 1990, Poutine est armé pour faire revenir pleinement la Russie dans le Grand Jeu.

La bête noire

Cœur de l'Eurasie aux fabuleuses richesses gazières et pétrolières, la Russie est doublement l'obsession des stratèges américains, le seul pays capable de tenir tête à leurs efforts de plus en plus désespérés de contrôler le continent-monde et les flux énergétiques de la planète. Les pipelines russes sont autant de flèches perçant le cordon d'encerclement mis en œuvre par Washington durant des décennies.

Gazoducs et oléoducs russes vers le Rimland

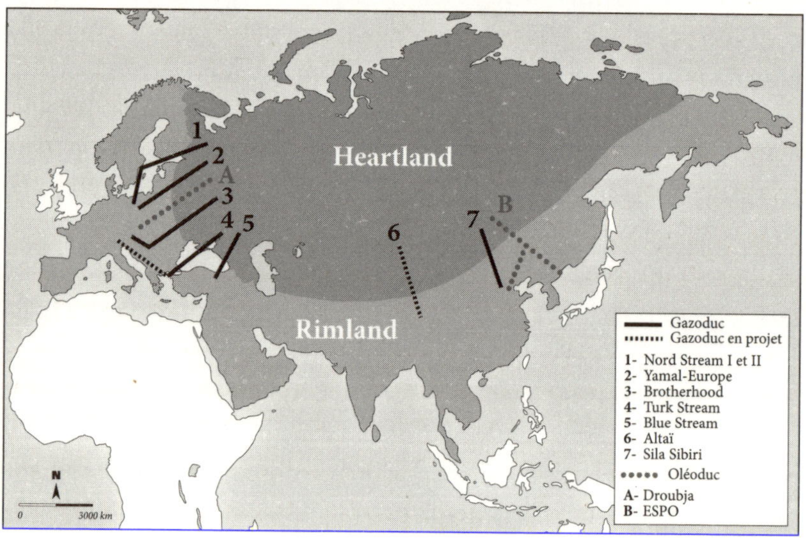

L'on a vu plus haut avec l'affaire Mattei que, dès les années 1960, les États-Unis s'opposent résolument aux projets de pipelines soviétiques en direction de l'Europe. L'un des cas les plus intéressants est, au début des années 1980, la question du gazoduc euro-sibérien (3). La France et la RFA ouvrent des négociations avec Moscou sur la construction d'un tube pour accroître la fourniture de gaz soviétique à l'Europe occidentale, provoquant la colère de l'administration Reagan. Son secrétaire d'État, Alexander Haig, résume l'équation : « *Il est hors de question que l'Europe subventionne l'économie de l'URSS alors que les États-Unis dépensent des milliards de dollars en armement pour se protéger de la menace soviétique.* »[461] À cette date, les Américains viennent en effet d'attirer Moscou dans le bourbier afghan et d'engager la course aux armements. Bientôt, ils s'entendront avec les Saoudiens pour faire chuter le prix du pétrole et ruiner définitivement l'URSS.

Chose intéressante, les Européens ne s'en laissent alors pas conter, comme le rappellera en 2016 un rapport parlementaire français peut-être un brin nostalgique d'une époque où le Vieux Continent ne se couchait pas systématiquement devant les diktats américains : « *Cela n'empêcha pas la signature du contrat avec les Soviétiques et la Communauté européenne réagit aux pressions américaines par des mesures radicales, comme la réquisition des entreprises qui prétendaient appliquer les sanctions américaines ou la menace de poursuites pénales contre elles. Après une phase de grande tension, où les États-Unis révoquèrent les licences d'exportation de certaines entreprises européennes, l'évolution de la situation politique permit un apaisement : les États-Unis levèrent leurs sanctions et rétablirent les licences européennes suspendues.* »[462]

Ce qui frappe, c'est évidemment la réaction furieuse du Vieux Continent. La construction européenne, projet américain dès le départ, n'en est alors qu'à mi-chemin : la CEE n'est pas fédérale, les institutions européennes n'ont pas de réel pouvoir et les intérêts nationaux priment encore sur le reste. Bref, une Europe qui, si elle s'est déjà engagée en catimini sur le chemin de ce qu'elle deviendra, à savoir une succursale états-unienne, n'est pas encore suffisamment intégrée pour suicider ses intérêts au profit de Washington. Trente-cinq ans plus tard, une visite du fameux sénateur McCain suffira pour « convaincre » les Européens tétanisés de torpiller le South Stream, dont ils ont pourtant grand besoin (voir chapitre II). *O tempora, o mores...*

Néanmoins, les chimères américaines ne peuvent éternellement jouer avec la simple réalité économique. Alors que les autres sources d'approvisionnement sont toutes beaucoup plus coûteuses ou irréalistes, le gaz russe est le moins cher, le plus proche et le plus abondant. Il faut vraiment avoir l'esprit retors (ou eurocrate) pour ne pas en profiter. D'autant que, contrairement à une légende colportée à dessein par Washington, la Russie n'utilise jamais l'arme énergétique ; même au plus fort de la guerre russo-géorgienne de 2008, Moscou n'interrompt pas ses fournitures de gaz à la Géorgie. Le harcèlement des Européens par les États-Unis pour limiter les importations de Russie n'a donc rien à voir avec un quelconque désir d'assurer la « sécurité énergétique » du Vieux Continent et autres fadaises de ce genre. Nous sommes là encore en plein Grand Jeu, l'empire maritime tentant par tous les moyens de stopper l'intégration énergétique entre Rimland et Heartland. Mais celle-ci, bon sens économique oblige, avance inexorablement. Comme le dit un bon connaisseur du sujet, « *le gaz russe est là pour rester car les alternatives n'ont tout simplement aucun sens* »[463]. L'influence de Gazprom augmente année après année et couvre maintenant plus d'un tiers de la consommation européenne d'or bleu[464].

On imagine la rage des stratèges américains devant l'inévitable unification énergétique de l'Eurasie. Donald Trump, souvent en désaccord avec son *deep state* par ailleurs mais sur la même longueur d'onde dans ce dossier, menace régulièrement les Européens à propos du Nord Stream II[465], l'ambassadeur états-unien se permettant même, en janvier 2019, de sommer les industriels allemands de renoncer au pipeline[466]. Rien n'y fait. Faisant montre d'une inhabituelle autonomie vis-à-vis de Washington, certaines capitales européennes font la sourde oreille. Il est vrai que le président américain à la houppette blonde et aux gros sabots s'est fait une spécialité de prendre l'UE à rebrousse-poil dans un certain nombre de domaines – protectionnisme, montant des contributions à l'Otan, migrants, etc. Les Européens ne sont jamais aussi soumis à Washington que quand y règne une administration démocrate (Clinton, Obama), faisant faire à peu près ce qu'elle veut aux « vassaux » si chers à la doctrine Brzezinski.

À Moscou, on boit du petit-lait devant la déconstruction accélérée du système impérial, patiemment mis en place durant des décennies. Brexit, élection d'un président américain incontrôlable qui snobe ses sujets européens, montée des « populismes », ce que d'aucuns nomment « *la poutinisation de l'Europe* »[467], mais aussi divorce entre la Turquie et l'Otan ou rupture entre l'Arabie Saoudite et le Qatar, auparavant tous deux bons petits soldats de Washington... Il n'en fallait pas plus à l'État profond, affolé devant ce détricotage, pour actionner ses relais médiatiques et imputer à la Russie tous les maux.

Moscou est accusé, sans rire, de s'ingérer universellement dans à peu près toutes les élections qui existent, de l'Allemagne[468] au Canada[469] en passant par le Brexit[470]. Et peu importe que deux ans et demi de propagande médiatique acharnée sur la supposée collusion entre Trump et la Russie soient finalement balayés par le rapport Mueller. À cette occasion, notre bonne presse « indépendante », consternée, se hâte, dès le lendemain, de passer à autre chose après avoir craché l'information honnie. Presque plus ridicule encore si c'est possible, CNN accuse en juin 2017 les fameux hackers russes d'être derrière le divorce entre l'Arabie Saoudite et le Qatar[471] ! D'où il est, Michel Audiard doit sourire : si les c... volaient, il y aurait un grand nombre de chefs d'escadrille de nos jours.

Derrière cette caricature de journalisme se cache la panique hystérique d'un système en décomposition tentant de gagner les batailles médiatiques qu'il ne remporte plus sur le terrain réel. Toute personne ou institution susceptible de remettre en cause l'unipolarité américaine et son système impérial d'alliances ne peut être qu'un agent de Moscou et est traînée dans la boue afin de saboter tout rapprochement avec la Russie. On clame pendant des semaines, à grand renfort de cris d'orfraie, l'implication russe ; on admet ensuite rapidement, dans un petit entrefilet vite oublié, que tout cela n'était qu'une mascarade. Salissez, salissez, il en restera toujours quelque chose...

Ce principe peu ragoûtant, vieux comme le monde, n'épargne évidemment pas la France. Pendant la campagne présidentielle de 2017, que n'entend-on sur le piratage de l'équipe Macron par les hackers russes ? L'ours revient, le couteau entre les dents, menacer la démocratie et notre glorieuse presse monte courageusement en première ligne pour faire face, le stylo à la main, au danger représenté par l'abominable Poutine des neiges. Un mois plus tard, Guillaume Poupard, patron de l'agence de cybersécurité française, admet pourtant qu'il n'y a jamais eu le moindre piratage russe. L'intox est éventée et nos petits télégraphistes de la *propagandastaffel* sont bien embarrassés. Consigne est passée, qui se résume en trois syllabes : o-mer-ta. Impossible de trouver la nouvelle dans les colonnes des grands journaux. La presse régionale appartenant au groupe EBRA sauve tout de même l'honneur : *Le Dauphiné libéré, Le Progrès, Les Dernières Nouvelles d'Alsace, L'Est républicain* et *L'Alsace* sont les seuls médias français à relayer l'info[472].

Le général Pinatel, ancien patron du Service d'informations et de relations publiques des armées, n'est pas n'importe qui. Il n'a pas non plus la langue dans sa poche et son analyse percutante risque de décoiffer les esprits naïfs croyant encore en une mythique liberté de la presse dans une démocratie irénique : « *Si Guillaume Poupard a pu le dire à la presse, c'est qu'il en a eu l'autorisation. Il devait probablement avoir cette information depuis quelque temps et attendre l'aval du gouvernement pour en parler. (...) Tout cela signifie qu'Emmanuel Macron a une volonté d'aboutir à une relation d'État à État et non pas de vassal des États-Unis face à la Fédération de Russie. (...) Les accusations politiques vis-à-vis de la Russie ont une source permanente : l'avis des Anglo-Saxons – aussi bien les*

Anglais que les Américains. Ils mènent une campagne de désinformation depuis des décennies vis-à-vis de la réalité russe. Les médias français ont été, ces dernières années, à la solde de la vision américaine en reprenant tout sans aucune vérification ou validation. »[473] Tout est dit, encore que le général reste très pudique sur le noyautage par les officines américaines, CIA, Soros ou Young Leaders en tête (voir chapitre I).

Les historiens du futur se pencheront avec effarement sur les invraisemblables délires de notre classe médiatique occidentale, que d'aucuns rangent non sans raison dans la catégorie des troubles mentaux ou de l'hystérie de masse[474]. La marque d'un système complètement perdu, ivre, halluciné, en phase terminale. Poutine est accusé d'à peu près tous les maux possibles et imaginables, jugez-en par vous-même... Il militarise des pieuvres géantes[475], subvertit nos enfants avec des dessins animés[476], menace de faire mourir de froid les pauvres habitants de l'Arkansas[477], attaque la démocratie américaine à coups de Pokémon[478] (CNN !), noyaute la révolte des Gilets jaunes en France[479], entraîne des baleines militaires pour harceler les pêcheurs de la Norvège, membre de l'Otan[480], pirate les pipelines états-uniens[481], lance sur la planète son armée de cafards robotiques[482], empoisonne des opposants dont personne n'avait entendu parler[483] ou, tant qu'on y est, Hillary Clinton elle-même[484]. Jamais repu, il se permet d'instrumentaliser l'humour[485], la persuasion Jedi[486], les campagnes de vaccination pour diviser le peuple américain[487], l'hypocrisie[488], le post-modernisme[489], le judo[490], les prénoms[491], le climat[492], les migrants[493], Photoshop[494] et même le silence[495] ! Quel diable d'homme...

Heureusement, notre brave Parlement européen vote en catastrophe, en novembre 2016, une grisante résolution contre la « propagande » des médias russes, la plaçant sur le même pied, sur l'échelle des menaces, que Daech[496]. Ouf, nous voilà sauvés. Quant aux gouvernements, ils passent l'un après l'autre des lois pour lutter contre les *fake news* qui, c'est bien connu, ne peuvent venir que de l'étranger, nos chers journalistes étant évidemment au-dessus de tout soupçon.

À Moscou, il y a bien longtemps qu'on ne fait plus attention aux simagrées occidentales, où les effets de communication font désormais office de politique. On s'en amuse presque, comme le facétieux Sergueï Lavrov, diplomate à l'ancienne mêlant maîtrise des dossiers, culture aiguisée et humour féroce. Le 1er avril 2017, son ministère des Affaires étrangères ose, sur son répondeur général, un poisson qui restera dans les annales : « *Pour parler à un opposant, appuyez sur la touche 1. Pour utiliser le service de hackers russes, appuyez sur la touche 2. Pour demander une ingérence électorale, appuyez sur la touche 3 et attendez les prochaines élections.* »[497] Si troisième guerre mondiale il y a, elle se fera au moins dans la bonne humeur.

Pour les Russes, pragmatiques, seule compte la réalité du terrain. Et dans cette sphère du réel, là où se déroule le Grand Jeu, le Kremlin engrange les succès. Si la presse généraliste occidentale brait régulièrement son contentement devant les « difficultés » (pour la moitié inventées) de la Russie suite aux sanctions, les spécialistes savent bien que celles-ci n'ont en réalité que peu d'incidence[498], notamment sur les géants énergétiques russes[499]. Alors que l'UE est touchée de plein fouet par les contre-sanctions de Moscou et qu'une bonne moitié des pays européens souhaite en réalité en finir[500], Gazprom et Rosneft continuent leur inexorable ascension[501].

Le premier lance ses énormes gazoducs dans toutes les directions – Europe, Moyen-Orient, Chine – et perce un Rimland que les Américains n'arrivent plus à contrôler. Le second dédollarise les énormes quantités de pétrole qu'il envoie en Chine, tutoie l'Opep[502] et multiplie les pieds de nez à l'égard de Washington. C'est le cas au Kurdistan irakien, pourtant sous obédience américaine[503], où le groupe russe détient maintenant les clés énergétiques de la région[504]. C'est également le cas au Venezuela, dont les exportations pétrolières sont durement sanctionnées par l'administration Trump ; Rosneft y achète le précieux naphte et le revend au reste du monde pour court-circuiter les sanctions états-uniennes[505]. À Caracas, le rôle de Moscou n'est d'ailleurs pas seulement énergétique : la montée en puissance russe, militaire, économique ou financière, envoie des signaux d'alarme dans tout ce que le système impérial compte de *think tanks*[506].

La puissance de Gazprom et de Rosneft sera encore renforcée par les gigantesques richesses en hydrocarbures de l'Arctique russe[507], notamment dans la péninsule du Yamal[508] où Total participe à un énorme projet conjoint[509]. Rappelons que la compagnie française contourne à cette occasion les sanctions américaines en faisant appel à un financement chinois[510]. Le tour de table comprend le Silk Road Fund[511], mis en place, comme on l'a vu au chapitre précédent, par Pékin pour financer ses nouvelles routes de la soie. Russes, Français, Chinois : dans l'Arctique comme ailleurs, l'intégration de l'Eurasie progresse.

Insatiables, Gazprom et Rosneft fournissent près de 50 % du budget de la Russie (et non 50 % de son PIB, ânerie que l'on peut parfois lire). S'appuyant sur cette manne, Poutine peut poursuivre sa grande entreprise de redressement du pays, commencée lors de son arrivée au pouvoir il y a 20 ans.

Le retour du Heartland

Une Russie forte et respectée étant le cauchemar stratégique de Washington, quiconque est susceptible de la consolider devient automatiquement l'ennemi à abattre. Nous avons vu plus haut que la fin de l'ère eltsinienne et l'avènement de Poutine sont d'emblée accueillis avec méfiance par les Américains, Brzezinski en tête. Ils ne se trompent pas sur ce point, sans doute conscients de l'éternel balancier de l'histoire. La comparaison avec la Révolution française vient immédiatement à l'esprit : à un système rigide (Ancien régime/URSS) succède une période anarchique de bouleversements (Révolution/Russie eltsinienne) qui, à son tour, entraîne presque mécaniquement l'émergence d'un homme fort mettant fin au chaos (Napoléon/Poutine).

Sans faire du président russe un Bonaparte des temps modernes, il est indéniable qu'il redresse son pays dans des proportions inimaginables. Notre bonne presse, qui ne craint visiblement pas le ridicule, annonce fièrement que « *le bilan économique et social de Poutine est loin d'être flatteur* »[512], triturant les statistiques quand ça l'arrange pour faire ressortir telle baisse momentanée, tel flottement passager. Pourtant, les faits parlent d'eux-mêmes : le chômage est divisé par trois (courbe 1) ; le PIB est multiplié par huit (courbe 2) ; le PIB par habitant est doublé (courbe 3) ; la dette publique chute vertigineusement pour devenir l'une des plus faibles de la planète – alors que la dette des pays occidentaux, grands donneurs de leçons, tourne autour de 100 % du PIB (courbe 4) ; les excédents de la balance commerciale sont multipliés par quatre (courbe 5).

1- Courbe du chômage en Russie

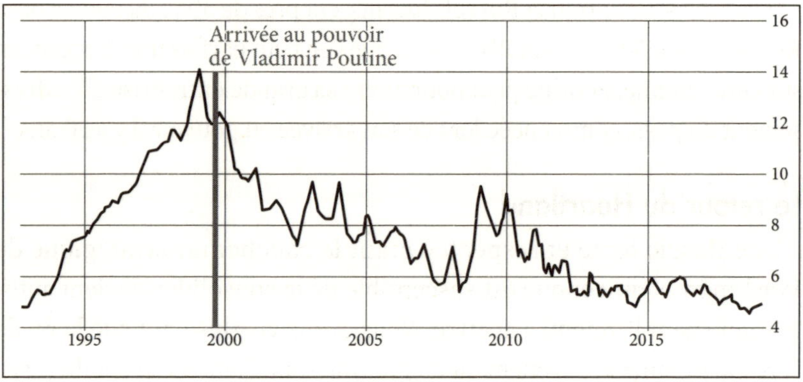

2- Courbe du PIB en Russie

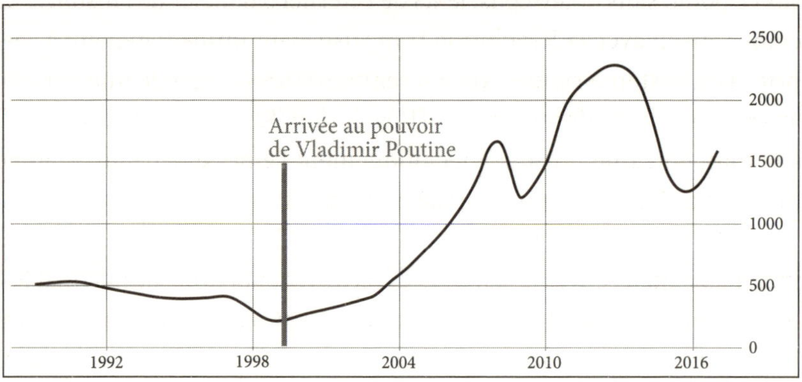

3- Courbe du PIB par habitant en Russie

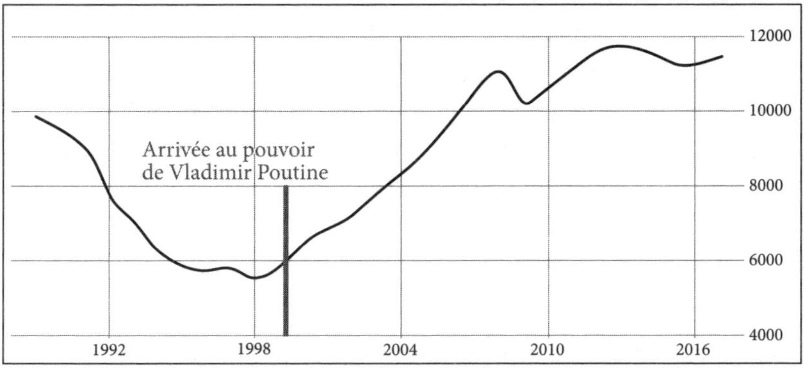

4- Courbe de la dette publique russe

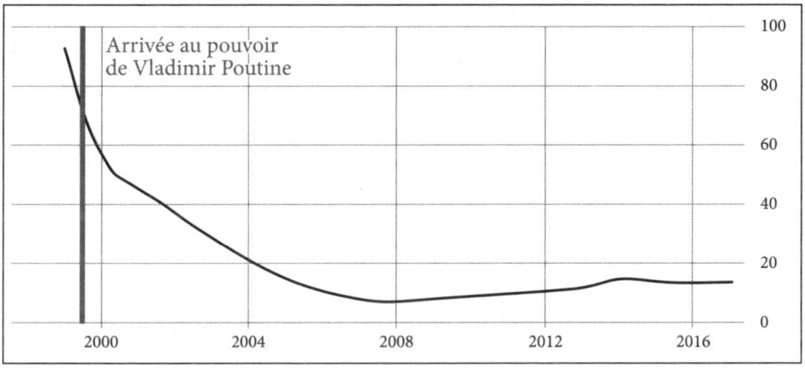

5- Courbe des excédents de la balance commerciale en Russie

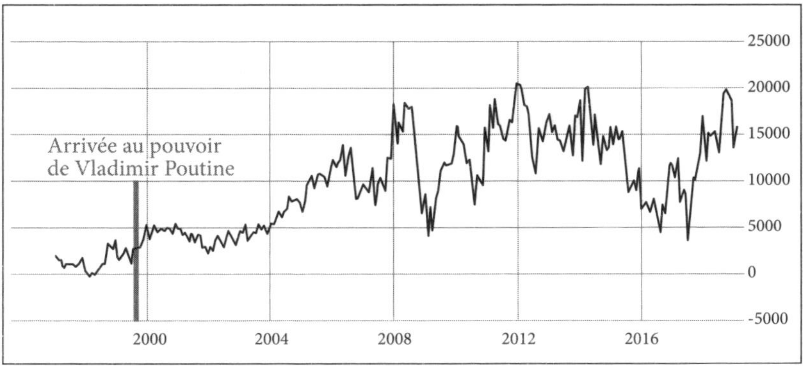

En vingt ans, le pouvoir russe réussit un véritable tour de force, résolvant la quadrature du cercle des économistes en réconciliant des indicateurs pourtant contradictoires. Alors que les impôts diminuent fortement, la situation financière est totalement assainie : si la Russie de Boris Eltsine est tombée au fond du gouffre en 1998, se retrouvant en défaut de paiement, elle est aujourd'hui le pays industrialisé le moins endetté du G20. Ce qui n'empêche d'ailleurs pas les programmes sociaux d'être mis en œuvre, le chômage de s'effondrer et la pauvreté d'être divisée par deux[513].

Certes, ce spectaculaire rétablissement n'est pas le fait du seul Poutine, de sa politique ou de ses ministres. Des conditions extérieures ou conjoncturelles jouent également, parmi lesquelles, ô ironie, l'occupation américaine en Irak qui propulse les prix du pétrole vers des sommets jamais vus (140 dollars le baril) pour la plus grande joie de Moscou et de ses finances. Il n'en reste pas moins que la ferme reprise en main par le nouvel homme fort du Kremlin, l'assainissement de l'État, la mise au pas des oligarques, la remise à plat du secteur énergétique et la fin du chaos ont un rôle crucial dans le renouveau de la Russie, dont les habitants retrouvent confiance en leur destin :

Courbe de la confiance des Russes en l'avenir

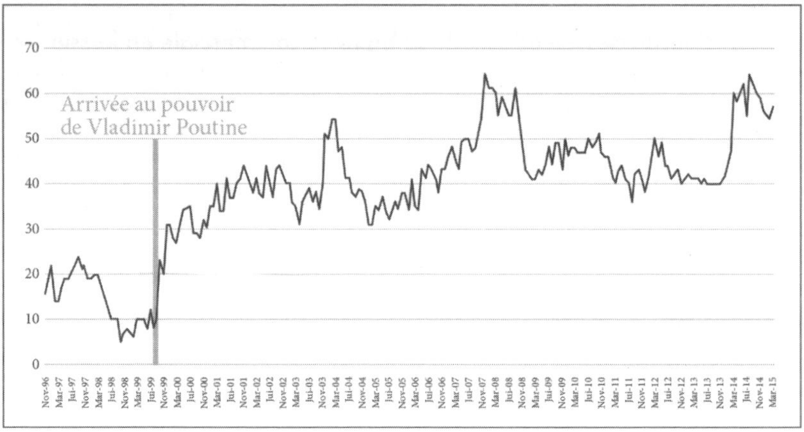

Le taux de suicides, symbole de l'anarchie des années 1990, diminue fortement tandis que l'espérance de vie augmente à nouveau :

Taux de suicides en Russie

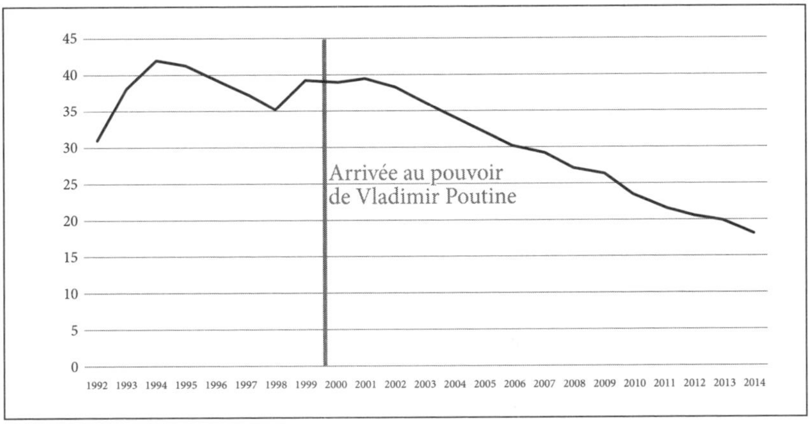

Espérance de vie en Russie

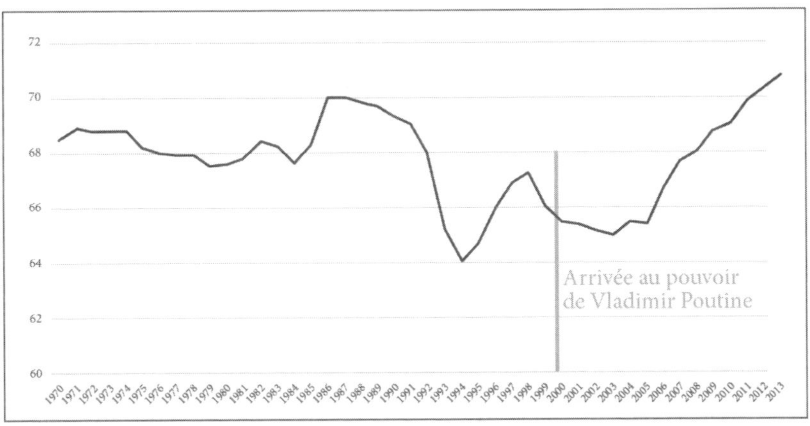

Le taux de fécondité retrouve des couleurs (voir courbe page suivante), enrayant le déclin de la population qui commence doucement (et tardivement) à repartir à la hausse (voir courbe page suivante).

Taux de fécondité en Russie

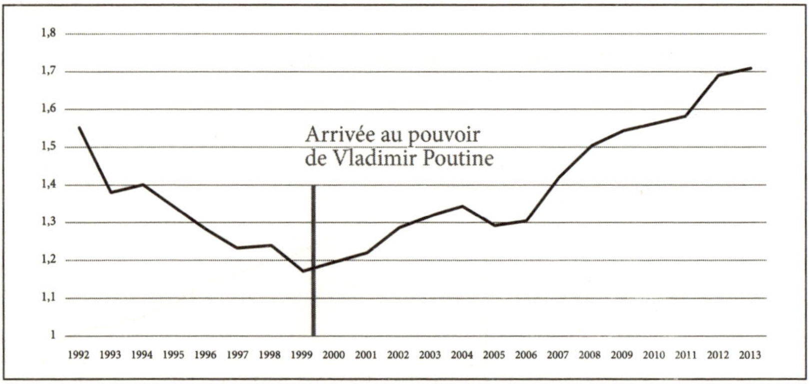

Population en Russie

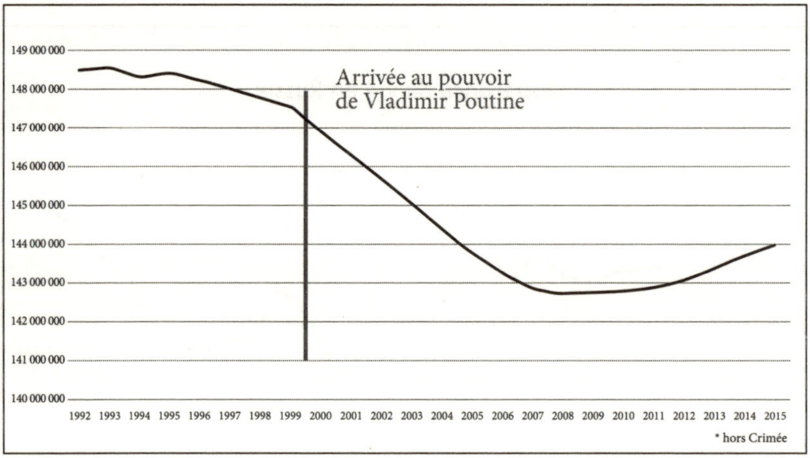

On ne comprend rien – ou, dans le cas de nos médias, on feint de ne rien comprendre – à l'écrasante popularité de Poutine dans son pays si l'on ignore ces chiffres, pourtant présents à l'esprit de tous les Russes, délivrés du traumatisme des années 1990.

Les finances florissantes de l'État permettent dès lors au Kremlin de replacer la Russie au centre du jeu sur la scène internationale, au grand dam des stratèges de Washington habitués à la paralysie des années Eltsine. L'argent a toujours été et restera le nerf de la guerre ; de ce point de vue, l'ours est maintenant bien nanti. Ses considérables réserves de change lui permettent, entre autres, d'accumuler l'or pour accélérer le mouvement de dédollarisation (voir chapitre III) mais aussi d'affûter ses griffes et ses crocs.

Le budget militaire, quoique demeurant tout à fait raisonnable pour une puissance de cette stature, est en augmentation quasi constante :

Courbe du budget militaire en Russie

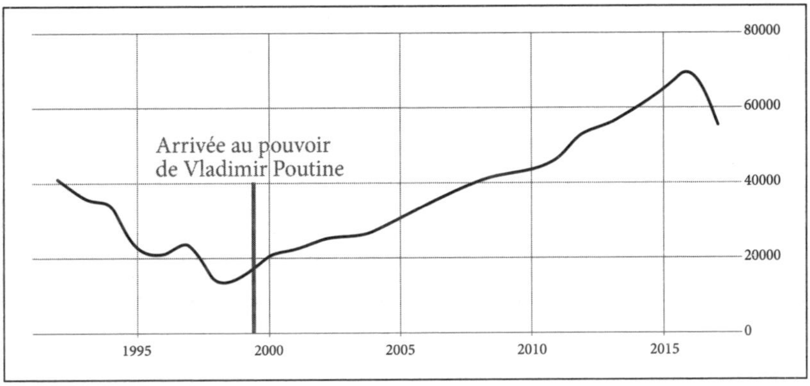

Cela permet à la Russie de moderniser largement son appareil militaire vétuste datant de l'époque soviétique. Finies les armadas de chars lourds et les effectifs pléthoriques, place à une technologie extrêmement pointue et aux armes de précision létales. Avec peu (un dixième du budget des États-Unis, mais dont une bonne partie passe dans les poches du lobby militaro-industriel), les Russes font aussi bien voire mieux. Nous l'avons déjà mentionné : lorsqu'en octobre 2015, la flotte de la Caspienne envoie avec une précision millimétrique une bordée de Kalibr, missile de croisière à longue portée, sur des cibles djihadistes en Syrie à 1500 kilomètres, la démonstration n'échappe à personne et surtout pas à l'état-major américain auquel le message est destiné[514].

Un échantillon parmi d'autres de l'usine à trouvailles russe : missiles hypersoniques (Kinjal et surtout Avangard – peut-être 27 fois la vitesse du son[515]) et autres joyeusetés (l'intercontinental Sarmat de 200 tonnes) à trajectoire changeante, ce qui les rend impossible à intercepter[516]. Mais aussi drones sous-marins de dernière génération, torpille atomique dont le plan est « accidentellement » montré à la télévision[517] dans ce qui ressemble plutôt à un avertissement amical en direction de Washington[518], ainsi qu'une mystérieuse arme laser nommée Peresvet, du nom d'un moine du XIVe siècle qui combattit les Tatars[519]. Détail piquant, c'est le public qui choisit le nom des nouvelles armes lors d'un vote par Internet auquel participent sept millions de personnes[520]. Une façon comme une autre d'impliquer la population dans la défense de la mère patrie.

Les généraux américains, eux, ne sont guère amusés. Ce que beaucoup murmurent tout bas[521], le chef de l'US Air Force, le général John Hyten, l'admet tout benoîtement lors d'une audition devant le Sénat en mars 2018 : « *Nous n'avons aucune défense contre les armes hypersoniques développées par les Russes et les Chinois.* »[522] Les États-Unis se retrouvent ici dans le rôle de l'arroseur arrosé et ne peuvent s'en prendre qu'à eux-mêmes. C'est leur retrait de plusieurs traités de désarmement (ABM, INF), leur avancée vers le Heartland via l'Otan et l'installation de systèmes anti-missiles dans le Rimland (Europe, Corée du Sud), officiellement pour contrer la « menace » iranienne ou nord-coréenne, officieusement tournés contre la Russie et la Chine, qui poussent Moscou et Pékin à réagir.

Les Américains, dont l'obsession de l'invulnérabilité relève d'une véritable religion politique qui plonge ses racines dans l'idéologie des Pères fondateurs[523], ne réussissent finalement pas à briser l'équilibre stratégique de la terreur qui les empêche d'imposer au monde leur loi du plus fort. Leur démesure, leur folle certitude d'être au-dessus des autres et des normes internationales ont même l'effet inverse, conduisant Chinois et surtout Russes à passer à l'offensive. Les Grecs anciens nous prévenaient des dangers de l'hybris, le crime d'orgueil par excellence : « *Le ciel rabaisse toujours ce qui dépasse la mesure.* » Le châtiment de l'hybris par les dieux était la Némésis, qui ramenait l'indélicat à l'intérieur des limites qu'il avait franchies. Un rôle qui va comme un gant au maître du Kremlin.

Ne s'arrêtant pas en si bon chemin, Moscou développe des systèmes défensifs extrêmement performants. S-300, S-400, S-500 : bienvenue dans le monde des bulles de déni qui mettent l'Otan et son hégémon américain sur les nerfs.

Un petit retour en arrière est ici nécessaire. Les années 1990 marquent l'apogée du pouvoir absolu des airs. Durant la première guerre du Golfe (1991), les avions furtifs américains entrent en Irak comme dans du beurre ; la guerre du Kosovo (1999) voit, pour la première (et dernière ?) fois de l'histoire, la victoire de la seule aviation, sans forces à terre. Cette « dictature du ciel » provoque une véritable révolution mentale dans les principaux états-majors de la planète. Les Russes sont les premiers à relever le défi avec la création de systèmes anti-aérien et anti-missiles qui représentent maintenant un vrai casse-tête pour l'Otan. Comme l'analyse une lettre d'information bien connue dans la communauté de défense : « *Face à la réalité des systèmes défensifs d'origine russe, la question du déni d'accès est désormais l'objet de toutes les attentions (...) Au comité militaire de l'Otan, on a pris conscience de la vulnérabilité des forces aériennes de l'Alliance (...) Jamais, depuis la fin de la Guerre froide, l'Otan n'avait été confrontée à des environnements "non-permissifs".* » « *Les Russes ne font plus rire,* note un observateur, *d'autant que leurs systèmes anti-aériens, que certains pensaient inefficients, disposent en réalité d'algorithmes très avancés. Qu'il s'agisse du S-300 ou du S-400, ces systèmes complexes utilisent plusieurs types de radars fonctionnant sur différentes fréquences.* »[524]

Enfonçant un clou dans le cercueil de la toute-puissance aérienne atlantique, les labos russes mettent la dernière touche aux S-500, capables d'intercepter simultanément jusqu'à 10 missiles balistiques ou hypersoniques volant à Mach 5. Leur temps de réaction est de 4 secondes, contre 10 pour le S-400 et... 90 secondes pour l'antique Patriot américain ! On comprend dans ces conditions que les fronts du Pentagone se fassent soucieux. D'autant que les Russes prennent également plusieurs longueurs d'avance dans la guerre électronique[525].

En avril 2018, le show balistico-médiatique du trio américano-franco-anglais après le supposé bombardement chimique de Douma, en Syrie, tourne à la farce. Les deux tiers des missiles américains – chiffres sur lesquels s'accordent Moscou[526] comme l'Observatoire syrien des Droits de l'Homme[527], pourtant férocement anti-Assad – sont interceptés par la défense syrienne habilement conseillée par l'allié russe. Mais ce sont surtout les multiples et inexpliqués couacs des forces françaises qui interrogent : missiles refusant de partir, bug paralysant deux des trois frégates[528]. Un petit tour de magie de l'ours et de ses puissants instruments de brouillage ?

Toujours est-il que, de Washington au QG de l'Otan à Bruxelles, les capacités électroniques russes sont désormais sur toutes les lèvres. En Syrie, les avions de reconnaissance américains sont régulièrement brouillés et leurs moyens sophistiqués de renseignement purement et simplement désactivés. L'état-major américain est tout sauf enchanté : « *Nous opérons dans l'environnement électronique le plus hostile de la planète. Ils nous testent tous les jours, mettant en pièces nos communications, neutralisant nos EC-130.* »[529] Comme l'expliquent les officiers militaires spécialistes de la question : « *Tout à coup, tous nos équipements s'arrêtent de fonctionner. Vous ne pouvez pas demander un appui-feu ou prévenir une attaque ennemie parce que vos radars sont bloqués et que vous ne voyez plus rien.* »[530] Les systèmes russes peuvent non seulement bloquer tous les canaux de communication mais également changer les données du terrain. Et un autre expert de conclure : « *Le fait qu'ils soient capables de déformer l'image opérationnelle sur le champ de bataille peut avoir des conséquences désastreuses.* »[531] En juin 2019, le Pentagone propose même en catastrophe un plan afin de rattraper le retard des États-Unis en matière de guerre électromagnétique[532].

Avec son budget militaire dix fois moins élevé, Moscou donne une véritable leçon d'efficacité ébréchant le mythe d'une Amérique performante, professionnelle, productive. Dans la course à l'armement, comme dans la conquête spatiale d'ailleurs, la réalité met souvent à mal l'image chimérique du « rêve américain » : amateurisme, gaspillages et fiascos militaro-industriels y sont légion. Derrière l'aura médiatique de la NASA, c'est bien l'URSS, aux moyens financiers pourtant bien plus modestes, qui avait gagné la course aux étoiles : le premier satellite, le premier homme dans l'espace ou la première station (Mir) constituent, au final, des avancées plus importantes que le symbolique premier pas sur la lune[533]. Et la faillite du programme des navettes américaines, au coût astronomique, donne raison à la robuste Soyouz russe, vieillotte mais efficace et économique. Par une curieuse ironie du sort, cette fusée, simple adaptation d'un missile balistique soviétique fabriqué pour atteindre les États-Unis durant la Guerre froide, est depuis 2011 le seul moyen pour les astronautes américains d'aller dans l'espace !

L'aigle à deux têtes

Le retour au premier plan de la Russie, politiquement, militairement, diplomatiquement, s'accompagne d'un renouveau de la pensée stratégique. Traditionnellement, l'aigle bicéphale de l'emblème national regarde à la fois vers l'Occident et vers l'Orient, l'Europe et l'Asie. Nous avons vu en début de chapitre que ce choix traverse toute l'histoire de la pensée russe, d'Ivan le Terrible à l'URSS en passant par Pierre le Grand[534]. Ce dilemme dépasse largement le seul aspect géopolitique, c'est un questionnement sur soi-même qui plonge ses racines au plus profond de l'identité russe : « Qui sommes-nous ? »

Dès le grand schisme de 1054, le monde slavo-orthodoxe regarde l'Occident latin avec méfiance. La quatrième croisade, au cours de laquelle les Européens prennent et pillent la Constantinople byzantine (1204) au lieu de reconquérir les lieux saints aux mains des Sarrasins, ne fait qu'amplifier cette hostilité. Lorsqu'au XIIIe siècle, les principautés russes sont ravagées par les invasions mongoles, les Suédois et les Chevaliers teutoniques en profitent pour avancer. À cette époque dramatique de l'histoire russe surgit un sauveur, Alexandre Nevski, premier héros national. Fait très intéressant, il choisit la conciliation avec les Tatars afin de repousser les envahisseurs venus de l'Ouest. Le choix de l'Orient contre l'Occident, déjà... À partir du XVe siècle, face à une Europe « dévoyée », Moscou se considère comme la troisième Rome, ayant pour mission de protéger la foi orthodoxe et les traditions de l'empire romain (première Rome) après la chute de Constantinople (deuxième Rome), prise par les Ottomans en 1453.

Sans aller jusqu'à prétendre que l'Occident et la Russie sont en guerre depuis mille ans, comme le fait un intéressant ouvrage tentant de comprendre les ressorts de la russophobie actuelle[535], il est indéniable que l'antagonisme est ancien. Les peuples turco-mongols et/ou musulmans, ennemis irréductibles mais respectés, familiers presque, font partie intégrante de la culture russe, comme dans le magnifique opéra *Prince Igor* de Borodine. On ne peut pas en dire autant de l'Europe. Si la marche forcée vers l'ouest sous Pierre le Grand puis l'avance économique du Vieux Continent occidentalisent partiellement les classes supérieures (c'était le temps où la noblesse russe parlait français), le mouvement ne prend pas en profondeur et l'interrogation demeure : « Sommes-nous européens ou asiatiques ? »

Ces questions identitaires et culturelles, qui traversent par exemple tout le XIXe siècle avec la dispute intellectuelle entre slavophiles et occidentalistes, sont d'importance. Non seulement créent-elles le courant eurasiste, qui préconise de tenir tête à l'Occident et de trouver une troisième voie, mais elles se transposent également sur le plan géopolitique actuel. Les paroles du philosophe Tchaadaïev en 1829 résonnent étrangement à nos oreilles : « *Nous n'appartenons à aucune des grandes familles du genre humain ; nous ne sommes ni de l'Occident ni de l'Orient. En nous appuyant d'un coude sur la Chine et de l'autre sur l'Allemagne, nous devrions réunir en nous les deux grands principes de la nature intelligente, l'imagination et la raison.* » Remplacez les « *grands principes de la nature* » par pipelines ou alliances stratégiques, et vous avez une problématique très contemporaine...

Apparu de manière formelle dans l'émigration russe après la révolution bolchevique, l'eurasisme est un courant qui, on l'a vu, vient de beaucoup plus loin. La chute de l'URSS et les menées américaines en direction du Heartland lui donnent une seconde jeunesse et l'on assiste, depuis les années 1990, à une floraison de mouvements néo-eurasistes[536], dont le plus connu est celui d'Alexandre Douguine. Un peu trop facilement catalogué d'extrême-droite par notre institution médiatique bien-pensante, il incarne en réalité une vision bien plus complexe, mêlant modèles géopolitiques, économiques et civilisationnels[537]. S'inspirant de Mackinder et de Brzezinski pour mieux les contrer, Douguine considère que la civilisation thalassocratique anglo-saxonne, protestante, libérale et capitaliste est l'implacable adversaire de la civilisation continentale, russo-eurasiatique, orthodoxe et musulmane, d'esprit socialisant. Revendiquant la position de Heartland, l'eurasisme rejette toute idée de nationalisme russe pour opposer à l'hégémonie américaine un monde multipolaire construit autour du bloc eurasiatique, union de civilisations anciennes et différentes. Questions économiques mises à part, nous sommes ici en plein Grand Jeu et Douguine n'a pas tout à fait tort quand il définit son mouvement comme le « *premier parti géopolitique* ».

La constitution, en 2014, de l'Union économique eurasiatique (UEE) reprend les grandes lignes du courant eurasiste[538]. Ce projet – qui regroupe la Russie, le Kazakhstan, l'Arménie, la Biélorussie, le Kirghizistan et bientôt le Tadjikistan et l'Ouzbékistan[539] – est d'abord porté par le président kazakh Nazarbaïev avant d'être repris par Vladimir Poutine[540]. L'eurasisme, il faut le souligner, n'est donc pas seulement une affaire russe, même si le Heartland en est une composante essentielle. Consciente que l'UEE constitue un nouvel instrument d'intégration du continent-monde, la secrétaire d'État aux Affaires étrangères Hillary Clinton ne mâche pas ses mots en décembre 2012 : « *Cela ne portera pas le nom d'URSS. Cela portera le nom d'union douanière ou d'union économique eurasiatique, mais ne nous y trompons pas. Nous en connaissons les buts et nous essayons de trouver le meilleur moyen de ralentir ou d'empêcher sa constitution.* »[541] Nous avons vu au premier chapitre que c'est l'imminente signature de l'Ukraine qui provoque, à Kiev, l'organisation de la contestation par les États-Unis et le putsch du Maïdan qui en découle...

Avec ou sans Ukraine, l'UEE poursuit sa route. Au sein même de l'Union, la monnaie américaine est exclue des transactions[542], participant au grand mouvement de dédollarisation entrepris par Moscou et Pékin. Surtout, du Pérou à l'Égypte, l'UEE attire un nombre croissant de pays. Au moment où les médias occidentaux – *Le Monde* en tête, boussole indiquant invariablement le Sud – brodent la fable d'une « *Russie isolée* » et se gaussent d'une organisation « *vouée à l'échec* »[543], une quarantaine d'États sont en réalité intéressés[544]. La trahison du Brutus israélien ne passe pas inaperçue à Washington[545]. Toi aussi, mon fils...

Tandis que l'Iran intègre la danse eurasiatique en signant un accord de libre-échange avec l'UEE[546], la Chine entre dans une phase avancée de coopération avec l'organisation[547]. Ce rapprochement économique ne fait qu'entériner le spectaculaire triangle eurasiatique Russie-Chine-Iran qui se met en place en ce début de XXIe siècle et donne des sueurs froides aux stratèges américains. En 2013, paraît un stimulant essai géopolitique intitulé *Chine, Iran, Russie : un nouvel empire mongol ?*[548] Le livre expose une histoire en train de s'écrire : « *Au cours des dernières années, l'Iran s'est fortement rapproché de la Chine mais également de la Russie. Cette alliance pragmatique, fondée sur l'axe sino-iranien, se matérialise aujourd'hui par des appuis géopolitiques réciproques, une coopération étroite avec l'arrière-pays énergétique russe et la diffusion d'une vision du monde allant à rebours de nos propres stéréotypes. Étrangers à la chimère du dépassement des cultures par l'abolition des frontières, les trois États comptent à l'avenir combiner leur pragmatisme avec une capacité d'influence puisée dans leurs histoires réciproques.* »

Par ailleurs, les experts planchent déjà sur la manière de combiner l'UEE et les colossales nouvelles routes de la soie chinoises irrigant l'Eurasie[549]. Enfonçant un clou supplémentaire dans le cœur impérial, Moscou propose également un partenariat entre l'UEE, l'Organisation de Coopération de Shanghai et les pays asiatiques de l'Asean[550]. Il est vrai que face à une Europe vieillissante, endettée et soumise à Washington, les pôles de richesses et de dynamisme asiatiques représentent une option autrement plus attrayante.

UEE, OCS, routes de la soie, alliance Russie-Chine-Iran... Ces instruments se combinent et participent de l'irrésistible intégration de l'Eurasie, signant à terme l'arrêt de mort de la puissance états-unienne. La tectonique des plaques géopolitique et économique quitte peu à peu l'Atlantique pour faire mouvement vers le grand continent, vers le monde multipolaire de demain, d'aujourd'hui déjà. Au-delà des effets de manche, les États-Unis sont chaque jour plus marginalisés alors que Heartland et Rimland sont en passe de leur échapper et que s'accélère le mouvement de dédollarisation. L'empire maritime perd également son contrôle sur les flux énergétiques qui, seul, pourrait lui permettre de garder une certaine primauté sur le monde. Si le Grand Jeu continue naturellement dans ces zones névralgiques de la planète, l'Amérique ne peut déjà plus le gagner. Tout juste peut-elle en retarder l'échéance.

Chapitre V

APOSTILLE SYRIENNE

29 juillet 2015. Invité sur le plateau d'Al Jazeera, le général Michael Flynn, ancien patron du DIA, le renseignement militaire américain, est fort mal à l'aise. Un mémo de son département datant de 2012 vient d'être déclassifié, qui montre que l'opposition syrienne est alors déjà largement menée par al-Qaida et les salafistes[551]. Interrogé sur le soutien de l'administration Obama à ces groupes extrémistes et l'émergence de Daech dans l'Est syrien, le général finit par l'admettre sans détour : « *C'était une décision délibérée du gouvernement américain afin d'isoler Assad.* »[552] Il est bien évidemment inutile de chercher cette information dans les colonnes du *Monde* et autres journaux dits « de référence » qui en sont restés totalement muets, sans doute de stupeur...

Flynn ne fait pourtant qu'éventer un secret de polichinelle. Comme en Afghanistan dans les années 1980, comme en Tchétchénie la décennie suivante, nous assistons en Syrie à un énième remake des *Liaisons dangereuses* américano-djihadiste, avec la coterie des alliés américains dans le rôle de la sournoise marquise de Merteuil et les États-Unis dans celui du cynique Valmont. Dans le collimateur évidemment, la Russie et l'énergie, mais pas seulement. Car si le terrible conflit syrien participe sans aucun doute du Grand Jeu, le Moyen-Orient possède également une dynamique propre, partiellement indépendante du gigantesque affrontement sur l'échiquier eurasiatique. C'est sur cet additif au Grand Jeu que nous conclurons ce livre.

Causes lointaines, causes proches

C'est à un théologien musulman syrien fanatique du XIVe siècle que se réfèrent majoritairement les rebelles, appelés « modérés » par l'Occident. Idole des salafistes actuels[553], Ibn Taymiyya émit trois fatwas appelant au djihad contre les Mongols « hérétiques », pourtant convertis à l'islam mais influencés par le chiisme voire le bouddhisme. Dans la vulgate djihadiste contemporaine, ces fatwas médiévales servent à légitimer le combat contre les « impurs », qu'ils soient « mécréants » comme les chrétiens et les juifs, ou « mauvais musulmans », tels les chiites ou les libéraux. L'un des pères spirituels de l'islamisme[554], source d'inspiration du wahhabisme plus tardif, Ibn Taymiyya est le héros du sunnisme militant et la hantise des minorités religieuses en Syrie. Que les dirigeants occidentaux, contre toute attente, choisissent le premier contre les secondes ne devrait pourtant pas nous étonner.

Au Moyen-Orient, l'histoire d'amour entre le monde anglo-saxon et l'Islam radical remonte à plus d'un siècle, lorsque Londres commence à se mêler des affaires de la péninsule arabique. Après avoir soutenu l'empire ottoman tout au long du XIXe siècle contre la Russie (voir chapitre IV) pour les besoins du Grand Jeu, le Royaume-Uni se retourne contre son protégé, alors allié aux Allemands, lors de la première guerre mondiale. Par l'entremise du légendaire Lawrence d'Arabie, les Anglais soutiennent la révolte arabe contre l'occupant ottoman qui s'effondre à la fin du conflit. Se pose alors la question des recompositions d'après-guerre.

Les autorités coloniales britanniques sont tiraillées entre deux visions, plus exactement deux départements des Affaires étrangères, chacun supportant son poulain (ou son pur-sang arabe en l'occurrence). Par l'entremise de son agent sur place, John Philby – le père du célèbre agent double qui trahira au profit du KGB –, l'*India Office* soutient Abdulaziz Al Saoud, allié aux wahhabites, courant ultra-rigoriste de l'islam. De l'autre côté, l'*Arab Bureau* du Caire et Lawrence jouent la carte du chérif Hussein de La Mecque, bien plus modéré. Le premier prend finalement le pas sur le second sur le champ de bataille, et Philby sur Lawrence dans les corridors du *Foreign Office*[555]. Le Saoud monte sur le trône de l'Arabie et le monde en paye encore les conséquences...

Au commencement était le sable. À quelques centaines de mètres de profondeur reposaient, insoupçonnées, les plus grandes réserves mondiales d'or noir. Et le pétrole fut ! La découverte du premier gisement dans les années 1930 puis, en 1948, celui de Ghawar, le plus vaste de la planète, bouleverse la donne. Déjà, les intérêts américains remplacent ceux de la thalassocratie britannique déclinante. En 1945, de retour de la conférence de Yalta, où les Alliés préparent déjà l'après-guerre, Roosevelt fait escale le long de la côte arabique et accueille le roi Al Saoud sur le croiseur *USS Quincy*. Cette rencontre, peut-être encore plus importante que le célèbre partage de Yalta, a modelé le Moyen-Orient jusqu'à nos jours. Les États-Unis s'engagent à assurer de manière inconditionnelle la protection de la famille régnante, de son royaume et, par extension, la stabilité de la péninsule arabique. La non-ingérence américaine dans les questions de politique intérieure saoudienne est également affirmée. En contrepartie, les Saoud garantissent l'essentiel de l'approvisionnement énergétique américain. Signé pour 60 ans, l'accord du Quincy est renouvelé en 2005 par George W. Bush, peu regardant sur l'implication du royaume wahhabite dans les attentats du 11 septembre.

Les années 1970 accroissent encore cette lune de miel. Une situation gagnant-gagnant pour les deux complices mais perdant pour le reste du monde. Comme nous l'avons vu au chapitre III, l'Arabie Saoudite exige désormais d'être payée en dollars. Au vu de son poids pétrolier, cette décision équivaut à créer un pétrodollar permettant aux États-Unis de vivre au-dessus de leurs moyens et de s'extraire des contingences financières s'appliquant à tout mortel. De leur côté, Riyad et ses petites sœurs islamistes du Golfe recyclent leurs pétrodollars en milliers d'écoles coraniques fondamentalistes à travers le monde, créant les générations de djihadistes qui sévissent actuellement sur la planète. Djihadistes qui servent d'ailleurs parfaitement les intérêts stratégiques de Washington, en Afghanistan, en Tchétchénie ou, comme nous allons le voir, en Syrie. La boucle est bouclée et les candides qui, dans la lignée du *Choc des civilisations* de Huntington, opposent naïvement les États-Unis à l'Islam n'ont rien compris au film des événements depuis 1945.

Cette indéfectible symbiose s'explique également par des raisons historiques. Au sortir de la seconde guerre mondiale, alors que les cadres idéologiques de la Guerre froide se mettent en place, l'affrontement entre les États-Unis et l'URSS trouve naturellement son expression dans l'opposition qui traverse alors le monde arabo-musulman. D'un côté, le courant nassérien panarabe, socialisant, laïc et nationaliste : c'est l'Égypte de Nasser, le parti Baas syrien ou irakien, l'OLP palestinienne. De l'autre, le courant religieux, islamiste et conservateur, principalement regroupé autour des pétromonarchies sunnites du Golfe. Par proximité idéologique, l'URSS s'allie spontanément avec le premier. Par contrecoup, en sus de leurs intérêts pétroliers, les États-Unis épousent le second[556].

Là est sans doute le drame des Européens qui, par suivisme envers le suzerain américain, semblent du mauvais côté de la barrière depuis un demi-siècle. Les terroristes qui se font exploser dans nos rues sont ceux-là mêmes que nous avons créés par notre complicité avec les protégés de Washington au Moyen-Orient, ceux-là mêmes que nous soutenons encore dès qu'une guerre éclate contre la Russie ou un de ses alliés ; en Afghanistan et en Tchétchénie bien sûr, mais aussi en Bosnie, au Kosovo, en Syrie, en Libye... À chaque fois, une conjonction d'intérêts américano-saoudienne qui favorise l'islamisme, le djihadisme et le chaos, et dont les porteurs d'oranges européens payent les pots cassés. Bossuet nous avertissait déjà au XVIIe siècle : « *Dieu se rit des hommes qui pleurent les conséquences dont ils chérissent les causes.* »

La fin de la Guerre froide et la chute de l'URSS amènent leur lot de continuités et de recompositions. Fidèles à leur vision du monde, Washington et Moscou maintiennent leurs alliances moyen-orientales. Mais si le camp américano-sunnite est à son apogée, le courant nassérien a du plomb dans l'aile. Il est toutefois remplacé par un nouveau venu, objet de toutes les attentions depuis la Révolution iranienne de 1979 : le chiisme. Cet « islam du pauvre », minoritaire, exclu et persécuté pendant longtemps, incarne un désir de revanche politique mais aussi sociale[557]. Islam républicain et révolutionnaire, anti-américain et anti-sioniste de surcroît, il s'harmonise facilement avec le courant nassérien, comme dans la Syrie des Assad, régime laïc alaouite (une branche du chiisme). Il devient évidemment la bête noire de toutes les composantes du système américain au Moyen-Orient, pétromonarchies ultra-conservatrices[558] et Israël en tête.

L'ennemi chiite

Quand, au lendemain des attentats du 11 septembre 2001, les États-Unis attaquent enfin leurs anciennes créatures talibanes, hôtes de Ben Laden, on se dit ingénument qu'ils ont enfin compris le danger représenté par le fondamentalisme sunnite. Certains imaginent même une rupture des relations avec les pétromonarchies, un changement drastique des alliances américaines dans la région, un rapprochement spectaculaire avec l'Irak de Saddam, l'Iran, la Syrie d'Assad ou la Libye de Khadafi, tous ennemis mortels des terroristes sunnites qui mettent l'Occident et le monde à feu et à sang. Las...

Washington s'en prend presque immédiatement à ces alliés potentiels qui ont le malheur d'être également les ennemis des deux mamelles de l'empire au Moyen-Orient : l'Arabie Saoudite et Israël. Nous l'avons souligné, le bombardement de l'Afghanistan n'est qu'une opération de relations publiques alors que le renversement de Saddam est déjà planifié[559]. Le fameux discours de George Bush sur l'« *axe du mal* » inclut l'Irak laïc et l'Iran chiite, mais évidemment aucun des parrains de l'internationale djihadiste sunnite. La prétendue « guerre contre le terrorisme », totalement dévoyée, est une farce cynique, un simple prétexte pour s'attaquer aux ennemis traditionnels des Américains et de leurs États clients.

Dès le milieu des années 2000, la CIA est autorisée par l'administration à recourir à des actions secrètes pour lutter contre le Hezbollah chiite libanais « *afin de contrer l'influence iranienne* »[560]. Ce mouvement, créé au début des années 1980 sous la supervision de Téhéran, s'est au fil du temps « libanisé » et normalisé, participant à la vie politique du pays et s'alliant avec les chrétiens du général Aoun, tout en restant la bête noire d'Israël. Quelques mois après le blanc-seing donné à la CIA, le pays du Cèdre voit l'émergence, comme par enchantement, d'un redoutable groupe djihadiste sunnite lié à al-Qaida, Fatah al-Islam : « *Ce mouvement a connu un développement exceptionnel en un temps record. Totalement inconnu il y a six mois encore, il a montré de grandes capacités au niveau de l'armement et de l'entraînement, et prouvé qu'il était en mesure de combattre sur plusieurs fronts simultanément et d'infliger de lourdes pertes à une armée professionnelle.* (...) *Son discours colle à celui d'al-Qaida, et ses liens étroits avec la branche irakienne de la mouvance commencent à apparaître.* »[561] Les victimes du 11 septembre doivent se retourner dans leur tombe.

Cet appui aux groupes djihadistes et terroristes sunnites n'est qu'un élément entre mille de la grande bataille engagée contre l'ennemi public numéro un, qui n'a pourtant jamais tué un seul civil américain : l'Iran chiite[562]. Comme le dit alors Nicholas Burns, sous-secrétaire aux Affaires étrangères : « *L'Iran est un défi pour notre génération. Ce n'est pas un défi épisodique ou passager, il sera au centre de notre politique étrangère en 2010 et probablement en 2020.* »[563] Bien vu. Ajoutons qu'il l'était déjà depuis fort longtemps...

L'Iran

En 1906, la Perse devient le premier pays du Moyen-Orient à connaître une révolution et à se doter d'une constitution. Cinq ans auparavant, le shah, autocrate faible et quelque peu niais, a follement signé avec les Britanniques un accord leur cédant le contrôle des réserves pétrolières iraniennes pour une durée de 60 ans. Quand est découvert en 1908 le gisement de Masjed Soleiman, le tout premier forage de l'histoire de la région, les Anglais exultent tandis que les élites modernes du pays issues de la révolution font grise mine. Dès le début, intérêts pétroliers anglo-saxons et démocratie iranienne sont donc antinomiques, opposition que l'on retrouvera régulièrement tout au long du XXe siècle.

L'Anglo-Persian Oil Company est créée en 1909. Celle qui deviendra par la suite BP, connue de tous les automobilistes, est la première société à exploiter les réserves d'or noir au Moyen-Orient. Téhéran demandera à plusieurs reprises la renégociation du désastreux accord de 1901, notamment sous le règne de Reza Chah Pahlavi qui prend le pouvoir lors d'un coup d'État en 1921. Modernisateur, il développe l'industrie, construit un chemin de fer national, réforme la justice, élabore un Code civil et interdit le port du voile pour les femmes. C'est aussi lui qui abandonne le nom de Perse pour celui d'Iran. Souhaitant diminuer la dépendance de son pays vis-à-vis du Royaume-Uni et de l'URSS, il déclare la neutralité de l'Iran dans la seconde guerre mondiale et refuse l'expulsion des ressortissants allemands. Britanniques et Soviétiques, pour une fois d'accord, envahissent alors le pays et forcent Reza Chah à abdiquer en faveur de son fils, Mohammad Reza Pahlavi.

En 1943, lors de la Conférence de Téhéran, les Alliés réaffirment leur engagement sur l'indépendance de l'Iran. Pourtant, à peine terminée la guerre, Moscou y soutient le séparatisme des Azéris et des Kurdes qui créent d'éphémères républiques. Pour mémoire, c'est la seule expérience d'indépendance kurde de l'histoire et elle aura duré moins d'un an. Si l'URSS cesse rapidement son soutien aux petites républiques qui s'effondrent, ce coup de force, stratégiquement absurde, provoque la méfiance durable du nouveau shah vis-à-vis de Moscou et le jette dans les bras occidentaux.

Il ne reste plus au souverain qu'à subjuguer les turbulents partis politiques iraniens. Ce sera chose faite en 1953. Devenu Premier ministre deux ans auparavant, Mossadegh est à la tête du gouvernement le plus démocratique qu'ait connu le pays. Face au refus de l'Anglo-Persian de renégocier les termes du contrat, il nationalise l'industrie pétrolière alors sous contrôle britannique. Londres est en alerte rouge. Washington également, d'autant que Mossadegh semble se rapprocher de l'URSS. Perdre le contrôle des immenses réserves pétrolières iraniennes, voir le Heartland soviétique joindre le Rimland et accéder aux mers chaudes? C'est tout simplement inacceptable.
Le sort de Mossadegh est scellé: celui qui reste jusqu'à nos jours la personnalité préférée des Iraniens[564] est renversé par un coup d'État orchestré par la CIA et le MI6 britannique[565]. Téhéran rejoint le « camp de la liberté » grâce à un putsch, contresens qui aurait fait les délices d'un George Orwell. Le shah met alors en place un régime dictatorial fondé sur l'indéfectible soutien américain et, deux ans plus tard, l'Iran entre logiquement dans le Cento, alliance militaire ceinturant l'URSS sur son flanc sud[566]. Contrairement aux velléités souverainistes de son père, le shah restera l'homme-lige des États-Unis au Moyen-Orient jusqu'à son renversement par la Révolution islamique de Khomeiny en 1979.

En septembre 1980, l'Irak de Saddam Hussein attaque sans avertissement l'Iran. C'est le début d'une terrible guerre qui durera huit ans et fera un million de morts. Par crainte d'une contagion révolutionnaire chiite, les pétromonarchies sunnites financent très vite l'effort de guerre irakien, à hauteur de plusieurs dizaines de milliards de dollars[567]. D'abord hésitants, ne sachant qui soutenir, du régime laïc « nassérien » de Bagdad ou du gouvernement religieux chiite de Téhéran, les Américains se rallient finalement eux aussi à Saddam. L'émissaire de l'administration Reagan, un certain Donald Rumsfeld, futur patron du Pentagone sous Bush Junior, assure alors au dictateur irakien le plein et entier soutien des États-Unis[568]. Tout y passe : crédits, vente de matériel et même fourniture d'images satellites utilisées lors des multiples attaques chimiques perpétrées contre les Iraniens[569]. À l'époque, les armes de destruction massive irakiennes ne semblent gêner aucunement les Américains...

Si le tournant de 1990 voit des bouleversements considérables dans la région et au-delà (éclatement de l'URSS, retournement états-unien contre Saddam et guerre du Golfe), une chose demeure inébranlable : l'obsession iranienne de Washington. Elle est partagée à tous les échelons – administrations présidentielles, Congrès, agences de renseignement, *think tanks* – et fait son chemin jusqu'au *National Security Strategy*, le livre blanc annuel édicté par le gouvernement[570]. Dans celui de 1998, on lit déjà : « *Notre politique envers l'Iran vise à changer le comportement du gouvernement iranien dans plusieurs domaines clés, comme ses efforts pour obtenir des armes de destruction massive et des missiles à longue portée, son soutien à des groupes terroristes qui s'opposent au processus de paix, ses tentatives pour affaiblir des gouvernements alliés dans la région et le développement de ses capacités militaires qui menacent nos partenaires du Conseil de Coopération du Golfe et le trafic pétrolier.* »[571]

À lire entre les lignes, il ressort clairement que la monomanie iranienne des États-Unis a trois raisons : l'Arabie Saoudite, Israël et le pétrole. Le « *développement des capacités militaires* » de Téhéran n'est qu'une réponse aux dizaines de bases américaines enserrant l'Iran. Les « *groupes terroristes* » mentionnés sont en réalité les groupes palestiniens et le Hezbollah qui luttent localement contre Israël et n'ont jamais menacé qui que ce soit d'autre sur la planète. Les « *tentatives pour affaiblir les alliés* » correspondent au développement de l'arc chiite, nous y reviendrons. Quant aux « *partenaires du Conseil de Coopération du Golfe* », il s'agit tout simplement des pétromonarchies fondamentalistes sunnites qui, elles, ne se privent pas de financer des groupes terroristes perpétrant leurs attentats aux quatre coins de la planète. On le voit, l'hypocrisie imprègne la politique moyen-orientale de Washington où l'imposture est érigée au rang de doctrine officielle.

Peu importe que certaines voix fassent remarquer que Téhéran a depuis longtemps abandonné le fanatisme révolutionnaire religieux de Khomeiny pour mener une politique étrangère empreinte de pragmatisme : alliance avec l'Arménie chrétienne contre l'Azerbaïdjan pourtant chiite ; excellentes relations avec l'Inde multiconfessionnelle, la Russie orthodoxe, la Chine confucianiste ou le Pakistan sunnite ; encouragements donnés au Hezbollah pour s'allier aux chrétiens libanais du général Aoun... Peu importe que d'autres voix comme James Dobbins, représentant spécial de l'administration Bush en Afghanistan, expliquent que les Iraniens ont plusieurs fois tendu la main à Washington et même aidé les troupes américaines contre les talibans, ennemis communs[572]. Rien n'y fait : pour le *deep state* impérial, l'adversaire cardinal reste l'Iran. D'autant que, conséquence désastreuse de l'invasion de l'Irak en 2003, un arc chiite Iran-Irak-Syrie-Hezbollah libanais prend forme au Moyen-Orient.

Arc chiite au Moyen-Orient

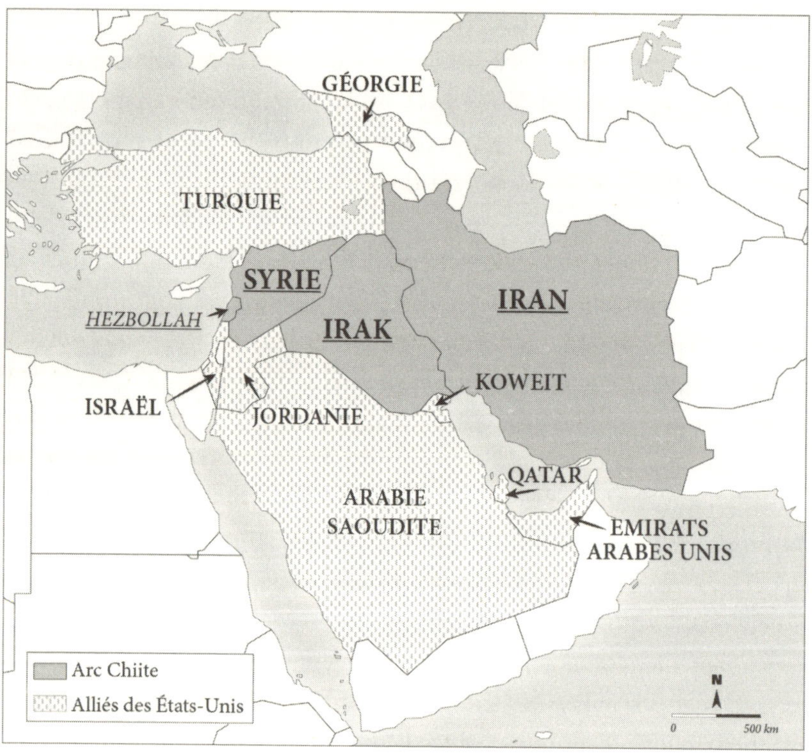

Le mémo de 2012 du DIA, à propos duquel le général Flynn était si mal à l'aise, évoque « *la possibilité d'établir une principauté salafiste en Syrie orientale* », ajoutant que « *c'est précisément ce que veulent les États soutenant l'opposition, afin d'isoler le régime syrien qui représente la profondeur stratégique de l'expansion chiite (Iran, Irak).* »[573] Quand on demandera au général américain Wesley Clark, ancien patron de l'Otan, d'expliquer l'émergence de Daech, il n'aura aucune honte à reconnaître que ce sont les pays amis des États-Unis qui financent le groupe terroriste « *pour lutter contre le Hezbollah* » car ils « *ne veulent pas d'un pont chiite Iran-Irak-Syrie-Liban.* »[574] Tout est dit.

Cet arc est en effet le cauchemar absolu de l'empire et de ses alliés, pour les raisons que nous allons bientôt expliquer. Dès la fin des années 2000, tout concourt à ce que quelque chose se passe. Mais où ? Attaquer l'Iran de front est impensable après les fiascos irakien et afghan. S'en prendre de nouveau à l'Irak, « libéré » quelques années auparavant, est invendable auprès de l'opinion publique et n'aurait aucune justification recevable. Quant au Hezbollah libanais, il est par trop excentré et Israël vient d'ailleurs de s'y casser les dents en 2006. Le maillon faible, évident, est la Syrie : c'est là que les efforts se portent.

Les pétromonarchies, Arabie Saoudite et Qatar en tête, ne rêvent que d'écouler leurs immenses richesses énergétiques vers l'Europe via des pipelines passant par la Turquie. Jusqu'ici, le pétrole saoudien et le gaz qatari doivent être embarqués sur des supertankers ou des méthaniers, franchir l'épineux détroit d'Ormuz à vol d'oiseau de l'Iran, contourner la péninsule arabique, s'engouffrer dans le canal de Suez avant de gagner la Méditerranée. Long, cher (particulièrement pour le gaz transformé en GNL), voire risqué. Des oléoducs et gazoducs franchissant l'arc chiite et parvenant directement en Turquie constitueraient un gain de temps et d'argent énorme.

En 2009, le président syrien Bachar al-Assad présente sa « stratégie des quatre mers » : « *Nous faisons le lien entre la Méditerranée, la mer*

Caspienne, la mer Noire et le Golfe. Si nous connectons ces quatre mers, nous ne sommes pas seulement importants au Moyen-Orient, nous devenons le centre du monde. »[575] De fait, la Syrie occupe une position géostratégique enviable, au croisement des routes de l'énergie. Comme le dit un chercheur de l'Institut français de géopolitique, *« la Syrie est une porte sur la Turquie, qui est elle-même une porte sur l'Europe. Le pays est l'étape quasiment indispensable pour les pays du Moyen-Orient qui veulent exporter leur gaz naturel vers le marché européen. »*[576] La stratégie de Damas consiste à devenir un centre de transit gazier et pétrolier pour toute la région, un hub énergétique incontournable alimentant le marché européen.

Deux projets de pipeline se font face. Porteurs d'une énorme charge géopolitique, ils matérialisent à eux seuls les divisions stratégiques et religieuses du Moyen-Orient. Le « gazoduc chiite » Iran-Irak-Syrie[577] suit l'arc du même nom et associe les bêtes noires de l'empire américain. Le « tube sunnite », ou Qatar-Turquie[578], est censé passer par l'Arabie Saoudite et la Jordanie, tous quatre alliés intimes de Washington (voir carte page suivante).

En choisissant, en juin 2011, le pipeline iranien, Assad signe son arrêt de mort. Le Qatar[579] et l'Arabie Saoudite[580] soutiennent désormais ouvertement, à coups de milliards de dollars, les rebelles modérément modérés de la guerre civile syrienne qui vient d'éclater. Si nos médias grand public préfèrent généralement regarder ailleurs, à la notable exception de France 2[581], aucun observateur sérieux ne nie la part que joue l'énergie dans le conflit.

Ces intérêts se doublent, pour Riyad du moins, d'une véritable obsession idéologique vis-à-vis de l'Iran et de l'« hérésie » chiite. Cette paranoïa pathologique, démontrée encore par les *Saudi cables* de Wikileaks, imprègne les dirigeants saoudiens. Elle les pousse à exporter, via l'acquisition de médias, la construction d'écoles coraniques, de mosquées et l'envoi de prédicateurs extrémistes, leur modèle fondamentaliste wahhabite, diffusant, du Maroc aux Philippines en passant par le Mali et même le Xinjiang chinois, la peur de « l'influence iranienne » et la détestation du chiite[582].

« Stratégie des quatre mers » de Damas

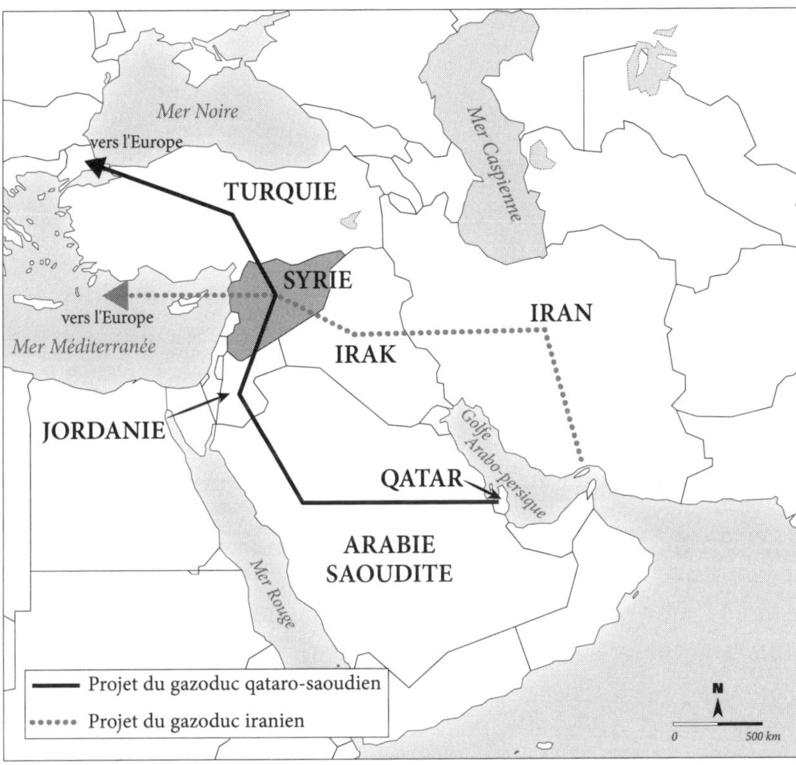

Israël partage les vues saoudiennes, mais pour des raisons purement stratégiques. Il est d'ailleurs piquant d'assister, ces dernières années, à l'étonnant rapprochement entre le royaume wahhabite et l'État hébreu[583], incluant même une possible et discrète visite du prince-héritier saoudien[584], chose impensable il y a peu. Décidément, la peur de l'Iran peut déplacer des montagnes... Pour Tel Aviv, la ceinture chiite, qui se nomme elle-même « Axe de la résistance », a le tort de soutenir la cause palestinienne alors que les pays sunnites ont depuis longtemps abandonné la lutte. Elle est surtout synonyme de continuum qui, de Téhéran au Liban, ravitaille son plus grand ennemi : le Hezbollah. Casser cet arc devient donc l'alpha et l'oméga de la stratégie israélienne. Hillary Clinton ne dit pas autre chose, qui dans un de ses mails piratés explique que « *le meilleur moyen d'aider Israël est de soutenir le renversement d'Assad* (...) *La fin de son régime romprait la dangereuse relation entre l'Iran et le Hezbollah.* »[585] Les dirigeants israéliens ne s'en cachent d'ailleurs pas, comme le ministre de la Défense Ehud Barak qui se réjouit en 2011 : « *La chute d'Assad serait un coup porté à l'axe Iran-Hezbollah.* »[586]

Les journalistes de La Chaîne Parlementaire sont interloqués quand Roland Dumas, ancien ministre des Affaires étrangères de Mitterrand, lâche une bombe lors d'une émission consacrée au conflit syrien. Il affirme que ses relations haut placées en Grande-Bretagne lui ont expliqué, avant même le début de la révolte en 2011, que « *quelque chose se préparait en Syrie,* [notamment] *un soutien aux* [futurs] *rebelles* »[587]. De fait, dès 2006, le Département d'État américain finance secrètement des groupes d'opposition, dont une chaîne de télévision par satellite basée à Londres, afin de susciter une contestation contre le gouvernement[588]. Dans le même temps, la CIA engage des opérations clandestines, non seulement contre l'Iran et le Hezbollah, mais aussi contre leur allié syrien, tandis que les Saoudiens se concentrent sur ce qu'ils font de mieux : apporter une aide financière et logistique à des groupes fondamentalistes dans le but d'affaiblir Assad[589]. De mystérieux assassinats d'officiels et des attentats, rarissimes jusqu'alors, commencent à toucher la Syrie[590]. Dumas n'a pas tort quand il affirme que la guerre vient de très loin...

Interrogé sur la cause de ces intrigues, il cite immédiatement les intérêts d'Israël. C'est incontestable, mais Tel Aviv est loin d'être la seule bénéficiaire d'une future prise de pouvoir sunnite en Syrie. Arabie Saoudite et Qatar sont intéressés au premier chef, nous venons de le voir, mais aussi la Turquie, alliée de Washington au sein de l'Otan. Par proximité religieuse, elle soutient les Frères musulmans, principaux opposants au régime laïc du parti Baas. Le néo-ottomanisme, doctrine qui prône le retour de la présence turque dans les anciens espaces de l'empire ottoman, imprègne la politique extérieure d'Erdogan et de son ministre des Affaires étrangères entre 2009 et 2014, Ahmet Davutoğlu[591]. Les « printemps arabes » en général, le chaos naissant en Syrie en particulier, sont une occasion en or de restaurer l'influence d'Ankara chez son voisin du sud, voire de prendre la direction de l'islam politique sunnite face au rival saoudien[592]. Occupant une position géographique exceptionnelle à la confluence de l'Europe, du Moyen-Orient et du Caucase, prétendant devenir l'interface énergétique de l'Eurasie par laquelle passeraient les énormes flux en provenance du Golfe, la Turquie reçoit comme une véritable gifle l'abandon par Damas du gazoduc sunnite au profit du tube chiite qui l'évite.

Les États-Unis reprennent évidemment à leur compte ces nombreux griefs, qui s'ajoutent à leur propre contentieux avec l'Iran depuis 1979 et la rupture des relations diplomatiques. Le rôle premier de tout empire est de défendre les intérêts des éléments qui le composent : sécurité d'Israël et de l'Arabie Saoudite, usine à pétrodollars et pourvoyeuse d'une main-d'œuvre djihadiste toujours utile ; contrôle des flux énergétiques amis à destination du Vieux Continent. Cerise sur le gâteau, les pipelines pétromonarchiques permettraient de court-circuiter la Russie et de la remplacer, sur le marché européen, par les hydrocarbures du Golfe[593]. Même au Moyen-Orient, le Grand Jeu n'est jamais très loin...

Du virage anti-chiite de l'administration Bush au milieu des années 2000 à la récente reconnaissance par Donald Trump de l'appartenance du Golan à Israël[594], un mot revient de manière obsédante sur toutes les lèvres : l'arc chiite. Il devient urgent de l'amputer, de le briser. Une Syrie sunnite couperait définitivement la ceinture chiite, isolerait totalement le Hezbollah au Liban, établirait une zone de sécurité autour d'Israël, enterrerait durablement l'influence iranienne au Levant, créerait un corridor sunnite Nord-Sud permettant de faire passer les pipelines du Golfe vers la Turquie et l'Europe... Si la guerre syrienne n'existait pas, il faudrait l'inventer !

Projet de coupure de l'arc chiite par les Américains et leurs alliés

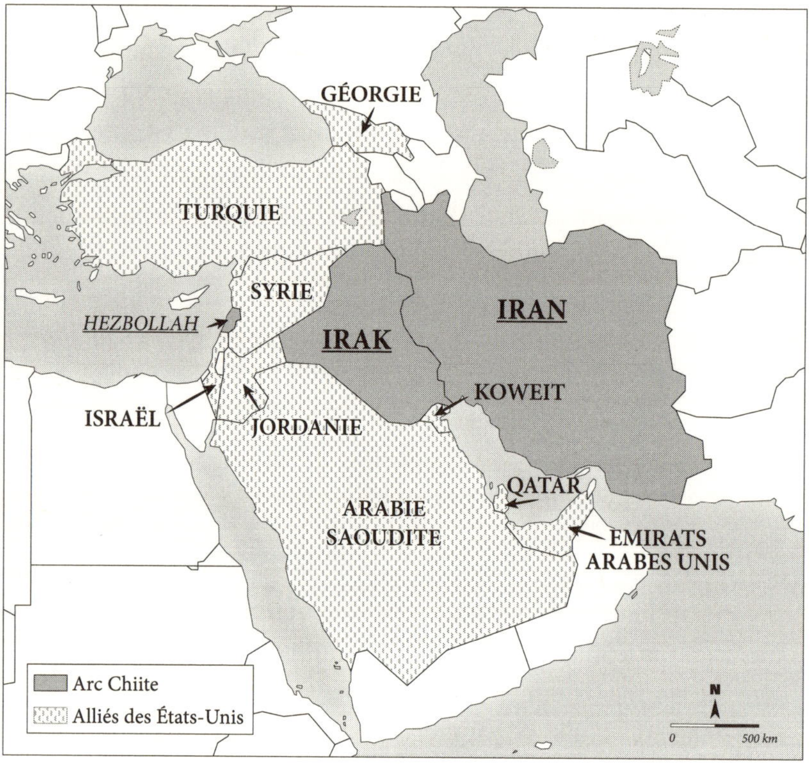

Et le Vieux Continent dans tout cela ? Sa soumission au patron américain ne lui laisse guère le choix, mais certains dirigeants européens embrassent la cause rebelle avec une naïveté charmante. Il est vrai que les pétromonarchies du Golfe arrosent copieusement l'*establishment* politique, notamment français[595]. Quant aux médias qui ne bénéficient pas des largesses des émirs[596], leur noyautage par les officines états-uniennes (voir chapitre I), les généreuses subventions publiques ou les intérêts bien compris de leurs actionnaires (propriétaire du *Figaro*, Dassault compte parmi ses meilleurs clients l'Arabie Saoudite et le Qatar) font le reste. Ajoutons que ces dirigeants européens, sans doute fatigués de devoir se défendre pied à pied face au continuel harcèlement de Washington sur le gaz russe, préfèrent peut-être jeter l'éponge et envisagent avec soulagement l'afflux des hydrocarbures du Golfe.

Les tambours de la guerre

Le plan est prêt. Reste à trouver le prétexte, que fournira commodément la vague des Printemps arabes de 2011. Qu'une partie des Syriens se soulève sincèrement, ingénument contre Assad ne peut être nié, tout comme est indéniable la férocité de la répression gouvernementale lors des premières manifestations. Si les minorités religieuses (alaouites, chrétiens) et la bourgeoisie sunnite trouvent leur compte dans le régime laïc du Baas, les classes populaires sunnites, notamment dans les campagnes, sont laissées sur le carreau et touchées de plein fouet par la pauvreté[597]. Ce sont elles qui fournissent les premiers bataillons de rebelles, souvent endoctrinés par les prédicateurs qui ont accompagné les investissements saoudiens ou qataris à la fin des années 2000[598]. Car, on l'a vu, la révolte a également été préparée et financée en amont. Si Damas pointe immédiatement du doigt une manipulation de l'extérieur, seuls les historiens du futur pourront juger du degré de spontanéité des manifestations.

La guerre peut schématiquement être divisée en trois phases, suivant les scenarii élaborés par les petits génies de Washington, Riyad, Tel Aviv, Ankara, Paris, Doha et Londres :

Plan A (2011-2014) : le renversement d'Assad

Plan B (2014-2015) : Daech et le corridor sunnite

Plan C (2015-2018) : la carte kurde

Le plan A est d'une simplicité biblique : il s'agit ni plus ni moins de faire tomber Assad et de le remplacer par un gouvernement sunnite favorable aux intérêts impériaux. Pour ce faire, la « rébellion » est immédiatement soutenue, fournie en matériel militaire et entraînée (dès 2011 !) par les forces spéciales américaines, britanniques, turques, jordaniennes mais aussi françaises[599]. Le but est on ne peut plus clair : par le biais d'« *attaques de guérilla et de vagues d'assassinats* », il s'agit de « *briser le dos des forces alaouites et d'encourager un effondrement de l'intérieur.* »

La radicalisation rapide des « rebelles modérés », contre laquelle s'alarme en vain le DIA de Michael Flynn comme on l'a vu en début de chapitre, ne semble pas gêner les capitales occidentales qui continuent de les ravitailler généreusement par l'entremise de l'Arabie Saoudite et du Qatar[600]. Ces deux-là, on s'en doute, choisissent les bénéficiaires selon leur proximité religieuse, dans une véritable fuite en avant fondamentaliste[601]. Dès 2012, al-Qaida, sous le nom de Front al-Nosra, devient un élément moteur de l'« opposition »[602]. Selon les experts du très sérieux *Jane's Defence Weekly*, en 2013, la moitié des 100 000 rebelles est déjà djihadiste ou islamiste radicale, l'autre moitié se partageant entre islamistes plus modérés (qui tomberont vite dans l'extrémisme) et insurgés réellement démocrates et laïcs[603]. Ces derniers ne constituent qu'une minorité, comme le confirme le président de la commission d'enquête de l'ONU sur la Syrie, Paulo Pinheiro : « *La majorité des rebelles ne veulent pas la démocratie.* »[604] L'Armée syrienne libre, louée et chantée sur tous les tons par les chancelleries occidentales, n'est déjà plus qu'une coquille vide.

Tout cela ne dérange apparemment pas nos chers médias qui, mis à part une poignée d'articles courageux et réalistes[605], d'ailleurs vite effacés par quelque « nouvelle atrocité du régime », sont littéralement en pâmoison devant les romantiques combattants barbus. Pendant des années, ces derniers continueront d'être sentimentalement affublés du titre de « rebelles modérés », alors même que le dernier modéré a disparu depuis longtemps. En pointe de la niaiserie amoureuse, *Le Monde* se ridiculise de manière quasi quotidienne en refusant obstinément de voir la réalité en face. Il faudra attendre octobre 2019 et l'attaque turque contre les Kurdes dans le Nord syrien pour que nos plumitifs, décidément sans vergogne, retournent complètement leur veste et qualifient enfin leurs ex-protégés, qui accompagnent l'armée d'Erdogan, de « barbares » et de « fanatiques ».

Toujours est-il que, en cette année 2013, l'insurrection va bon train et Damas a déjà perdu tout l'est du pays. Pour les parrains de la révolte, c'est sûr, la chute d'Assad n'est plus qu'une question de temps...

Situation militaire en Syrie en 2013

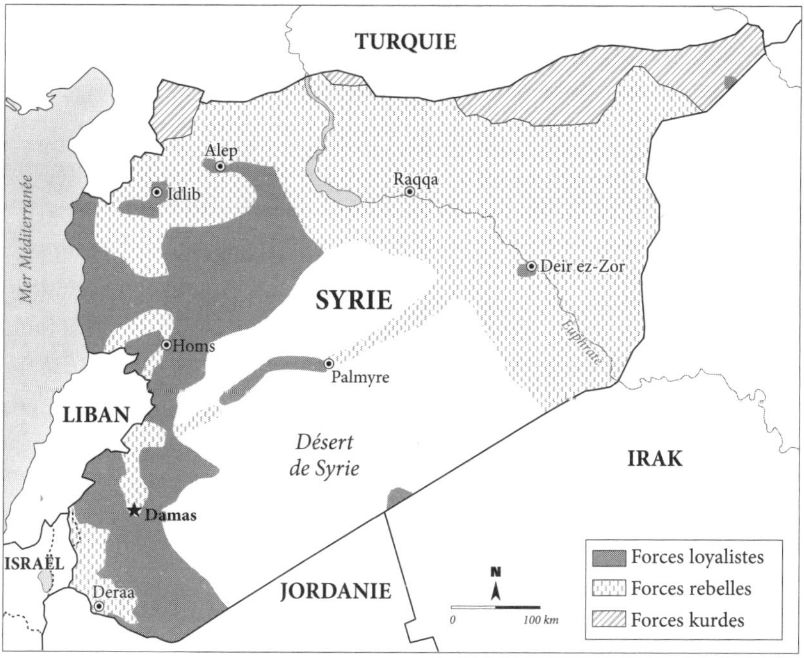

Des grains de sable viennent cependant enrayer la machine. À l'Ouest, dans ce qu'on appelle la « Syrie utile », les loyalistes résistent de manière acharnée, soutenus en bloc par les minorités religieuses ainsi que par la bourgeoisie sunnite qui savent parfaitement ce qui risque de se passer si les djihadistes prennent le pouvoir. Depuis Ibn Tayymiya et ses appels à la persécution contre les minorités, particulièrement les alaouites, brimés pendant des siècles par l'islam dominant, les Syriens savent à quelles extrémités peut plonger le fondamentalisme sunnite et le danger qu'il fait peser sur les autres composantes de la société. Comme le résume schématiquement un observateur, le conflit syrien « *n'est que le nouvel épisode sanglant de la guerre des partisans d'Ibn Taymiyya contre les hérétiques alaouites, qui dure depuis le XIVe siècle* »[606].

Du Liban voisin, le Hezbollah fait jouer la solidarité chiite et vole au secours d'Assad en envoyant ses bataillons[607]. Son leader, Hassan Nasrallah, sait pertinemment que la problématique principale du conflit syrien est l'arc chiite et que la chute d'Assad vise notamment à isoler le Hezbollah[608]. La reprise du nœud stratégique de Qousseir, début juin 2013, change la donne : c'est un coup d'arrêt sérieux à l'avancée des insurgés tandis que les loyalistes récupèrent l'initiative[609]. Suivent Homs[610] et la ville symbole de Maaloula, où le Hezbollah sauve les chrétiens en expulsant al-Qaida[611]. Le camp gouvernemental est clairement en train de reprendre la main. C'est dans ce contexte qu'intervient l'attaque chimique de la Ghouta...

Le choc est énorme dans les opinions publiques occidentales, déjà patiemment travaillées depuis des années par les habituelles officines et leurs relais sur les plateaux de télévision. « *Bachar massacre son peuple* » (alors que ses partisans ont payé un très lourd tribut à la guerre[612]), « *Bachar assassine la démocratie* » (alors que les « rebelles » ne rêvent que d'installer la charia). Et maintenant, « *Bachar gaze son peuple* ». Oubliée, la réalité de l'opposition aux mains des djihadistes, oubliés, les massacres commis par ces derniers, oubliés les nombreux rapports de l'ONU ou de l'armée américaine qui pointent du doigt l'utilisation d'armes chimiques par les rebelles[613]. Dans un bel élan d'unanimisme, notre petit landerneau politico-médiatique joue sur la carte émotionnelle et n'a plus qu'une phrase à la bouche : « *C'en est trop, bombardons le boucher de Damas !* »

Comme pour le MH17 en Ukraine, l'exercice d'hystérie collective semble effacer tout esprit critique et fait une fois de plus penser aux « Deux minutes de la haine » de *1984*. Les détenteurs de la parole publique ne se demandent pas pourquoi Assad, qui reprend la main depuis plusieurs mois et accueille, au même moment, une équipe d'inspecteurs de l'ONU, ordonnerait une attaque chimique sur des civils afin de se mettre le monde entier à dos. Le bourdonnement médiatique continuel couvre les voix de ceux, et non des moindres, qui se demandent si les rebelles eux-mêmes, alors en difficulté, ne sont pas à l'origine de l'attaque, prétexte en or au bombardement massif des loyalistes par les Américains. C'est par exemple le cas d'Alain Chouet, ancien directeur du service de renseignement et de sécurité de la DGSE, qui remet d'ailleurs en cause la synthèse rendue par les services français, fortement soupçonnée d'avoir été caviardée par l'Élysée[614].

Günter Meyer, directeur du très réputé Congrès mondial des études moyen-orientales, s'interroge lui aussi ouvertement : « *Le régime d'Assad n'avait absolument aucun intérêt à utiliser l'arme de destruction massive contre sa propre population, précisément au moment où la commission de l'ONU s'apprêtait à lancer son enquête sur les attaques antérieures. Ce massacre ne profite qu'à l'opposition. Pour quelle raison le gouvernement aurait voulu provoquer la plus grande puissance militaire du monde tandis que l'armée gouvernementale connaît déjà beaucoup de succès en utilisant les armes conventionnelles et alors que les rebelles perdent du terrain ? Il semble logique que ces derniers aient utilisé du gaz toxique pour rejeter la faute sur le régime, pousser le gouvernement d'Obama à franchir la "ligne rouge" et intervenir en Syrie.* »[615] Voix de bon sens d'un spécialiste qui ne porte d'ailleurs pas Assad dans son cœur, mais inaudible dans le bruit de fond occasionné par les stagiaires en journalisme et autres rapporteurs de dépêches.

Lorsque, les mois suivants, des éléments de plus en plus nombreux remettent en cause la thèse bancale des chancelleries occidentales, la rumeur indignée fait tout simplement place à l'omerta. En janvier 2014, le prestigieux MIT de Boston, en collaboration avec Richard Lloyd, ancien inspecteur de l'ONU spécialiste des missiles, démontre que les attaques chimiques ont été lancées depuis une zone tenue par les rebelles. Calcul des trajectoires, du volume de gaz, étude des missiles et des ogives, la conclusion s'impose : les projectiles ont été tirés à moins de 2 kilomètres du lieu du drame, alors que l'armée syrienne était au bas mot à 10 kilomètres. En France, seul *Le Point* relaie courageusement l'information[616], même si l'article finit par conclure, de manière aberrante et au prix de contorsions acrobatiques, que si les attaques ont bien été lancées depuis une zone rebelle, c'est quand même l'armée syrienne qui en est l'auteur (les consignes sont les consignes...).

Les enquêtes fouillées de l'un des plus grands journalistes d'investigation américains, Seymour Hersh, prix Pulitzer et très bien introduit dans la communauté du renseignement, vont dans le même sens[617]. Les analyses du laboratoire de la défense de Porton Down en Grande-Bretagne montrent que le gaz sarin utilisé à la Ghouta ne correspond pas à celui que possède l'armée syrienne. Avec un euphémisme touchant, Obama lui-même reconnaîtra à la veille de son départ qu'il n'était en réalité pas tout à fait sûr de qui avait perpétré l'attaque[618]. Déjà la piste turque est pointée du doigt via les groupes djihadistes qu'Ankara supporte, dont un certain al-Nosra.

Deux ans plus tard, deux députés du principal parti d'opposition turc, le CHP, accusent, preuves à l'appui, le gouvernement Erdogan d'avoir fourni aux djihadistes le gaz sarin de la Ghouta[619]. Avec la parfaite complicité des services secrets, la Turkish Mechanical and Chemical Industry Corporation aurait procuré au responsable local d'al-Nosra, Hayyam Kasap, le gaz mortel. Les parlementaires exhibent tous les éléments du dossier – noms, dates, adresses, filière, enregistrements audio – ouvert par le parquet de la province d'Adana avant que l'enquête ne soit précipitamment close par les autorités et les treize suspects relaxés. La presse turque, qui vit alors ses derniers moments de liberté avant la reprise en main par Erdogan, n'hésite pas à en parler[620]. Par pudeur, nos journaux qui se targuent d'être libres restent, eux, totalement muets sur la question.

Alors que le tam-tam de la guerre bat son plein et que les dirigeants occidentaux se préparent à bombarder la Syrie, le refus du Parlement britannique remet tout en question. Tout irait tellement mieux pour le *deep state* si ces satanées institutions démocratiques n'existaient pas. Malgré la pression de son entourage, Obama tergiverse et Poutine lui offre une échappatoire en proposant un accord sur le désarmement chimique de la Syrie que la Maison-Blanche accepte. Le plan d'Erdogan, le sultan du sarin, a fait long feu et nos plumitifs va-t-en-guerre sont consternés[621], tout comme Hollande, Cameron et leurs chers amis saoudo-qataris[622].

La résistible ascension de Daech

Le projet de renverser Assad paraissant maintenant illusoire, une autre idée se fait jour, un plan *a minima* en quelque sorte : créer un corridor sunnite Nord-Sud coupant l'arc chiite en son milieu, un « sunnistan » de part et d'autre de la ligne Sykes-Picot, frontière quelque peu artificielle séparant l'Irak et la Syrie. C'est à cela que servira Daech.

Coupure de l'arc chiite par l'État islamique

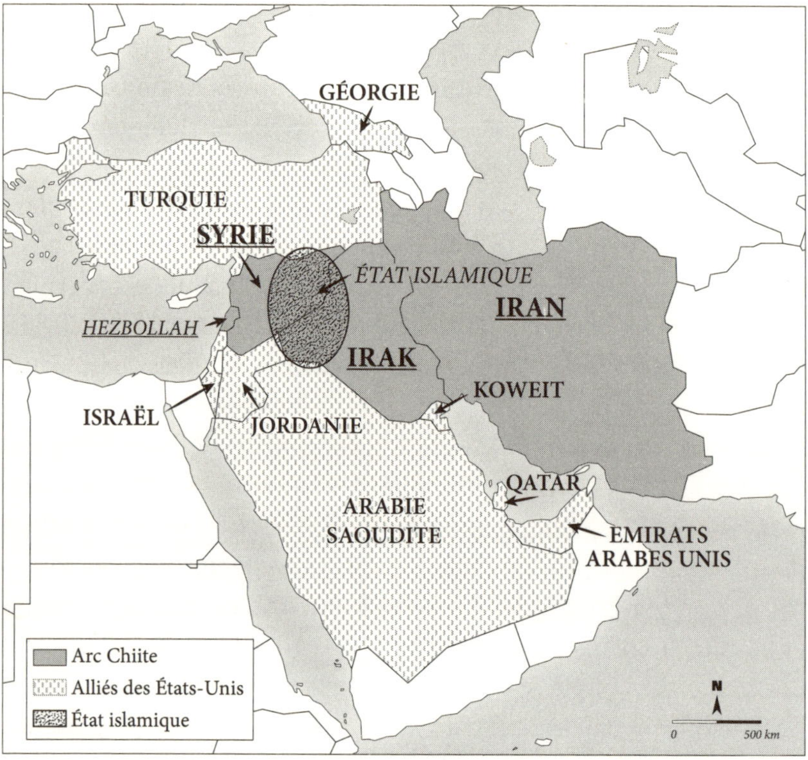

L'État islamique puise ses racines dans le conflit irakien faisant suite à l'invasion américaine. En 2004, le djihadiste jordanien Abou Moussab al-Zarkaoui y fonde un groupe qui prête allégeance à al-Qaida[623]. Mais des divergences émergent rapidement entre le commandement central de l'organisation terroriste et sa filiale en Irak, encore plus extrémiste. Chose intéressante, on pouvait déjà sentir les prémices de ce divorce dès 2000 quand Zarkaoui, alors en Afghanistan, établissait un camp d'entraînement indépendant du groupe de Ben Laden, avec lequel il ne semblait peut-être pas partager les mêmes aspirations[624]. Toujours est-il qu'en Irak, les excès sanguinaires d'al-Qaida en Mésopotamie et son obsession anti-chiite vont jusqu'à choquer sa maison-mère qui rappelle Zarkaoui plusieurs fois à l'ordre.

Après la mort de ce dernier en 2006, le groupe, rebaptisé État islamique d'Irak (EII), végète quelques années avant que la guerre en Syrie ne lui redonne un second souffle. Son chef, Abou Bakr al-Baghdadi, décide d'y envoyer dès 2011 un détachement de combattants qui prend le nom de Front al-Nosra et devient rapidement l'une des forces les plus efficaces et redoutées au sein de la constellation de groupes armés luttant contre Assad.

En avril 2013, Baghdadi, réaffirmant qu'al-Nosra et l'EII ne sont qu'une seule et même organisation, crée l'État islamique d'Irak et du Levant (EIIL) pour chapeauter l'Irak et la Syrie. Mais cette décision est rejetée par une partie d'al-Nosra qui fait sécession et en appelle à la direction centrale d'al-Qaida, un peu perdue dans cet imbroglio. Finalement, le divorce est consommé et Daech entre à son tour en Syrie. En une petite année, le groupe devient l'un des acteurs majeurs du conflit, repoussant tous les autres groupes rebelles, dont ses anciens protégés d'al-Nosra, pour créer le corridor sunnite tant attendu. Mossoul est prise, Bagdad, Damas et Alep menacées, la frontière turque atteinte. La moitié de la Syrie et le tiers de l'Irak sont occupés. En 2014, le « sunnistan » est une réalité (voir carte page suivante).

Cette fulgurante ascension interroge forcément. La propagande parfaitement maîtrisée, mêlant univers coranique fantasmé et professionnalisme hollywoodien, l'habile mélange entre modernité et martyrologie des premiers temps de l'islam, la proclamation du califat attendu depuis des siècles, l'ultra-violence spectaculaire et soigneusement médiatisée, la souplesse organisationnelle, le ralliement de cadres militaires de l'ancienne armée de Saddam ou le bon accueil initial de Daech par les populations locales sunnites, excédées par le sectarisme et la corruption du gouvernement irakien, expliquent en partie l'irrésistible montée en puissance du groupe djihadiste[625]. En partie seulement...

Califat de Daech en 2014

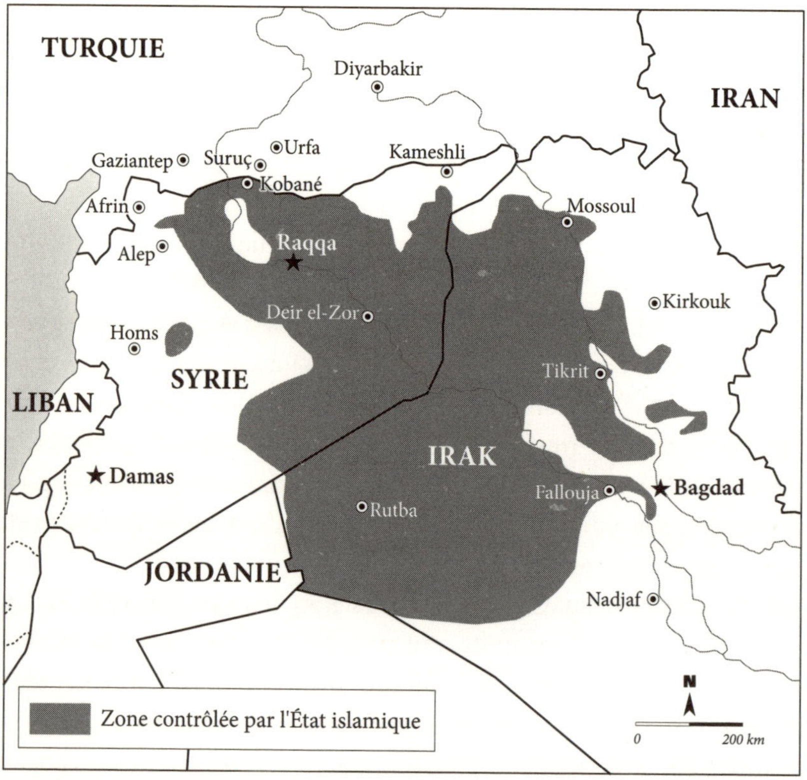

Rien n'eut été possible sans le soutien résolu de plusieurs alliés des États-Unis pendant que Washington regardait opportunément ailleurs. Nous avons vu plus haut que le général Wesley Clark n'a aucun scrupule à le reconnaître : « *Ce sont nos amis et alliés qui ont financé Daech pour lutter contre le Hezbollah.* »[626] Et l'ancien commandant en chef de l'Otan d'expliquer que ces alliés, Arabie Saoudite et Turquie en tête, « *ne veulent pas d'un pont chiite Iran-Irak-Syrie-Liban. Daech n'est pas qu'un groupe terroriste, c'est un groupe terroriste sunnite qui cible et bloque les chiites* »[627].

Hillary Clinton le confirme dans ses mails piratés : « *Les gouvernements du Qatar et de l'Arabie Saoudite fournissent un soutien financier et logistique clandestin à l'EI.* »[628] Cela n'empêche d'ailleurs pas l'hilarante candidate Démocrate d'être elle-même généreusement financée par les Saoudiens lors de sa malheureuse campagne électorale de 2016[629]. Rappelons qu'au même moment, elle accusera sans rire son adversaire Donald Trump de collusion avec la Russie...

Quant à la Turquie, ses liens avec l'État islamique sont de notoriété publique : armes, financements, achat de pétrole, facilité donnée aux candidats voulant rejoindre la Syrie...[630] Pour Ankara, soutenir Daech revient à faire d'une pierre trois coups : affaiblir Assad, instaurer le corridor sunnite Nord-Sud tant souhaité et supprimer toute possibilité d'un Kurdistan syrien autonome, susceptible de servir de base arrière à la rébellion kurde du PKK en Turquie. En 2014 à Kobané, pendant que les Kurdes résistent aux furieux assauts de Daech, l'artillerie d'Erdogan va jusqu'à les bombarder dans le dos.

Israël y va aussi de sa petite contribution. On sait que, depuis des années, Tel Aviv fournit armes, équipements et va même jusqu'à salarier (!) les groupes rebelles situés près du Golan afin d'en écarter les Iraniens[631]. Plus troublantes sont les relations avec l'État islamique. Des armes israéliennes sont régulièrement trouvées dans les postes abandonnés de l'EI[632] et le gouvernement affiche ouvertement sa préférence pour celui-ci face à l'Iran[633]. De fait, les relations semblent plus que cordiales entre le groupe terroriste, qui occupe une portion de territoire à la frontière israélienne, et l'État hébreu. Le premier ne manque jamais de s'excuser quand ses obus tombent par mégarde sur le territoire du second ou quand des éléments incontrôlables attaquent les positions de Tsahal (un seul exemple durant toute la guerre)[634]. Ceci n'est d'ailleurs pas sans rappeler les chaleureux remerciements d'al-Qaida en Syrie quand Israël y bombarde l'armée régulière ou les milices iraniennes[635]. Décidément, Tel Aviv a la cote chez les djihadistes.

Le 22 septembre 2016, en marge de l'Assemblée générale des Nations-Unies, le secrétaire d'État aux Affaires étrangères américain John Kerry rencontre des membres de l'opposition syrienne à New York. La conversation, enregistrée à son insu, est très vite escamotée par les médias obéissants comme CNN ou le *New York Times*, qui en confirment l'authenticité mais suppriment complaisamment les éléments dérangeants[636]. C'est évidemment la partie la plus intéressante. Non seulement Kerry confirme que les États-Unis ont « *fourni une extraordinaire quantité d'armes* » aux rebelles pour renverser Assad, mais il admet surtout la complicité passive de Washington vis-à-vis de l'État islamique : « *La Russie est intervenue à cause de la montée en puissance de l'EI qui menaçait d'aller jusqu'à Damas et plus loin. Les Russes ne voulaient pas d'un gouvernement de Daech en Syrie et ils ont soutenu Assad. Nous savions que l'EI devenait puissant, nous assistions à ses progrès ; nous pensions que Assad se sentirait menacé et négocierait* [son départ] *avec nous. Au lieu de cela, il a demandé le soutien de Poutine.* »[637]

Coproduction hollywoodo-wahhabite à la sauce Ankara, l'État islamique réalise ce qu'aucune organisation djihadiste n'avait fait dans l'histoire : contrôler un territoire et y créer un État, avec son gouvernement, ses programmes sociaux, son armée, ses médias. Néanmoins, le sunnistan rêvé par le système impérial part à vau-l'eau. Le 29 juin 2014, Daech proclame le califat : pour l'Arabie Saoudite, gardienne des lieux saints de l'islam, c'est un *casus belli*, non pas idéologique (après tout, les décapitations saoudiennes n'ont rien à envier à celle de l'EI) mais religieux[638]. Le Saoud ne peut accepter la concurrence de Baghdadi, qui s'est crânement autoproclamé calife. Comme pour al-Qaida dans l'Afghanistan des années 1980, les apprentis-sorciers américano-saoudiens voient à nouveau leur créature leur échapper et se rendent compte de l'inanité qui consiste à penser pouvoir instrumentaliser sans danger ce genre de groupe fondamentaliste. La poursuite du terrorisme international ainsi que les exactions mises en scène par Daech entraînent vite la réprobation universelle et le retournement de certains pays. Le roi Abdallah II de Jordanie, par exemple, horrifié de voir un de ses pilotes brûlé vif dans une cage, sent le vent tourner et se rapproche de Moscou[639], donc de Damas. Finis pour lui les rêves d'un corridor sunnite au centre duquel trônerait la Jordanie, passage obligé des pipelines du Golfe : place au réalisme.

Depuis l'entrée en guerre des Russes en Syrie en septembre 2015, les Américains deviennent soudain beaucoup plus efficaces dans leurs frappes contre les positions de l'EI, jusque-là peu touchées : 75 % des missions revenaient à pleine charge, sans avoir lâché la moindre bombe[640]. Si la justification officielle était alors de minimiser les pertes civiles[641], Moscou avait une tout autre explication : l'administration Obama utilisait, à des fins stratégiques, le monstre qu'elle avait paternellement laissé proliférer. Moralement contraints, désormais, de s'engager véritablement contre Daech, les États-Unis ont tout de même de curieuses baisses de tension, comme à l'automne 2017 lorsque l'US Air Force réduit fortement ses bombardements pour permettre aux petits hommes en noir de passer massivement dans la région de Deir ez-Zor et ralentir ainsi l'avance de l'armée syrienne vers la grande ville de l'Est[642].

Auparavant, c'est à Palmyre et par deux fois, que l'armée américaine avait joué au yo-yo. La première prise de la cité antique par Daech a lieu en mai 2015, quelques mois avant l'intervention russe. Comme le dit alors Hadrien Desuin dans une tribune au *Figaro*, journal qui sauve tout de même parfois l'honneur sur la Syrie : « *La coalition anti-Daech emmenée par les Occidentaux détourne pudiquement le regard. Quelques raids aériens bien guidés auraient pu stopper net les colonnes du Djihad. Mais parce que ce sont des alaouites qui résistent à la barbarie, rien ne sera fait* [car] *la bataille de Palmyre remet en cause le dogme de l'alliance tacite entre Bachar et l'EI. C'est le conte que rabâchent depuis quatre ans les chantres de l'opposition syrienne. Tandis que des combats opposent depuis des années les troupes loyalistes aux soldats du califat à Deir ez-Zor, à Damas et ailleurs, tout est fait pour minimiser sinon effa-*

cer la part que prend l'armée loyaliste dans la lutte contre Daech. Parce qu'on préfère sacrifier un pan entier de notre civilisation plutôt que de donner une victoire à Bachar, rien ne sera fait pour sauver Palmyre. »[643]

Après la libération de la ville en mars 2016 par les forces syriennes, russes, iraniennes et les milices chiites, un concert de musique classique est organisé par le Kremlin dans l'amphithéâtre endommagé. Aveuglée par sa russophobie maladive, notre bonne presse en bave littéralement de rage – « *récupération politique* », « *violoncelliste proche de Poutine et lié au scandale des Panama Papers* » – tandis que le ministre britannique des Affaires étrangères, Philip Hammond, semble moins préoccupé par les atrocités de Daech que par le concert philharmonique qu'il qualifie de « *tentative de mauvais goût de détourner l'attention des souffrances continues de millions de Syriens* »[644].

Ce *delirium tremens*, symbole d'une Europe totalement ballotée, agenouillée devant les intérêts géopolitiques du suzerain américain et de ses alliés islamistes, atteint peut-être son paroxysme dans ses relations avec la Turquie. Le 11 janvier 2016, devant un panel de sénateurs du Congrès américain, le roi de Jordanie fait des révélations explosives susceptibles d'expliquer l'aplatissement européen devant Erdogan : « *Le fait que des terroristes aillent en Europe mêlés aux réfugiés fait partie de la politique de la Turquie.* »[645] Le simple citoyen n'ayant évidemment pas été informé de la chose, il n'est pas inutile de passer ce scoop à la machine à décoder. Profitant de la naïveté droit-de-l'hommesque des eurocrates, notre cher allié turc de l'Otan, celui avec qui nous travaillons main dans la main pour aider les « rebelles modérés » en Syrie, déverse délibérément sur le Vieux Continent des terroristes de Daech, marqués par les services secrets d'Ankara. Le message est simple : Désolé, nous avons malencontreusement laissé passer des djihadistes mais nous savons qui ils sont et pouvons vous aider à les arrêter. En échange...

En échange, c'est l'accord UE-Turquie et les 6 milliards d'euros donnés au sultan, c'est le silence assourdissant sur les journalistes emprisonnés ou les crimes contre les Kurdes, c'est la reprise des négociations sur l'adhésion d'Ankara à l'UE. Le comportement erratique de nos dirigeants fait penser à l'Andromaque de Racine ou aux personnages dostoïevskiens, totalement perdus, prisonniers de leurs bourdes passées, ne voyant plus le bout du tunnel et s'enfonçant toujours un peu plus.

C'est peut-être la raison du soulagement presque malsain avec lequel la coterie politico-médiatique occidentale accueille la reconquête de Palmyre par l'EI en décembre 2016[646]. Le ministre français des Affaires étrangères, Jean-Marc Ayrault, néo-conservateur atlantiste dans l'âme[647], va même sans rire jusqu'à accuser les Russes d'avoir laissé faire Daech[648]. C'est pourtant l'aviation américaine qui, à cette occasion, brille soudain par son absence. Sans doute aveuglée par les sables du désert, elle passe complètement à côté des 5 000 djihadistes et leurs dizaines de chars, qui parcourent tranquillement des centaines de kilomètres. Comme le dit le général Pinatel, ancien patron du service d'informations et de relations publiques des Armées : « *Les Américains ont dû voir avec leurs satellites les forces de Daech se masser autour de Palmyre et n'ont rien dit à la Russie ni à la Syrie.* »[649] Et encore le général reste-t-il peut-être très en deçà de la réalité si l'on considère que, quelques jours auparavant, la coalition kurdo-américaine a curieusement arrêté toutes ses opérations contre Raqqa, la capitale de l'EI, accordant de facto un répit en or aux djihadistes pour envoyer leurs bataillons à Palmyre.

Cette stratégie équivoque symbolise à merveille la schizophrénie impériale en Syrie : selon les impératifs tactiques ou la localisation géographique, un même groupe peut être soutenu ou combattu par Washington. Ainsi, Daech est un danger à Mossoul mais une bénédiction à Palmyre. Ce dédoublement de la personnalité jouera des tours aux Américains, comme nous allons maintenant le voir.

Jeux de dupes

L'EI finissant par être totalement insoutenable, le dernier jeu en vogue est intitulé « Qui prendra la place du califat ? ». Créer, de la main gauche, un monstre faisant les basses œuvres pour finir par le combattre de la main droite afin de prendre sa place : la ficelle est vieille comme le monde. C'est ce que réalisent à merveille les ambidextres pompiers-pyromane américains, avec les Kurdes dans le rôle de l'extincteur. Ce plan C, qui n'est en réalité qu'un plan B bis, mais réduit et comportant bien des complications, vise à récupérer le territoire califal coupant l'arc chiite tout en continuant à fixer Assad dans l'ouest grâce aux inénarrables « rebelles modérés ».

Coupure partielle de l'arc chiite par les forces américano-kurdes

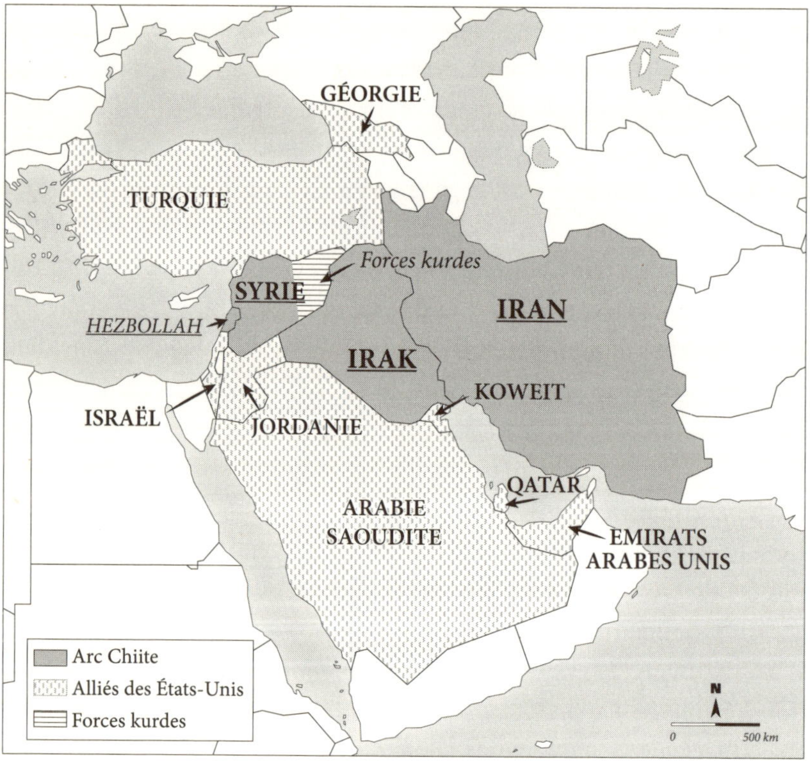

Premier problème : ces Kurdes vivant dans l'extrême nord de la Syrie sont les frères d'armes de leurs compatriotes de Turquie et constituent la base arrière du PKK, bête noire d'Ankara. Les Américains sont bien embêtés : seules les milices kurdes YPG sont capables de doubler l'armée syrienne pour reprendre le califat, mais les utiliser et les armer provoque immanquablement la fureur d'Erdogan, allié de Washington au sein de l'Otan. Le tour de passe-passe consistant à y adjoindre quelques combattants arabes et à rebaptiser le tout Forces démocratiques syriennes (FDS) ne trompe évidemment personne, et surtout pas les Turcs qui éructent régulièrement contre la « trahison » américaine.

Sur ce point, il est difficile de leur donner tort. YPG et PKK sont des mouvements jumeaux et Ankara a beau jeu d'étriller l'invraisemblable hypocrisie des États-Unis qui qualifient les premiers de « héros » et les seconds de « terroristes ». Selon que vous vous trouviez d'un côté ou de l'autre de la frontière, vous serez loué ou voué aux gémonies. Kafka n'est pas loin...

Les Américains n'ont d'ailleurs cessé leur danse de l'absurde dans ce conflit, appuyant tout et son contraire dès lors que cela pouvait gêner Assad, mais ne prévoyant pas toujours les conséquences de cette politique chaotique. Ainsi, en mars 2016, la presse états-unienne s'émeut : la CIA se bat contre le Pentagone par milice interposée[650]. Alors que l'agence de renseignement soutient les guérilleros salafistes, les forces spéciales américaines, elles, sont embarquées avec les YPG kurdes. Ces deux groupes s'affrontant régulièrement, on en arrive à une situation ubuesque où les armes de la CIA sont employées contre les soldats de l'armée américaine !

Cela ne décourage d'ailleurs aucunement Washington qui continue à fournir généreusement des missiles antichars TOW à une kyrielle de groupes dont al-Zenki, franchise de l'Armée syrienne libre si chère à notre petite bulle politico-médiatique. Ses combattants sont surtout connus pour s'être filmés en train d'égorger un gamin de 12 ans sous perfusion[651].

Interrogé, le porte-parole du Département d'État est très mal à l'aise, mais CNN nous rassure très vite : ces pauvres rebelles ont « *décapité l'enfant par erreur* »[652]. *Le Monde* préfère quant à lui rester silencieux, sans doute par égard envers la tranquillité d'esprit de ses lecteurs…

Al-Zenki fait partie de ces groupes islamistes pro-turcs gravitant autour d'Alep, le poumon économique du nord du pays, divisé depuis 2012 entre quartiers loyalistes et « rebelles » et siège d'une bataille cruciale pour l'avenir. Comme le dit crûment Frédéric Pichon, spécialiste reconnu de la Syrie : « *Alep aux mains d'al-Qaida pourrait devenir la capitale d'un émirat rival de Daech et un terreau fertile pour les attaques terroristes en Occident.* »[653] Mais, quand Assad lance en juillet 2016 une grande offensive en vue de la reprise complète de la ville, nous assistons – cas pathologique confinant au masochisme le plus aigu – à une campagne de désinformation frénétique de la part des dirigeants et journalistes occidentaux qui prennent fait et cause pour les djihadistes.

Alors que le propre porte-parole de l'armée américaine en Irak reconnaissait quelques mois plus tôt que la ville était principalement tenue par al-Nosra[654], la filiale d'al-Qaida, les quartiers occupés par les fondamentalistes se muent soudain en « Alep libre » où « l'opposition » résiste courageusement aux hordes assadiennes. Quant aux perfides Russes, ils semblent doués de pouvoirs surnaturels : leurs bombardements détruisent le fameux « *dernier hôpital d'Alep* » les 10 juin, 19 juillet, 25 juillet, 31 juillet, 3 août, 19 août, 28 septembre, 1er octobre, 14 octobre, 10 novembre et 19 novembre ![655] Liste non exhaustive… Cet hôpital semble posséder d'étonnantes propriétés et repousser comme un champignon pour être immédiatement visé de nouveau par l'aviation russe qui n'a pour passe-temps, c'est bien connu, que de détruire les infrastructures médicales, les orphelinats et les refuges pour animaux. Nous sommes toutefois rassurés en décembre : le reportage plein d'émotion d'une chaîne britannique dans le dernier hôpital d'Alep nous montre que celui-ci existe toujours, finalement…[656]

La défaite d'al-Qaida et la chute des quartiers insurgés provoquent un torrent de lamentations rarement vu. Alors que notre bonne presse démocratique s'interroge sans rire sur la possibilité de vivre dans un « *monde après Alep* »[657], nos dirigeants se concurrencent pour trouver la formule la plus pathétique : « *crimes contre l'humanité* », « *pire catastrophe depuis la seconde guerre mondiale* », « *inhumanité inouïe* »[658]. Dans ce combat des mots, Français et Américains sont en pointe – ces derniers n'étant apparemment pas gênés de faire au même moment de Mossoul et de Raqqa un champ de ruines, il est vrai dans l'indifférence générale. Mais la palme d'or revient sans doute à Samantha Power, représentante états-unienne à l'ONU, qui, avec grandiloquence, proclame rien de moins que « *l'effondrement complet de l'humanité* »[659].

Seul bémol pour nos propagandistes en herbe, les Nations unies admettent le mois suivant que sur les 147 000 réfugiés des quartiers djihadistes, seuls 36 000 ont choisi d'être évacués vers la région rebelle d'Idlib, tandis que 111 000 préfèrent rejoindre les zones gouvernementales[660]. Traduction : 75 % des civils étaient en réalité pris en otage dans le paradis barbu de l'« Alep libre » par les héros modérément modérés de l'Occident. Nos courageux journalistes passent complètement l'information sous silence, cela va sans dire.

Derrière l'hystérie autour d'Alep se cache notamment la campagne de relations publiques très professionnelle d'une ONG créée par un ancien officier de renseignement britannique : les Casques blancs. Chouchous de notre *establishment*, ces « héros humanitaires » ont une curieuse tendance à se retrouver dans les mêmes zones que les bataillons d'al-Qaida comme on le voit sur des centaines de vidéos[661]. Ce n'est peut-être pas pour rien que le chef des Casques blancs s'est vu fermement refuser l'entrée sur le sol américain alors qu'il venait y recevoir un prix[662]. L'ironie n'échappe à personne : pour les États-Unis, les barbus sont héroïques en Syrie contre Assad, beaucoup moins sur leur propre territoire...

Mais sur le terrain, ils font merveille et deviennent même la source d'information quasi exclusive de nos journaux. Ça tombe bien, les Casques blancs sont financés par ceux-là mêmes qui veulent voir Assad tomber, par exemple Washington qui offre généreusement des millions de dollars à travers une organisation dont on a déjà parlé : l'USAID[663]. On se rappelle que c'est cette agence « philanthropique » qui, dans l'AfPak des années 1980, distribuait des millions de livres scolaires appelant au djihad contre les Russes, créant ainsi la future génération de talibans (voir chapitre II).

Le poids des mots, le choc des photos. Les Casques blancs semblent avoir fait leur cette devise et sont à la pointe de l'« info » concernant les attaques chimiques complaisamment attribuées à Assad. En avril 2017, la caisse de résonance médiatique remet ça : le « boucher de Damas » a gazé des civils à Khan Cheikhoun. Comme d'habitude, aucune preuve n'est apportée dans ce mauvais remake de la Ghouta et tout esprit critique semble s'évaporer. Quel serait donc l'intérêt d'Assad de perpétrer cette attaque, stratégiquement inutile, alors qu'il est en train de gagner la guerre et que la nouvelle administration Trump vient de lui donner un blanc-seing six jours plus tôt[664] ? Pour la première fois depuis le début du conflit, Washington n'exige plus son départ[665] et Assad célébrerait la nouvelle en se mettant immédiatement les Américains à dos avec une attaque chimique provoquant l'indignation mondiale ? Absurde.

Comme l'écrit l'un des plus grands journalistes d'investigation états-uniens, le regretté Robert Parry, il s'agit visiblement d'un « *événement mis en scène par les rebelles afin d'obliger le président Donald Trump à revenir sur sa politique exprimée quelques jours plus tôt, affirmant que le gouvernement américain ne chercherait plus à obtenir un changement de régime en Syrie* »[666]. Nous sommes vraisemblablement en présence d'un nouveau *false flag* de la part des djihadistes sur la défensive, qui avaient effectivement tout à gagner à cette « attaque ». Selon les Russes[667] mais aussi Seymour Hersh[668], les rebelles ont profité du bombardement accidentel d'un de leurs entrepôts d'armes chimiques pour en faire porter le chapeau à Assad. Ancien inspecteur en désarmement de l'ONU, l'Américain Scott Ritter abonde en ce sens ; pour lui, al-Qaida s'est littéralement jouée de Washington[669]. En l'occurrence, il serait naïf de croire que les victimes de la manœuvre n'étaient pas consentantes...

Soucieux de relâcher la pression du *deep state* qui le harcèle depuis son élection, Trump ordonne une frappe sur une base aérienne syrienne, pour la plus grande joie de la machine médiatique et du parti Démocrate, mais aussi de Daech et d'al-Qaida qui lui adressent leurs plus chaleureux remerciements[670]. Tous déchantent cependant très vite. Le porte-parole du Pentagone l'admet lui-même : « *Les forces russes ont été prévenues à l'avance de la frappe. Les planificateurs militaires ont pris la précaution de minimiser les pertes du personnel russe et syrien présent sur la base.* »[671] Quant aux 59 Tomahawks tirés, seuls 23 auraient atteint leur but (brouillage russe ?) et n'ont pas infligé de dommages significatifs, ce que semblent confirmer les images de drone juste après la frappe[672]. La piste d'atterrissage et les avions stationnés sur les parkings n'ont pas été endommagés, ceux-ci redécollant d'ailleurs dès le lendemain[673]. Dans un exercice quelque peu ridicule d'autojustification, l'armée américaine déclare ensuite qu'il n'était pas dans ses intentions de détruire la base[674]. A-t-on assisté à une entente Trump-Poutine sur le dos de l'État profond et de ses affidés djihadistes, une sorte de *false flag* au carré où, à la provocation chimique des rebelles, répond une mascarade d'intervention ? Il est impossible de le dire mais une chose est sûre : le show américain accouche d'une souris.

Bis repetita un an plus tard, presque jour pour jour. Si le lieu change, les acteurs et les explications sont désespérément les mêmes. Alors que les loyalistes sont en train de reprendre la Ghouta, reconquise à 95 %, une mouche pique Assad qui, soudain pris d'une pulsion meurtrière incontrôlable, bombarde chimiquement la dernière poche de résistance djihadiste à Douma. Sans surprise, les habituels thuriféraires du système impérial hurlent leur douleur. Le sénateur John McCain exhorte

Trump à une réponse décisive[675] tandis qu'Israël appelle à bombarder le palais présidentiel d'Assad[676]. Pragmatique et agacé par la passion des civils pour la guerre, le patron du Pentagone, le général James Mattis, est plus prudent[677], avouant même candidement devant le Congrès américain que les seules sources sur la présumée attaque chimique sont « *les médias et les réseaux sociaux* »[678] !

Les pays européens, eux, se divisent. Certains, comme l'Allemagne ou l'Italie, prennent leurs distances avec cette commedia dell'arte et refusent résolument de participer à une quelconque frappe[679]. D'autres se montrent moins responsables. En digne successeur de François Hollande, l'infantile Macron assure sans rire qu'il a les preuves de l'implication du gouvernement syrien[680] mais prie tout de même les Russes de ne pas réagir, les assurant qu'« *en aucun cas, la décision que nous prenons n'est destinée à nuire aux alliés du régime, à la Russie ni à quiconque* »[681]. Dans un axel digne d'une patineuse émérite, la Première ministre britannique change d'avis dans la nuit. D'abord réticente et préférant attendre les résultats de l'enquête des inspecteurs de l'ONU[682], Theresa May décrète, dès le jour suivant, qu'Assad est coupable et doit être bombardé sans l'autorisation du Parlement[683].

Pourtant, les voix qui appellent à la raison ne manquent pas. Géopolitologue reconnue, Caroline Galactéros résume parfaitement la situation : « *Personne ne se demande pourquoi cette nouvelle attaque chimique arrive maintenant, au moment même où la Ghouta orientale repasse sous contrôle gouvernemental syrien qui parachève sa reconquête territoriale, face à des groupuscules rebelles rivaux globalement en déroute et plus que jamais prêts à se vendre au plus offrant pour survivre et espérer compter. Personne ne s'autorise à douter un instant, quand le ministre russe des Affaires étrangères rapporte que les observateurs du Croissant rouge syrien envoyés sur place n'ont rien vu ressemblant à une attaque (...) À qui profite le crime ? C'est cette vieille question, mais toujours pertinente, qui paraît désormais indécente.* »[684]

Ancien ambassadeur de France et spécialiste du monde arabo-musulman, Michel Raimbaud parle ouvertement de *false flag* et fustige l'immoralité de l'Élysée : « *Quand l'armée syrienne obtient un succès décisif, on invente une alerte.* »[685] Cette vision est largement partagée par les officiers de haut rang des armées occidentales, atterrés par les mensonges de leurs dirigeants politiques. C'est le cas de l'amiral Lord West, ancien patron de la Royal Navy, rien de moins : « *L'utilisation d'armes chimiques par Assad n'a aucun sens. Par les groupes djihadistes, elle prend au contraire tout son sens. Les rapports viennent de gens comme les Casques blancs, qui ont une longue tradition de propagande en faveur de l'opposition. Si je conseillais cette opposition, je leur dirais "placez la chlorine dans des lieux où le régime vous bombardera pour lui faire porter le chapeau".* »[686]

Interrogé sur la chaîne Sky News, le général Jonathan Shaw, ancien commandant en chef des forces britanniques en Irak, met lui aussi sérieusement en doute la fable présentée par le trio américano-anglo-français : « *Tout semble faux dans cette histoire. Pourquoi Assad utiliserait-il l'arme chimique maintenant ? Il a gagné la guerre. Il vient de convaincre les dernières poches rebelles d'évacuer la zone, il a reconquis leur territoire, pourquoi les gazerait-il ? Ce n'est pas seulement mon opinion, elle est partagée par les hauts gradés américains.* » Visiblement mal à l'aise, la présentatrice, recevant sans doute des consignes dans l'oreillette, met brutalement fin à l'entretien[687].

Ainsi fonctionne notre formidable société du spectacle, où généraux d'expérience, géopolitologues réputés, ambassadeurs et autres spécialistes sont évacués d'un simple revers de manche par des journalistes ignares en service commandé. Sans surprise, ces détenteurs de la Parole révélée restent totalement muets quand l'un des leurs fait son coming out. Producteur de la BBC en charge de la Syrie, Riam Dalati ne supporte plus la mauvaise farce à laquelle il participait : « *Après six mois d'enquête, je peux affirmer sans l'ombre d'un doute que la scène de l'hôpital de Douma était une mise en scène.* »[688] Ce qui est d'ailleurs confirmé, lors d'une conférence au siège de l'Organisation pour l'interdiction des armes chimiques (OIAC), par les « survivants » eux-mêmes et le personnel médical, une fois la zone libérée de la présence des djihadistes[689].

La presse, à de très rares exceptions près[690], reste également totalement atone quand fuitent, en mai 2019, quinze pages censurées du rapport final des inspecteurs de l'OIAC présents à Douma : « *Il est plus probable que les deux barils de chlorine retrouvés aient été placés manuellement sur les lieux plutôt que lancés depuis un aéronef.* »[691] Fin octobre 2019, la thèse de l'attaque chimique ordonnée par Assad s'écroule lorsqu'un deuxième lanceur d'alerte affirme que l'OIAC a trafiqué le rapport final. Interrogé par Jonathan Steele, éminent reporter de guerre et chroniqueur de la BBC, cet inspecteur en charge d'analyser les échantillons de Douma n'a trouvé aucune trace de chlorine dans les lieux soi-disant bombardés[692]. L'AFP n'a pas cru bon de rapporter la nouvelle.

Cette pantalonnade en dit évidemment très long sur le degré d'avilissement de notre petit landerneau politico-médiatique, mais aussi sur les énormes pressions subies par des organismes de l'ONU, l'OIAC en l'occurrence, censés être indépendants mais obligés de taire des détails compromettants. Ce n'est peut-être pas sans raison que Moscou dénonce régulièrement la coercition, allant jusqu'au chantage, exercée par Washington sur les États membres et les institutions des Nations unies[693].

Malgré l'évidence de la mascarade, malgré l'opposition de leur population[694], les leaders anglo-saxons, déconnectés de toute réalité, veulent montrer leurs muscles. Ils sont rejoints avec un entrain tout juvénile par Paris, dont les élites dirigeantes quelque peu masochistes sont gangrenées depuis une dizaine années par le néo-conservatisme à mesure que celui-ci a échoué partout ailleurs[695]. Si Nicolas Sarkozy fut, en son temps, surnommé « l'Américain », il l'était en réalité peut-être beaucoup moins que ses successeurs. Certes, il replace la France dans le commandement intégré de l'Otan, intervient en Libye et nomme l'atlantiste Alain Juppé aux Affaires étrangères. Cependant, son refus de l'expansion de l'Otan vers l'est[696], sa méfiance vis-à-vis du bouclier anti-missile américain[697] en réalité dirigé contre la Russie (voir chapitre I) ou encore sa volonté répétée de maintenir de bonnes relations avec Moscou[698] ne sont pas du goût de tout le monde à Washington. Il faut attendre la présidence Hollande pour que la France s'engloutisse corps et âme dans l'obéissance la plus totale, que ce soit sur l'Ukraine, la Syrie ou même le dossier du nucléaire iranien que Laurent Fabius tente de torpiller pour le plus grand plaisir d'Israël et des ultras du Congrès américain[699]. Cet alignement servile de Paris lui fait évidemment perdre tout le bénéfice d'une diplomatie autrefois louée pour sa subtilité, son équilibre et son indépendance[700].

En dépit de ses déclarations pompeuses sur le renouveau français et la fin de l'influence néo-conservatrice, le président Macron ne déroge en réalité pas à la règle et participe avec enthousiasme au petit numéro visant à punir Assad. Bien mal lui en prend, comme on l'a vu au chapitre précédent. Entre les missiles récalcitrants refusant de partir et les navires paralysés par un bug, l'opération française tourne au fiasco. Côté américain, ce n'est pas beaucoup mieux. Si les missiles réussissent, eux, à être tirés, les deux tiers sont interceptés par la défense syrienne conseillée par l'ami russe, comme le reconnaît l'Observatoire syrien des Droits de l'Homme[701]. Les djihadistes attendaient sans doute autre chose de leur *false flag* et crient au scandale[702], certains qualifiant les bombardements occidentaux de « *farce* »[703]. Douma ou l'arroseur arrosé.

Califat à prendre

Mais nous l'avons dit, la grande affaire, celle qui sous-tend le conflit syrien, se déroule dans l'est du pays, vers la frontière syro-irakienne, et concerne le continuum chiite Iran-Irak-Syrie-Hezbollah. Pour tous les acteurs du conflit, l'objectif consiste désormais à mettre la main sur le territoire de l'État islamique. Cornaquées par les forces spéciales états-uniennes, les FDS à majorité kurde avancent vers le sud, bien loin de leur zone de peuplement. Commence alors, en direction de la frontière, une folle course-poursuite entre Kurdo-Américains d'un côté, Syro-Irano-Russes de l'autre, sur les décombres du califat de Daech. Pour les premiers, il s'agit de couper l'arc chiite, pour les seconds de le reconstituer. À une plus petite échelle, la Turquie, qui veut absolument séparer les deux entités kurdes du Nord syrien, se retourne, elle aussi, contre ses anciens protégés de Daech afin de prendre de vitesse les Kurdes et empêcher leur jonction.

Les stratèges de Washington, qui ont prévu de longue date l'évolution du conflit et la montée en puissance des loyalistes aidés par les Russes et les Iraniens, envoient également des forces spéciales le long de la frontière jordanienne, à al-Tanaf (point 1 sur la carte ci-dessous).

Situation militaire en Syrie au 3 mai 2017

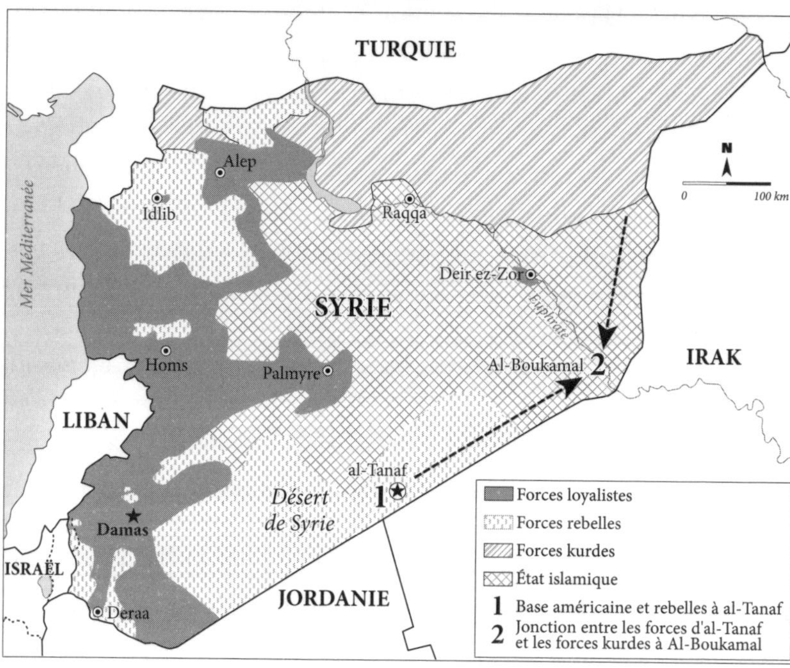

Le prétexte universel – combattre Daech – ne trompe personne et il n'y aura, de fait, aucun affrontement dans cette zone. L'essentiel est ailleurs : l'endroit est stratégique, au carrefour des frontières syrienne, irakienne et jordanienne. De là, le contingent américain, accompagné de ses rebelles « modérés », peut remonter vers l'Euphrate et faire la jonction (point 2 sur la carte page précédente) avec les FDS qui descendent du Nord, coupant définitivement l'arc chiite (voir carte page précédente).

C'est sans compter le blitz syro-irano-russe de juin 2017. Alors que les Américains ont toutes les peines du monde à monter une armée rebelle capable de combattre l'EI et atteindre l'Euphrate, ils se font doubler comme des amateurs. Les « chiites », peut-être avec la présence de soldats russes pour dissuader tout bombardement intempestif de l'US Air Force[704], contournent les bases américaines d'al-Tanaf et, pour la première fois depuis trois ans, l'armée gouvernementale revoit la frontière irakienne. Cette offensive-éclair, qui pèse d'un grand poids dans les recompositions d'après-guerre, change considérablement le visage du conflit et donne des sueurs froides à l'Arabie Saoudite et à Israël (voir carte page suivante).

Le contact est établi avec les Unités de mobilisation populaires (UMP), milices paramilitaires mises sur pied à l'appel des autorités religieuses chiites irakiennes en 2014, au moment de l'inexorable avancée de l'État islamique. Si la totalité des UMP n'est pas d'obédience iranienne, la plupart sont financées, armées et encadrées par des conseillers politiques et militaires dépêchés par Téhéran.

Le plus célèbre d'entre eux est présent quand Syriens et Irakiens font leur jonction à la frontière[705]. Le nom de Qasem Soleimani ne vous dit peut-être rien. Surnommé le « Commandant de l'ombre », cette figure éminente des Gardiens de la Révolution et chef redouté de la force Al-Qods, contingent d'élite voué aux opérations extérieures, est la bête noire de la CIA, à la fois détesté et respecté, voire admiré, par ses adversaires[706]. L'armée israélienne est tellement obsédée par lui que, pour son anniversaire le 11 mars 2019, elle publie le tweet menaçant d'un gâteau qui explose[707].

Situation militaire dans le sud-est de la Syrie au 9 juin 2017

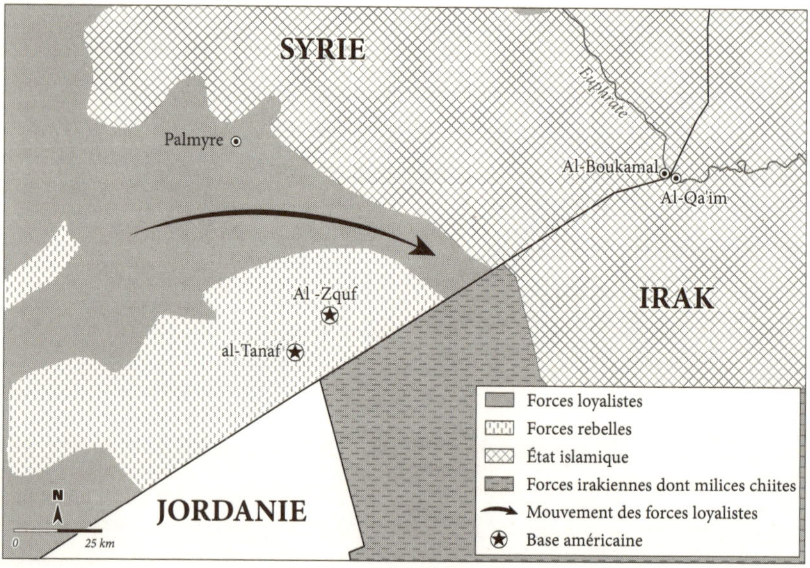

Cerveau de la résistance chiite à l'occupation américaine de l'Irak, il est responsable de la mort de dizaines de GI. Faiseur de rois à Bagdad ou au Kurdistan, armurier du Hezbollah, il est tout à la fois diplomate, espion et stratège. On le retrouve en juillet 2015 à Moscou pour mettre au point avec Poutine l'entrée en guerre de la Russie en Syrie – « *OK, nous interviendrons. Envoyez Soleimani* », aurait répondu le maître du Kremlin aux demandes pressantes de Damas et de Téhéran[708]. Il y retourne plusieurs fois par la suite pour discuter de la stratégie à suivre[709], mais il est également à Mossoul pour coordonner, à seulement quelques hectomètres de l'armée américaine, les milices chiites[710]. On le crédite de tout et peut-être même d'un peu trop – comme une éventuelle tentative d'assassinat de l'ambassadeur saoudien aux États-Unis par l'intermédiaire d'un cartel de la drogue mexicain – mais une chose est sûre : c'est l'un des hommes les plus puissants du Moyen-Orient[711].

Le voir, après le blitz chiite, se balader non loin des forces spéciales états-uniennes d'al-Tanaf ne manque pas de sel. Il y supervise l'avance vers le nœud stratégique d'Al-Boukamal tandis que, en Irak, de l'autre côté de la frontière, les UMP pro-iraniennes suivent le mouvement en parallèle. Pris entre la poussée des bataillons syro-irakiens et les FDS kurdo-américaines qui descendent à toute allure vers le sud, le califat daéchique est laminé.

Situation militaire en Syrie et en Irak au 23 juin 2017

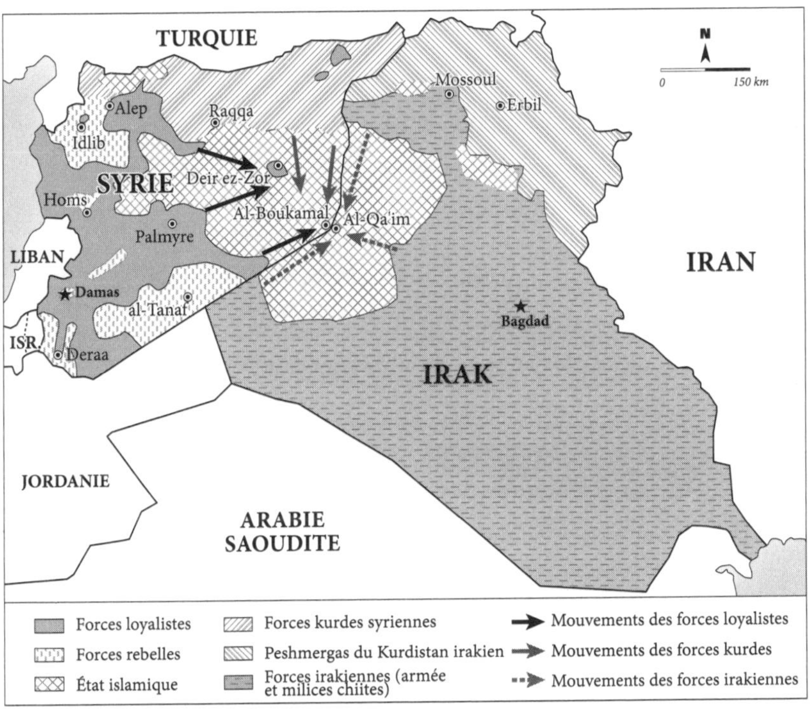

L'on se dirige vers une gigantesque collision entre ces deux forces, dont l'une a pour mission d'établir la ceinture chiite, l'autre de l'empêcher, mais la bataille n'aura finalement pas lieu. Malgré les tensions et les escarmouches, Russes et Américains trouvent un *modus operandi* et se partagent les rives de l'Euphrate.

Avec la reprise de l'ouest de la Syrie par Assad (reste néanmoins l'épineuse question de la province d'Idlib, tenue par al-Qaida) et la disparition du califat de Daech, la guerre syrienne est quasiment terminée.

Huit longues années de mort et de destruction pour rien ou presque. Les Kurdes, véritables idiots utiles de Washington, sont les dindons de la farce de la dernière phase du conflit. Allant très au sud pour des intérêts géostratégiques qui n'étaient pas les leurs, ils abandonnent à leur sort leurs frères de la région d'Afrin, envahie par l'armée turque. À l'échelle régionale, Saoudiens et Israéliens sont les grands perdants de la guerre, ce qui explique sans doute leurs encouragements hystériques à ce que Washington bombarde l'Iran lors de la flambée de tension dans le Golfe à l'été 2019.

Plus intelligent, le Qatar avait déjà retiré ses billes de la partie et cessé son soutien aux djihadistes, d'ailleurs encouragé par la rupture saoudo-qatarie de juin 2017, qui fracture un peu plus l'hégémonie américaine sur le Moyen-Orient et pousse le petit émirat dans les bras de Téhéran[712] et d'Erdogan[713]. La guerre syrienne accélère en effet le grand mouvement de recomposition de la région, et c'est avec délice que Russes et Iraniens assistent au divorce entre l'axe américano-saoudo-israélien et la paire turco-qatarie. Si, quand il était au faîte de sa puissance, l'empire chapeautait tout ce joli monde, on en est désormais très loin.

Incité par Moscou, notamment par le biais d'une importante coopération énergétique[714], le Qatar semble, comme d'autres, engager son pivot vers l'est[715] et rejoindre lentement mais sûrement la multipolarité eurasiatique. En juin 2019, un mélancolique article du *Jerusalem Post* intitulé « Les sommets d'Asie centrale qui montrent que Washington perd prise » se lamente sur le déclin américain et l'inexorable montée en puissance du continent-monde[716]. À Bichkek, au Kirghizistan, a lieu la grand-messe annuelle de l'Organisation de Coopération de Shanghai, regroupant les géants eurasiatiques. Chine, Russie, Inde, Pakistan et

Iran, membre observateur, y discutent routes de la soie et partenariats tandis qu'est fustigé l'unilatéralisme américain[717] et chantée la victoire russo-iranienne en Syrie[718]. Fait très intéressant, Téhéran offre à cette occasion des privilèges économiques aux membres de l'OCS qui investiraient en Iran, matérialisation pratique du développement de l'organisation[719]. Le jour suivant, au Tadjikistan voisin, Poutine, Xi Jinping et Rouhani sont rejoints par Erdogan et Al Thani, l'émir du Qatar. Ce dernier se sent comme un poisson dans l'eau et multiplie les rencontres : renforcement de la coopération avec la Chine[720] et l'Iran[721], qui reçoit d'ailleurs le soutien turc face aux sanctions américaines[722]. Le monde multipolaire du XXIe siècle émerge sous nos yeux, hors de portée de la thalassocratie américaine...

En Syrie même, l'intervention russe a changé la donne et envoyé des ondes de choc bien au-delà[723]. D'accord ou pas, tous les acteurs de la région finissent par se plier à la volonté de l'ours, à commencer par les Turcs[724] et les Israéliens[725]. Comme le dit un bon observateur, « *la position russe au Moyen-Orient a atteint des niveaux jamais vus depuis l'époque soviétique et les années 1960* »[726]. La Russie est devenue le patron et un interlocuteur incontournable, au grand dam de la presse américaine qui se désole que les alliés les plus proches des États-Unis passent désormais beaucoup plus de temps à Moscou qu'à Washington[727]. Dans ce maelström moyen-oriental, où haines et rivalités sont tenaces, les Russes réussissent le tour de force d'avoir de bonnes relations avec à peu près tout le monde, Kurdes comme Turquie, Iran, Hezbollah et Palestiniens comme Israël, Qatar comme Arabie Saoudite. Notons au passage que le Kremlin a le pardon très facile. L'absolution donnée à plusieurs de ces pays malgré leur rôle dans la destruction de la Syrie n'est pas du goût de tous. La « mollesse » de Poutine et son indulgence envers Ankara et Tel Aviv après les incidents du Sukhoi (novembre 2015) et de l'Iliouchine (septembre 2018), qui coûtent la vie à des soldats russes, sont parfois férocement critiquées[728].

Mais à Moscou, où la realpolitik est érigée en lettres d'or, la vengeance n'est pas un plat qui se mange, qu'il soit froid ou chaud. Il y a plus important, comme le détricotage du système impérial américain et le détachement de ses éléments. Refusant de se laisser piéger dans les conflits innombrables et anciens de la région mais ne fermant la porte du dialogue à personne, ne faisant aucune promesse irréaliste mais tenant obstinément ses engagements et n'abandonnant pas ses alliés, la Russie apparaît comme l'antithèse des États-Unis : un pôle de stabilité et de confiance qui attire les protégés de Washington, déboussolés par le reflux de leur suzerain[729]. Pour ceux-ci, paniqués devant la reconstitution de l'arc chiite, avoir l'oreille de Moscou, allié de Téhéran, est également une forme d'assurance.

Les Iraniens sont en effet les autres grands vainqueurs de la guerre, ce qui n'est que justice si l'on considère leurs sacrifices pour sauver l'Irak et la Syrie de Daech[730], créature infernale nourrie au lait américano-saoudien. Avant d'intervenir directement sur le terrain, ils avaient fourni une importante aide matérielle au gouvernement irakien[731] mais aussi, c'est à relever, aux Kurdes avec qui ils n'entretiennent pourtant pas toujours de très bonnes relations. L'ancien président de la Région autonome du Kurdistan, Massoud Barzani, l'admet d'ailleurs sans détour : « *L'Iran est le premier pays à nous avoir fourni des armes pour nous défendre contre l'EI.* »[732]

Avec la chute du califat, le corridor chiite est partiellement reconstitué, mais doit serpenter entre la zone contrôlée par les FDS (1) et la poche américano-barbue d'al-Tanaf (2), sans compter les bases des États-Unis établies dans l'Ouest irakien, dont on se demande bien à quoi elles servent si ce n'est à gêner Téhéran (voir carte page suivante).

Quand, las des interminables guerres américaines, Donald Trump tente pour la énième fois de retirer ses troupes de Syrie en octobre 2019, il provoque un tollé. Les faucons torpillent une nouvelle fois le retrait, prenant prétexte du sort des Kurdes, jetés il est vrai de manière peu élégante sous le camion d'Erdogan, ou de la guerre contre Daech, terminée en réalité depuis longtemps. Chacun sait pertinemment que le maintien de la présence américaine n'a qu'un but : contrer l'Iran[733]. Le ministre turc des Affaires étrangères ne dit pas autre chose : « *Les États-Unis veulent empêcher un corridor iranien afin de préserver la sécurité d'Israël. S'ils se sont alliés aux Kurdes, c'est à cause de l'Iran.* »[734]

Corridor iranien et présence américaine

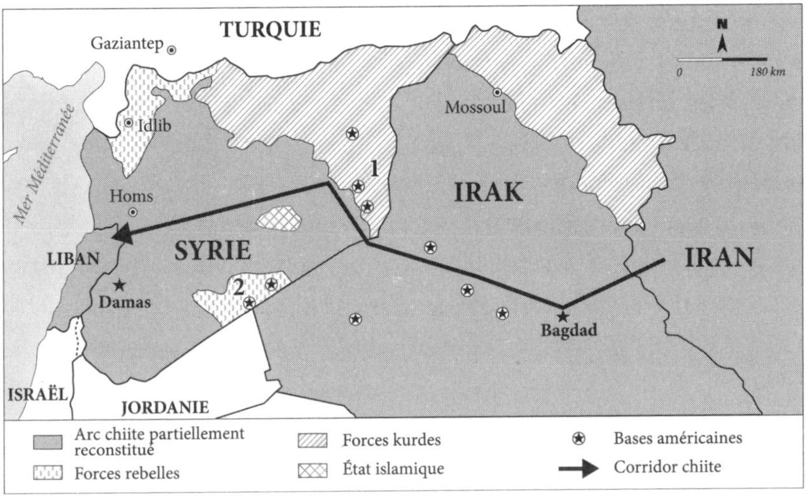

Finalement, pressée par le *deep state*, la Maison-Blanche doit à nouveau revenir sur sa décision, au motif ridicule de protéger les puits de pétrole d'un retour de l'EI. Cela a le double avantage d'entraver Assad en le privant des ressources nécessaires à la reconstruction de la Syrie et, surtout, de maintenir la pression sur l'arc chiite.

Les Iraniens n'en ont cure. Après la reprise d'Al-Boukamal, arrachée à Daech par l'armée syrienne et les milices chiites sous le commandement de Qasem Soleimani, le quotidien des Gardiens de la Révolution résumait bien l'enjeu de la bataille : « *La libération d'Al-Boukamal signifie l'achèvement du corridor terrestre de la résistance, qui ouvrirait à Téhéran un accès terrestre à la mer Méditerranée et à Beyrouth, un fait remarquable dans l'histoire multimillénaire de l'Iran.* »[735] Très vite, des travaux y sont entrepris pour ouvrir un nouveau point de passage, provoquant la panique des stratèges américains qui imaginent déjà avec horreur les cargaisons d'armes iraniennes à destination du Hezbollah et, accessoirement, une nouvelle route d'exportation pour le pétrole perse durement sanctionné par Washington[736].

Avec ténacité, Téhéran joue sa carte et avance ses pions pour rejoindre la Méditerranée, son rêve de toujours. C'est fait en avril 2019 lorsque Damas accorde aux Iraniens une partie du port de Lattaquié, tout près de la principale base aérienne russe en Syrie[737]. Cet accès à la Grande Bleue est d'une importance capitale : le point d'articulation entre l'arc chiite, problématique principale du Moyen-Orient, et le Grand Jeu énergético-eurasiatique. Comme le dit un spécialiste de la région, « *tout le monde veut une route de la soie de nos jours. L'Iran rêve de construire une économie forte basée sur le commerce, des routes et des pipelines allant jusqu'à la Méditerranée. Le jour viendra où l'Iran vendra son pétrole et son gaz à l'Europe via l'Irak et la Syrie* »[738].

Où l'on retrouve le « gazoduc chiite », dont le choix par Assad en 2011 est une cause majeure de la guerre. Après une décennie de conflit et de destruction, verra-t-il enfin le jour ? Où l'on retrouve également les pharaoniques nouvelles routes de la soie chinoises, dans lesquelles l'Iran tient une place capitale[739]. La construction par Téhéran d'une autoroute Iran-Irak-Syrie-Liban[740] ou l'établissement de voies ferrées le long du corridor chiite[741] sont à mettre en relation avec l'ouverture par Pékin d'une gigantesque ligne ferroviaire de 8 000 km reliant la Chine à l'Iran[742] et la future connexion entre les réseaux iranien et russe via le Caucase[743]. Derrière ces projets colossaux se dessine la hantise des États-Unis : l'intégration de l'Eurasie, encore et toujours.

Carrefour des grandes aires civilisationnelles, allié incontournable de la Chine et de la Russie, l'Iran occupe une case essentielle sur l'échiquier du continent-monde. Sa participation active à l'inexorable multipolarité eurasiatique et son emprise sur l'arc chiite remodelant le Moyen-Orient en font, doublement, l'ennemi à abattre de l'empire maritime déclinant...

Annexe I

« Oui, la CIA est entrée en Afghanistan avant les Russes »

Interview de Zbigniew Brzezinski au Nouvel Observateur *en date du 15 janvier 1998. Propos recueillis par Vincent Jauvert.*

Le Nouvel Observateur – L'ancien directeur de la CIA Robert Gates l'affirme dans ses *Mémoires* : les services secrets américains ont commencé à aider les moudjahidine afghans six mois avant l'intervention soviétique. À l'époque, vous étiez le conseiller du président Carter pour les affaires de sécurité ; vous avez donc joué un rôle clé dans cette affaire. Vous confirmez ?

Zbigniew Brzezinski – Oui. Selon la version officielle de l'histoire, l'aide de la CIA aux moudjahidine a débuté courant 1980, c'est-à-dire après que l'armée soviétique eut envahi l'Afghanistan, le 24 décembre 1979. Mais la réalité, gardée secrète jusqu'à présent, est tout autre : c'est en effet le 3 juillet 1979 que le président Carter a signé la première directive sur l'assistance clandestine aux opposants du régime pro-soviétique de

Kaboul. Et ce jour-là, j'ai écrit une note au président dans laquelle je lui expliquais qu'à mon avis cette aide allait entraîner une intervention militaire des Soviétiques.

N. O. – Malgré ce risque, vous étiez partisan de cette *covert action* (opération clandestine). Mais peut-être même souhaitiez-vous cette entrée en guerre des Soviétiques et cherchiez-vous à la provoquer ?

Z. Brzezinski –Ce n'est pas tout à fait cela. Nous n'avons pas poussé les Russes à intervenir, mais nous avons sciemment augmenté la probabilité qu'ils le fassent.

N. O. – Lorsque les Soviétiques ont justifié leur intervention en affirmant qu'ils entendaient lutter contre une ingérence secrète des États-Unis en Afghanistan, personne ne les a crus. Pourtant, il y avait un fond de vérité... Vous ne regrettez rien aujourd'hui ?

Z. Brzezinski –Regretter quoi ? Cette opération secrète était une excellente idée. Elle a eu pour effet d'attirer les Russes dans le piège afghan et vous voulez que je le regrette ? Le jour où les Soviétiques ont officiellement franchi la frontière, j'ai écrit au président Carter, en substance : « *Nous avons maintenant l'occasion de donner à l'URSS sa guerre du Viêtnam.* » De fait, Moscou a dû mener pendant presque dix ans une guerre insupportable pour le régime, un conflit qui a entraîné la démoralisation et finalement l'éclatement de l'empire soviétique.

N. O. – Vous ne regrettez pas non plus d'avoir favorisé l'intégrisme islamiste, d'avoir donné des armes, des conseils à de futurs terroristes ?

Z. Brzezinski –Qu'est-ce qui est le plus important au regard de l'histoire du monde ? Les talibans ou la chute de l'empire soviétique ?

Quelques excités islamistes ou la libération de l'Europe centrale et la fin de la Guerre froide ?

N. O. – « Quelques excités » ? Mais on le dit et on le répète : le fondamentalisme islamique représente aujourd'hui une menace mondiale...

Z. Brzezinski – Sottises ! Il faudrait, dit-on, que l'Occident ait une politique globale à l'égard de l'islamisme. C'est stupide : il n'y a pas d'islamisme global. Regardons l'islam de manière rationnelle et non démagogique ou émotionnelle. C'est la première religion du monde avec 1,5 milliard de fidèles. Mais qu'y a-t-il de commun entre l'Arabie Saoudite fondamentaliste, le Maroc modéré, le Pakistan militariste, l'Égypte pro-occidentale ou l'Asie centrale sécularisée ? Rien de plus que ce qui unit les pays de la chrétienté...

Annexe II

Grand Jeu et guerre du Péloponnèse, ou le parallèle frappant entre l'Athènes classique et l'empire américain

La rivalité entre thalassocratie impériale et puissance continentale est tout sauf nouvelle. Elle plonge même ses racines dans l'âge d'or de la Grèce antique, il y a 2 500 ans, confortant les partisans de la théorie selon laquelle l'histoire n'est qu'un éternel recommencement...

La guerre du Péloponnèse opposa la grande puissance maritime de l'époque, Athènes, à la terrestre Sparte. Tout séparait la première – démocratique, manipulatrice et expansive – de la seconde, relativement autoritaire, revêche et défendant hargneusement son pré carré (comment ne pas immédiatement penser à la Russie ?) Comme Moscou deux millénaires et demi plus tard, Sparte se sentait encerclée et menacée par l'impérialisme athénien qui étendait dangereusement son influence sur les mers et les îles.

Empire athénien à la veille de la guerre du Péloponnèse, 431 av. J.-C.

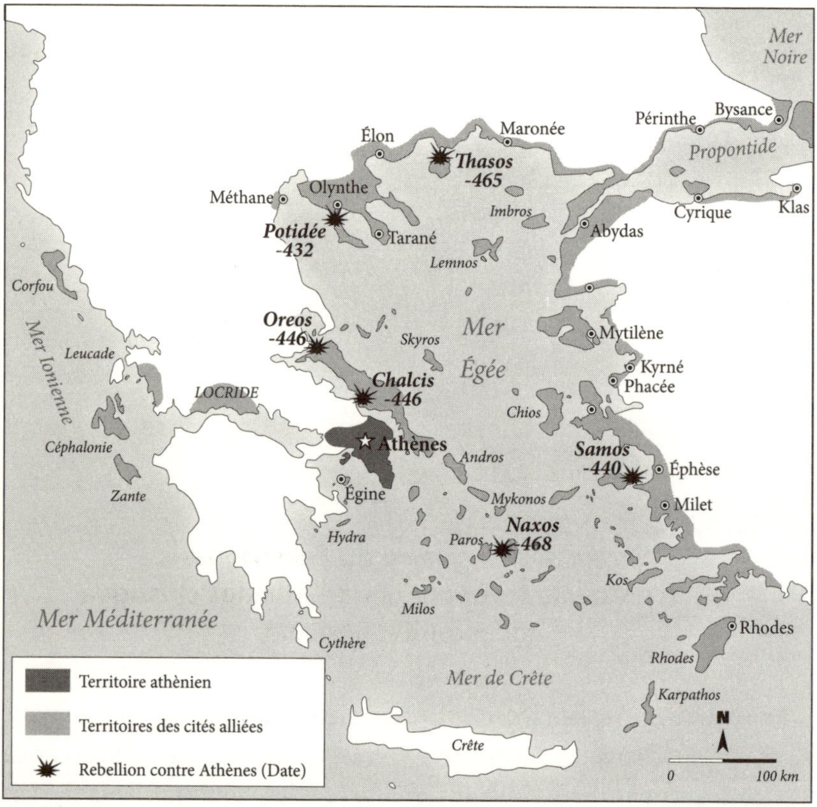

L'hégémonie athénienne s'incarnait dans une alliance militaire faisant fortement penser à l'Otan : la Ligue de Délos. Comme l'organisation atlantique, la Ligue fut d'abord une alliance défensive entre membres égaux face à la menace perse (lire URSS), avant de se transformer, au fil du temps, en instrument au service de l'hégémon athénien. Depuis la chute de l'URSS en 1991, il est difficile de voir en l'Otan autre chose qu'un simple outil de la politique des États-Unis visant à assurer leur mainmise sur l'Europe et avancer vers le Heartland... Les interventions au Kosovo ou en Afghanistan n'avaient déjà plus rien à voir avec la fonction initiale de l'organisation atlantique, qui sort désormais totalement de son rôle en défendant la position américaine sur des questions économiques ou énergétiques – promotion du traité transatlantique, encouragement à l'exploitation du schiste.

Les alliés d'Athènes se muèrent peu à peu en cités vassales (Washington parle de *junior partners*). Le parallèle devient passionnant quand on sait que le trésor de Délos, constitué des contributions des cités alliées, fut finalement transféré à Athènes qui l'utilisa pour ses propres fins, la construction du Parthénon en l'occurrence. À ceux qui renâclaient, les dirigeants athéniens répondaient que leur cité assurant la sécurité de ses alliés, ceux-ci n'avaient pas à savoir ce que devenait leur argent. N'est-ce pas exactement ce que fait Washington avec ses « alliés » européens ? Au lendemain de la seconde guerre mondiale, une partie de l'or des banques centrales du Vieux Continent fut transférée aux États-Unis, que la FED américaine refuse maintenant de rendre – voir l'incroyable feuilleton de l'or allemand. Plus récemment, l'or de la banque centrale ukrainienne s'est tout simplement volatilisé et semble avoir été « mis en sûreté » aux États-Unis... Comportement similaire mais cause différente. Si Athènes utilisait l'argent pour s'embellir architecturalement, les motivations américaines sont plus prosaïques et prédatrices : il s'agit simplement de combler le manque d'or des États-Unis dont le dollar ressemble chaque jour un peu plus à une monnaie de singe.

Les clérouquies athéniennes, colonies militaires peuplées de citoyens-soldats, étaient disséminées dans toute la mer Égée, principalement le long des grandes voies de communication. La route du blé de Scythie, vitale pour le ravitaillement de la cité, était particulièrement surveillée. Comment ne pas immédiatement penser aux centaines de bases militaires américaines ponctuant les routes du pétrole et du gaz afin de mieux les contrôler ?

Autre parallèle saisissant : un décret sur le monnayage imposa bientôt aux alliés d'Athènes l'usage de son étalon monétaire, le tétradrachme, ainsi que de ses unités de poids et mesures. L'on sait comment le dollar fut imposé aux Européens par les accords de Bretton Woods, qui créaient notamment le FMI et la Banque mondiale, dont les prêts étaient uniquement libellés en monnaie américaine. C'est ce système qui assura l'hégémonie des États-Unis durant la deuxième partie du XXe siècle (« *Le dollar est notre monnaie et votre problème* ») et qui est maintenant menacé par la Chine et la Russie qui poussent à la dédollarisation de l'économie et des finances mondiales.

Un aspect intéressant de l'impérialisme athénien était l'obligation d'adhérer à la culture dominante de l'hégémon, les alliés devant par exemple participer aux fêtes des divinités athéniennes lors des Panathénées ou des grandes Dyonisies. N'est-ce pas Washington qui, au sortir de la seconde guerre mondiale, imposa aux pays européens libérés des quotas de films (accords Blum-Byrnes) ou de chansons américaines à diffuser afin de promouvoir l'*american way of life* ? C'était l'une des conditions du plan Marshall, dont nous ne sommes toujours pas sortis sept décennies plus tard, comme le montrent les difficiles négociations sur la fameuse exception culturelle. Athènes comme les États-Unis ont parfaitement compris le formidable instrument d'influence que constitue le *soft power* culturel.

Dans le domaine juridique, les tribunaux athéniens devinrent progressivement seuls compétents pour les affaires intéressant les citoyens des cités alliées qui allaient désormais à Athènes plaider leur cause. Ce transfert de souveraineté judiciaire n'est pas sans faire penser à l'extraterritorialité de la justice américaine, qui inflige des amendes (BNP-Paribas) aux compagnies osant faire des affaires avec des pays sanctionnés par Washington. C'est à l'époque de George W. Bush que les États-Unis décident que leurs lois s'appliqueraient désormais à tous ceux qui exercent tout ou partie de leurs activités sur le sol américain, sont cotés sur une bourse américaine, y effectuent des opérations bancaires ou utilisent le dollar pour leurs opérations financières ou commerciales.

Sont ainsi visées la quasi-totalité des banques et des grandes entreprises mondiales, car le dollar est encore la monnaie dans laquelle se libellent la plupart des contrats commerciaux. Dans la guerre économique qui fait rage, les Américains veulent imposer leur modèle de régulation juridique et le font à travers un chantage relativement simple : si vous voulez vendre ou produire aux États-Unis, si vous voulez utiliser le dollar, vous obéissez à nos lois ; et vous adhérez à notre vision du monde... Ces décisions, prémices d'un droit extraterritorial appliqué par l'empire dominant, nous font revenir vingt-cinq siècles en arrière.

La volonté hégémonique athénienne était telle que la cité de Périclès empêchait désormais ses « alliés » de rompre avec la Ligue de Délos. L'histoire de l'alliance est en effet ponctuée de révoltes de cités contestant les transferts de souveraineté, le tribut ou les conquêtes menées au seul profit d'Athènes. La réaction de l'hégémon fut souvent brutale : mise en esclavage de la population de Skyros, dépouillement de toutes les richesses de Thassos... Lorsque Samos se révolta et voulut faire défection, Athènes envoya 200 navires pour ramener la cité rebelle dans le droit chemin, abattant ses remparts et exigeant une énorme amende. Le cas ne s'est pas (encore ?) posé avec l'Otan. Rappelons-nous tout de même les campagnes de dénigrement contre de Gaulle lorsqu'il décida de retirer la France du commandement intégré de l'organisation atlantique en 1966. Qu'en serait-il aujourd'hui, alors que la domination américaine sur l'Otan et l'Europe est plus prégnante que jamais ?

Le conflit larvé entre Athènes et Sparte déboucha finalement sur la guerre du Péloponnèse, merveilleusement narrée par Thucydide, qui se termina par la défaite cinglante de l'empire athénien et la prééminence de la puissance continentale spartiate. À l'heure de l'arme atomique, un conflit ouvert entre les États-Unis et la Russie n'est pas envisageable. L'affrontement se poursuivra néanmoins sur l'échiquier eurasiatique et, partant, mondial, au niveau stratégique, diplomatique, énergétique et économique, ce que l'on appelle communément le Grand Jeu. Quant à savoir qui gagnera cette bataille, ceci est une autre histoire même si, comme il y a vingt-cinq siècles, la puissance maritime semble mal engagée...

Annexe III

1979, l'année charnière

Coincée à la fin d'une décennie où, dans l'imaginaire collectif, les bouleversements de la société prennent le pas sur l'importance géopolitique, où les dirigeants politiques semblent manquer de charisme (le pâle Carter précède le médiatique cowboy Reagan, l'incolore Giscard d'Estaing succède à de Gaulle et Pompidou), l'année 1979 n'attire guère les regards. Et pourtant... Que d'événements considérables eurent lieu, qui ont changé la face du monde et dont on voit encore les conséquences quatre décennies plus tard. Révolution iranienne, arrivée de Saddam Hussein au pouvoir en Irak, début de la Guerre d'Afghanistan qui mènera à la chute de l'URSS et à l'apparition du terrorisme islamiste, second choc pétrolier et crise économique mondiale, paix entre Israël et l'Égypte, fin des Khmers rouges... Il n'est pas téméraire de penser que 1979 fut, en réalité, l'une des années les plus importantes de l'après-guerre.

Le 1er janvier voit l'établissement de relations diplomatiques entre la Chine et les États-Unis, Washington reconnaissant le gouvernement de Pékin comme le seul gouvernement légal. Fruit d'un long rapprochement tout au long des années 1970 (visite de Nixon) et d'une convergence d'intérêts (opposition à l'URSS), cet accord est parachevé par la visite de Deng Xiaoping aux États-Unis le 4 janvier.

Or le 7 janvier, au Cambodge, le gouvernement khmer rouge de Pol Pot est renversé par l'offensive des Vietnamiens. Dans la foulée de la rupture sino-soviétique, les communistes du Sud-Est asiatique s'étaient eux aussi divisés. Les communistes vietnamiens, vainqueurs des Français puis des Américains dans leur lutte pour l'indépendance, étaient favorables à Moscou. La Chine, elle, avait sinon créé du moins fortement soutenu les Khmers rouges au Cambodge. D'obédience maoïste, ces derniers ont, de 1975 à 1978, exterminé le tiers de la population cambodgienne et perpétré de nombreuses attaques en territoire vietnamien, sous le regard complaisant de Washington. Dès 1975, les Américains battus par les communistes vietnamiens ont tenté de contenir et de harceler leurs vainqueurs par le biais des Khmers rouges de Pol Pot (cf. discussions de Kissinger avec la Thaïlande). Ce soutien indirect et infamant passait par la Chine. Début 1979, les Vietnamiens finissent donc par envahir le Cambodge et mettent fin au régime de Pol Pot qui se réfugie à la frontière avec la Thaïlande.

17 février - 16 mars : conflit sino-vietnamien en réaction à l'occupation du Cambodge. 200 000 soldats chinois traversent la frontière, avec l'assentiment des États-Unis. Le Viêtnam résiste au prix de lourdes pertes de chaque côté.

Au même moment, de très importants événements ont lieu en Iran, dont les conséquences se font encore sentir de nos jours. Le 16 janvier, le shah Mohamed Reza Pahlavi part pour l'exil et l'ayatollah Khomeiny, alors réfugié en France, rentre en Iran. La République islamique d'Iran est proclamée le 1er février, fondée sur le retour à la pureté religieuse et le rejet de l'occidentalisation. L'occupation de l'ambassade américaine à Téhéran et la crise des otages, qui débutent le 4 novembre, provoquent la rupture américano-iranienne qui dure encore. La révolution iranienne entraîne également, en avril, le deuxième choc pétrolier. Le prix du baril de brut triple entre 1979 et 1980, provoquant une crise économique dont l'Occident n'est jamais vraiment sorti.

L'émergence d'un Iran chiite provoque la méfiance du monde arabe sunnite, qu'il soit laïc (Irak baasiste) ou religieux (pétromonarchies du Golfe). En février, des incidents éclatent à la frontière irano-irakienne. En avril, l'Irak et l'Arabie Saoudite concluent un accord de sécurité par lequel Bagdad s'engage à défendre Riyad en cas d'agression iranienne ou de menace soviétique. Le 16 juillet, Saddam Hussein prend le pouvoir en Irak. Dans les jours qui suivent, il élimine ses opposants et commence une féroce répression contre les chiites. Le conflit avec l'Iran couve et éclatera l'année suivante. L'Irak sera soutenu à cette occasion par les Occidentaux, États-Unis en tête, et les pétromonarchies qui lui prêtent des sommes considérables. C'est le remboursement de cette dette, notamment au Koweït, qui poussera Saddam à envahir ce pays en 1990, provoquant la première guerre du Golfe et le chaos qui s'ensuivra.

Le Moyen-Orient tout entier est d'ailleurs en ébullition. Le 6 juin, en Syrie, un commando islamiste attaque l'école d'artillerie d'Alep et massacre 83 cadets de confession alaouite. Certains n'hésitent pas à dire que cet événement constitue le vrai début de la guerre civile syrienne à forte odeur confessionnelle qui explose en 2011. Le pouvoir alaouite aux mains d'Hafez al-Assad réagit alors brutalement et n'aura de cesse de réprimer toute velléité islamiste.

Le 20 novembre, en plein pèlerinage du Hadj, un groupe islamiste, opposant à la famille royale saoudienne, s'empare de la grande mosquée de La Mecque et prend en otage les milliers de pèlerins qui s'y trouvent. Débordées par ce coup de force dans le lieu le plus saint de l'islam, les autorités saoudiennes font appel au GIGN français pour reprendre le contrôle de la mosquée après quinze jours de siège. Ce qui n'empêche d'ailleurs pas Riyad, dans le même temps, de réprimer des manifestations religieuses de sa minorité chiite, ordinairement brimée, interdite de célébrer ses cultes et nouvellement exaltée par la révolution iranienne. Les « printemps arabes » chiites des années 2010 dans les pétromonarchies sunnites seront, de même, écrasés sans que les puissances occidentales ni les médias n'y trouvent à redire.

Si, en cette année 1979, les nuages s'amoncellent au Moyen-Orient, la région est tout de même témoin du traité de paix historique entre l'Égypte et Israël suite aux accords de Camp David de l'année précédente. Ce traité, signé le 26 mars, met fin à un état de guerre qui durait depuis 1948. L'Égypte est le premier pays arabe à reconnaître l'État israélien, ce que le président égyptien Sadate paiera de sa vie en 1981, tué dans un attentat perpétré par les Frères musulmans. Cet assassinat exacerbe la division fondamentale en Égypte entre la haute hiérarchie militaire, relativement proche d'Israël, et le courant des Frères musulmans, soutiens de la cause palestinienne (Hamas), division qui perdure jusqu'à aujourd'hui.

Mais c'est encore la Guerre froide qui cristallise les grandes manœuvres de l'année 1979. Washington poursuit sa politique pro-chinoise officialisée en début d'année en accordant à Pékin la clause de la nation la plus favorisée (7 juillet). Ce même mois, Deng Xiaoping autorise la création d'entreprises à capitaux étrangers en Chine, coup d'envoi à l'extraordinaire croissance chinoise qui en fera la première puissance économique mondiale.

Les accords SALT 2 sur le désarmement, signés à Vienne (15-18 juin) par Brejnev et Carter avaient laissé entrevoir une poursuite de la détente entre Moscou et Washington : ils ne seront jamais ratifiés du fait de l'invasion de l'Afghanistan à la fin de l'année, nous y reviendrons. Avant cela, l'Amérique centrale tout entière est touchée par la révolution sandiniste au Nicaragua. Lâchée par les États-Unis, la dictature Somoza chute le 19 juillet et le FSLN prend le pouvoir. D'obédience social-démocrate et non marxiste, il sera pourtant combattu tout au long des années 1980 par l'administration Reagan (embargo, guerre des

Contras financée par la CIA) tandis que l'URSS et Cuba sauteront sur l'occasion pour le soutenir. Cuba qui a d'ailleurs fort à faire lors de la conférence des Pays non-alignés à La Havane (3-9 septembre) où Tito critique violemment la position pro-soviétique de Fidel Castro, ce qui marque la plus grave crise dans l'histoire de ce mouvement.

La fin de l'année est marquée par le début de la guerre d'Afghanistan. Le 3 juillet, le président Carter a signé la première directive sur l'assistance clandestine aux opposants du gouvernement communiste de Kaboul. Les Américains ont l'occasion de « *donner à l'URSS son Viêtnam* » et ne vont pas s'en priver. La CIA commence ses opérations de déstabilisation à partir du territoire pakistanais où le général Zia a instauré, après son coup d'État deux ans plus tôt, un régime militaro-islamiste. Le 25 décembre, l'Armée rouge finit par entrer en Afghanistan, début d'un enlisement de dix ans qui accélérera la décomposition de l'URSS. Les Soviétiques n'arriveront pas à soumettre les moudjahidine et djihadistes soutenus par la coalition américano-pakistano-saoudienne. Al-Qaida est créée peu après par Ben Laden et l'Afghanistan est le point de départ du terrorisme international tel que nous le connaissons aujourd'hui.

L'Europe n'est pas exempte d'événements d'importance. Alors que le Royaume-Uni voit l'accession au pouvoir de Margaret Thatcher le 4 mai et la disparition d'un symbole historique de l'empire britannique (Lord Mountbatten, tué dans un attentat de l'IRA le 27 août), le Parlement européen connaît ses premières élections en juin. La construction européenne se met en place, qui prendra de l'ampleur dans les années 1980 puis changera de nature dans les années 1990 avec la volonté de créer une Europe supranationale. En juin toujours, Jean-Paul II effectue son premier voyage en Pologne. Lutteur politique autant que pontife, il aura une responsabilité certaine dans la chute du communisme en Europe de l'Est.

1979 : une année exceptionnelle sur le plan historique et géopolitique, une matrice pour comprendre les relations internationales actuelles.

Notes

Chapitre I

1. *Svoboda, the rise of Ukraine's ultranationalists*, David Stern, BBC, 26 décembre 2012.

2. « Les nationalistes de Svoboda inquiètent les juifs et les Russes », *Le Monde*, 1er novembre 2012.

3. 2012 Top ten anti-semitic, Centre Simon-Wiesenthal. « World Jewish Congress calls Svoboda a neo-nazi party », Ukrinform, 14 mai 2013.

4. « J'ai vu l'autre Ukraine, celle qui célèbre les SS et les crimes nazis », Louis Monnier, *Le Nouvel Observateur*, 3 décembre 2013.

5. *Neo-nazi threat in new Ukraine*, BBC Newsnight, 28 février 2014.

6. « The new dilemma for Jews in Ukraine », Anshel Pfeffer, *Haaretz*, 25 février 2014.

7. « Poutine met 15 milliards pour maintenir l'Ukraine sous son influence », *Les Échos*, 17 décembre 2013.

8. « La revolución se apaga en Ucrania 'rusa' », Javier Cuesta, *El Mundo*, 20 février 2014.

9. « L'extrême-droite s'incruste dans les manifs à Kiev », Sébastien Gobert, *Libération*, 23 janvier 2014.

10. *« Le Parlement européen s'inquiète de la montée du sentiment nationaliste en Ukraine, qui s'est traduit par le soutien apporté au parti 'Svoboda', lequel se trouve ainsi être l'un des deux nouveaux partis à faire son entrée à la Verkhovna Rada ; rappelle que les opinions racistes, antisémites et xénophobes sont contraires aux valeurs et principes fondamentaux de l'Union européenne et, par conséquent, invite les partis démocratiques siégeant à la Verkhovna Rada à ne pas s'associer avec ce parti, ni à approuver ou former de coalition avec ce dernier. »*, Résolution du Parlement européen du 13 décembre 2012 sur la situation en Ukraine, 2012/2889 (RSP).

11. « Les cinq leçons du *'Fuck the EU'* d'une diplomate américaine », Sylvie Kauffmann, *Le Monde*, 9 février 2014.

12. Conférence à la US-Ukraine Foundation, à Washington le 13 décembre 2013.

13. « Why the Ukraine crisis is the West's fault », John J. Mearsheimer, *Foreign Affairs*, septembre/octobre 2014.

14. « Pouvoirs opaques de la Trilatérale », Olivier Boiral, *Le Monde diplomatique*, novembre 2003. « Vers une intelligence économique transnationale? La commission trilatérale », Pierre Lépinasse, *Revue Française d'Études Américaines*, n° 63, p. 107-116, année 1995.

15. Minutes des conversations diplomatiques entre Henry Kissinger avec ses homologues thaïlandais (26 novembre 1975) et indonésien (5 décembre 1975), Yale University, Genocide Studies Program.

16. *Cambodia, Pol Pot and the United States : the Faustian pact*, Michael Haas, Greenwood Publishing Group, 1991. « Pol Pot's end won't stop US pursuit of his circle », Elizabeth Becker, *New York Times*, 17 avril 1998.

17. « Oui, la CIA est entrée en Afghanistan avant les Russes », entretien donné au *Nouvel Observateur*, 15 janvier 1998.

18. Interview sur CNN, 27 mai 2014.

19. « Dans l'ombre des 'révolutions spontanées' », Régis Genté et Laurent Rouy, *Le Monde diplomatique*, janvier 2005. « Soros's campaign of global chaos », Caroline B. Glick, *The Jerusalem Post*, 22 août 2016.

20. Interview dans le *Washington Post*, 14 mars 1982.

21. « Innocence abroad : the new world of spyless coups », David Ignatius, *The Washington Post*, 22 septembre 1991.

22. « Former Soviet states stand up to Russia. Will the US? », Carl Gershman, *The Washington Post*, 26 septembre 2013.

23. « Who's telling the 'big lie'in Ukraine? », Robert Parry, *Consortium News*, 2 septembre 2014.

24. Discours d'adieu du 17 janvier 1961.

25. « In Ukraine, US interests are incompatible with the interests of the Russian federation », interview à *Kommersant*, 17 janvier 2015.

26. « Globally renowned activist collaborated with intelligence firm Stratfor », Occupy.com, 12 février 2013.

27. « Una grabación siembra dudas sobre el origen de los francotiradores de Kiev », *El País*, 6 mars 2014.

28. Conversation du 26 février 2014 entre Urmas Paet et Catherine Ashton, disponible sur Youtube. Précisons que, interrogé ensuite, Paet confirmera avoir tenu cette conversation.

29. « Qui est responsable du carnage du Maïdan ? », ARD, 11 avril 2014.

30. « La Rada abroge la loi sur le statut du russe », RIA Novosti, 23 février 2014.

31. « L'Est ne reconnaîtra jamais les nouvelles autorités », *Le Monde*, 23 février 2014.

32. « NATO expansion, what Gorbatchev heard », National Security Archives, publié le 12 décembre 2017.

Notes

33. « L'Otan transformée : la portée du sommet de Rome », Manfred Wörner, *Revue de l'Otan*, vol. 39 n° 6, décembre 1991.

34. « It's NATO that's empire-building, not Putin », Peter Hitchens, *The Spectator*, 7 mars 2015.

35. *Jean Monnet*, Éric Roussel, Éditions Fayard, 1996. « OSS, CIA and the European unity : the American Committee on united Europe, 1948-1960 », Richard J. Aldrich, University of Notthingham, 1997. « Quand la CIA finançait la construction européenne », Rémy Kauffer, *Historia* n° 675, mars 2003. *La CIA en France, 60 ans d'ingérence dans les affaires françaises*, Frédéric Charpier, Éditions du Seuil, 2008. « Euro-federalists financed by US spy chiefs », Ambrose Evans-Pritchard, *The Telegraph*, 16 septembre 2000. « The European Union always was a CIA project, as Brexiteers discover », Ambrose Evans-Pritchard, *The Telegraph*, 27 avril 2016.

36. « Crimée, retour à la patrie », documentaire de Rossiya 1, mars 2015.

37. « L'obsession anti-missile des États-Unis », Olivier Zajec, *Le Monde diplomatique*, juillet 2007.

38. « Otan : de l'art de provoquer la Russie sans protéger la Pologne », Roland Hureaux, Atlantico, 23 juillet 2016.

39. « Defection of the leftist intellectuals », *Research paper*, décembre 1985. Analysé dans « BHL, lu et approuvé par la CIA », David Caviglioli, *Le Nouvel Observateur*, 1er mai 2017.

40. « Crimée, retour à la patrie », *ibid.*

41. « One year after Russia annexed Crimea, locals prefer Moscow to Kiev », Kenneth Rapoza, *Forbes*, 20 mars 2015.

42. « Pourquoi le massacre d'Odessa a-t-il si peu d'écho dans les médias ? », Jack Dion, *Marianne*, 6 mai 2014.

43. « Le Donbass éconduit Poutine », *Courrier international*, 9 mai 2014.

44. « Putin warns NATO against closer ties with Ukraine and Georgia », Andre Osborn, Reuters, 19 juillet 2018.

45. « Les conflits gelés, un atout pour la diplomatie russe », Rapport du Sénat n° 416 (*Où va la Russie ?*), 25 juin 2008.

46. « Russia says Georgia War stopped NATO expansion », Denis Dyomkin, Reuters, 21 novembre 2011.

47. « Quand Poutine joue la carte ONU en Ukraine », Benjamin Quenelle, *Les Échos*, 21 septembre 2017.

48. « Putin's right flank », Paul Robinson, *The American Conservative*, 21 août 2014.

49. « Russia threatens 'horrible' conflict if Georgia joins NATO », *The Independent*, 8 août 2018.

50. Doctrine militaire de la Fédération de Russie, 25 décembre 2014.

51. « Prime minister of Ukraine and composition of government appointed », portail du gouvernement ukrainien, 27 février 2014.

52. « Kiev regional police head accused of neo-nazi ties », *Jerusalem Post*, 11 décembre 2014.

53. « Ukraine working group 2014 », DCLeaks, mars 2014.

54. « NED's regime change tsar eyes Czech Republic », Daniel McAdams, Ron-Paul Institute, 17 novembre 2014.

55. Discours du 14 septembre 2016.

56. « Ukraine : un an après le début du conflit, ces cinq graphiques montrent la déroute de son économie », Jean-Baptiste Duval, *Huffington Post*, 6 avril 2015.

57. « Ukraine : le PIB a reculé de 9,9 % en 2015 », *Les Échos, 22 mars 2016.*

58. « Ukraine's debt debacle », Mark Whitehouse, Bloomberg, 27 février 2015.

59. « Ukraine unofficially has 272 % inflation », Matt O'Brien, *The Washington Post*, 1er mars 2015.

60. « Goldman sees Ukraine default in July as debt standoff holds », Elena Popina & Natasha Doff, Bloomberg, 25 juin 2015.

61. « Ukraine admits its gold is gone », Zero Hedge, 18 novembre 2014.

62. « German gold stays in New York in rebuff to euro doubters », Birgit Jennen, Bloomberg, 23 juin 2014.

63. « Ukraine spirals into the abyss: pensioner suicides and open talk of default », Mikhail Klikushin, *The Observer*, 23 juillet 2015.

64. « Which will be Europe's poorest country? Ukraine or Moldova », Anders Aslund, Atlantic Council, 2 janvier 2018.

65. « Ukraine : plein gaz pour le fils de Joe Biden », *L'Opinion*, 14 mai 2014.

66. « Une Américaine ministre des Finances, un Lituanien à l'Économie », *Le Parisien*, 2 décembre 2014.

67. « En Ukraine, les ministres sont naturalisés la veille de leur nomination », John Laughland, RT, 4 février 2016.

68. « Rasmussen, ex-NATO chief, deepens involvement with Ukraine », *Kyiv Post*, 8 septembre 2017.

69. « Le Premier ministre danois Anders Fogh Rasmussen a démissionné », *La Dernière Heure,* 5 avril 2009.

70. « 'What are they smoking ?' Greenpeace ridicules NATO claims of Russian fracking plot », RT, 20 juin 2014.

71. « Le sens du placement », Pierre Rimbert, *Le Monde diplomatique,* septembre 2015.

72. « US to pay Odessa governor's team – Saakachvili », Tass, 6 juillet 2015.

73. « Saakachvili, l'Eliot Ness d'Odessa », *Le Point*, 1er juillet 2015.

74. « Saakachvili démissionne de son poste de gouverneur d'Odessa », RFI, 7 novembre 2016.

75. « Le retour de Saakachvili en Ukraine : un défi à l'autorité de Kiev », *Le Monde*, 11 septembre 2017.

76. « Ukraine tax chief gets heart attack after arrest over $75 million theft », Zero Hedge, 3 mars 2017.

77. « La fortune du président Porochenko en hausse malgré la crise », *Le Nouvel Observateur,* 30 octobre 2015.

78. « Which Ukraine ? », Sophie Pinkham, *The New Yorker*, 12 février 2015.

79. « Gérard Depardieu sur liste noire : ses films sont bannis d'Ukraine », BFM, 10 août 2015.

80. « Why Ukraine ban on pro-Putin artists is a mistake », EastWest.eu, 11 août 2015.

81. « Ukraine : dozens of journalists banned », Human Rights Watch, 17 septembre 2015.

82. « Porochenko cancels sanctions against six European journalists », Tass, 18 septembre 2015.

83. « Russian antivirus software producers get on Ukrainian sanctions list », Tass, 17 septembre 2015.

84. « L'Ukraine bannit des dizaines de journalistes de son territoire », *Le Nouvel Observateur*, 17 septembre 2015.

85. « Douze ans de prison pour dire 'Russie' en parlant de la Russie », Sputnik, 7 juillet 2015.

86. « Ukrainian governor casts spell on Putin in pagan-like nationalist rite – video », Russian Insider, 28 mai 2016.

87. « Ukraine pays 20 % more for EU gas than it would have paid to Russia », Tsvetana Paraskova, OilPrice, 13 janvier 2017.

88. « Eastern companies, politicians, voice opposition to Nord Stream expansion », Natural Gas World, 10 septembre 2015.

89. « Russian PM calls Ukraine's security chief a 'dimwit' over comments on Brussels blasts », Tass, 22 mars 2015.

90. « General chief of staff of Ukraine: no Russian army in Donbass », Lifenews, 29 janvier 2015.

91. « Only 56 Russians fought in Ukraine – says Ukraine's State Security », www.youtube.com/watch?v=aXV3_WclaiU

92. « Ukraine: is Russia planning a new invasion? », Judith Bergman, Gatestone Institute, 1er mai 2018.

93. « Black cash still oils Ukrainian politics », Graham Stack, BNE, 17 juillet 2015.

94. « Planes search for missing Right Sektor fighters », Tass, 13 juillet 2015.

95. « Hungary enhances security measures at border with Ukraine after Moukatchevo developments », Tass, 12 juillet 2015.

96. « Show of power: Right Sector nationalists ready to send '19 battalions' to Kiev », RT, 13 juillet 2015.

97. « 'Last fight?' Ukraine nationalist leader calls on army, National Guard to stop obeying Kiev », RT, 19 juillet 2015.

98. « Kiev forces to fight its own fascist militias », Geraldine Cremin & Adrian Bonenberger, *The Times*, 13 juillet 2015.

99. Conférence de presse du 21 juillet 2015.

100. « Right Sektor and the impotance of Ukraine's Weimar Maidan regime », Gordon Hahn, gordonhahn.com, 22 juillet 2015.

101. Assemblée générale, Troisième commission, 70e session, 50e et 51e séances, 19 novembre 2015. www.un.org/press/fr/2015/agshc4157.doc.htm

102. « Un leader néo-nazi attendu au Parlement européen en septembre », Sudinfo, 31 juillet 2015.

103. « Ukraine's neo-nazis won't get US money », Bloomberg, 12 juin 2015.

104. « Trois morts après des heurts entre policiers et nationalistes à Kiev », *La Voix du Nord*, 1er septembre 2015.

105. « Sept blessés dans des heurts entre policiers et nationalistes à Kiev », *L'Express*, 17 septembre 2018.

106. « Islamic bataillons, stocked with Chechens, aid Ukraine in war with rebels », *New York Times*, 7 juillet 2015.

107. Interview de Porochenko donnée à Skynews, 2 septembre 2015. « Crying wolf one too many times. Ukraine's Yatseniuk in UK looking for money », The Duran, 16 juillet 2015.

108. « Poroshenko's popularity in free fall », BNE, 27 avril 2018. « Der drastiche Imageverlust des Petro Poroschenko », Inga Pylypchuk, *Die Welt*, 29 juillet 2015.

109. « Petro Porochenko : Poutine veut toute l'Europe », *Le Figaro*, 12 août 2015.

110. « Ukrainian president says Russia has an attitude problem as he urges Teresa May to stand firm on sanctions », Roland Oliphant, *The Telegraph*, 19 avril 2017.

111. « Ukraine to stay out of EU and NATO for 20 years, says Jean-Claude Juncker », *Newsweek*, 4 mars 2016.

112. « Le vol MH17 avait-il le droit de traverser l'Ukraine ? », *Le Monde*, 18 juillet 2014.

113. *L'opinion, ça se travaille*, Serge Halimi, Dominique Vidal, Henri Maler & Mathias Reymond, Éditions Agone, 2014.

114. « Chronique d'un génocide annoncé », Serge Halimi & Dominique Vidal, *Le Monde diplomatique*, mars 2000.

115. *L'opinion, ça se travaille, idib.*

116. Entretien avec Jacques Foccart, *Journal de l'Élysée*, tome I, p. 685, Jacques Foccart, Éditions Fayard, 1998.

117. Lire entre autres « The CIA and the media », Carl Bernstein, *Rolling Stone*, 20 octobre 1977.

118. http://french-american.org/actions/echanges/young-leaders

119. « Washington sur Seine ? Ces ministres de François Hollande qui ont été formés par les Américains », Benjamin Dormann, Atlantico, 22 mai 2012. « Des missionnaires aux mercenaires », Jean-Michel Quatrepoint, *Le Monde diplomatique*, novembre 2016.

120. *La Face cachée du Monde*, Pierre Péan & Philippe Cohen, Éditions Mille et Une Nuits, 2003.

121. *Gekaufte Journalisten*, Udo Ulfkotte, Kopp, septembre 2014.

122. « Kiev's evidence of militia's responsibility for airliner crash faked – expert », Tass, 20 juillet 2014.

123. « US analysts conclude MH17 downed by aircraft », Haris Hussein, *New Strait Times*, 7 août 2014.

124. « What did US spy satellites see in Ukraine? », Robert Parry, Consortium News, 20 juillet 2014.

125. « Crash du vol MH17 : les trois scénarios techniquement possibles », Jean-Vincent Brisset, Atlantico, 18 juillet 2014. « Partie de poker menteur autour du crash du MH17 », Caroline Paré, RFI, 9 septembre 2014. « Expert criticizes allegations of Russian MH17 manipulation », *Der Spiegel*, 4 juin 2015.

126. « Obama should release Ukraine evidence », Consortium News, 29 juillet 2014.

127. « As it happened: reaction to MH17 Malaysian plane crash in Ukraine », BBC, 18 juillet 2014.

128. Interview de Mahathir bin Mohamed avec RT, 22 juillet 2015.

129. « Malaysia wants evidence to show Russia shot down MH17 », Free Malaysia Today, 31 mai 2019.

130. Discours de Joe Biden à l'Université de Harvard, 3 octobre 2014.

131. « El veto entre UE y Russia amenaza dos millones de empleos, según un estudio », *El País*, 18 juin 2015.

132. « Berlin blames Kiev for deteriorating situation in Donbass », Tass, 31 janvier 2017.

133. « Most of EU nations oppose new anti-Russian sanctions over Kerch Strait incident – source », Tass, 14 décembre 2018.

134. « Ukraine : l'Union européenne reconduit les sanctions économiques contre Moscou », *Le Monde*, 13 décembre 2018.

135. « Russian officials celebrate 60th anti-Russian sanction », Dmitry Sudakov, *Pravda*, 21 septembre 2018.

136. « US impose further sanctions on Russia over Crimea, East Ukraine conflict », RT, 30 juillet 2015.

137. « Rosneft-BP : tout comprendre au deal pétrolier de la décennie », Emmanuel Grynszpan, *La Tribune*, 23 octobre 2012.

138. « Rosneft dévoile un plan d'investissement hallucinant de 500 milliards d'euros », Emmanuel Grynszpan, *La Tribune*, 15 novembre 2012.

139. « L'Arctique, un pari crucial pour Rosneft et ExxonMobil », *Les Échos*, 29 septembre 2014.

140. « ExxonMobil annonce une perte d'un milliard de dollars liée aux sanctions contre la Russie », Prixdubaril.com, 26 février 2015.

141. Ukraine makes birthday of Nazi collaborator a national holiday and bans book critical of anti-semitic leader, Jason Leon, *Newsweek*, 27 décembre 2018.

Chapitre II

142. « University helped US reach out to taliban », Michael J. Berens, *Chicago Tribune*, 22 octobre 2001.

143. « Taleban in Texas for talks on gas pipeline », BBC, 4 décembre 1997.

144. *Devil's game: how the United States helped unleash fundamentalist Islam*, Robert Dreyfuss, Metropolitan Books, 2005.

145. *Al-Qaïda, internationale islamiste ?*, Aberrahim Lamchichi, « Confluences Méditerranée », L'Harmattan, 2002.

146. « The past and future of Deobandi Islam », Luv Puri, Combating Terrorism Center, novembre 2009.

147. « The majority of controversial textbooks were written to help Afghan refugees in Pakistan educate their children while the Soviet Union occupied their country, Thomas Gouttierre said », Jenna Johnson, *Daily Nebraskan*, 20 avril 2005.

148. « How Afghanistan went unlisted as terrorist sponsor », Mary Pat Flaherty, *The Washington Post*, 5 novembre 2001.

149. *Pétrole, une guerre d'un siècle*, William Engdahl, Éditions Jean-Cyrille Godefroy, 2015.

150. Discours au CATO Institute, 23 juin 1998.

151. « Oil wars Pentagon's policy since 1999 », *Sydney Morning Herald*, 20 mai 2003.

152. « Hydrocarbons and a new strategic region: the Caspian Sea and Central Asia », Lester W. Grau, *Military Review*, Foreign Military Studies Office, mai-juin 2001.

153. « L'Asie centrale – pôle énergétique », André Pertuzio, *Géostratégiques*, n° 28, 16 juillet 2010.

154. « Grand Jeu pétrolier en Transcaucasie », Vicken Cheterian, *Le Monde diplomatique*, octobre 1997.

155. Silk Road Strategy Act, première session, 17 mars 1999.

156. « Blue gold, Turkmen bashes and Asian grids », Pepe Escobar, *Atimes*, 12 mai 2009.

157. « Unocal, Bridas and the Afghan pipeline », Larry Chin, Center for Research on Globalisation, mars 2002.

158. *Ghost wars: the secret history of the CIA, Afghanistan and bin Laden, from the Soviet invasion to Sept 10, 2001*, Steve Cole, Penguin Books, 2004.

159. « Oil barons court taliban in Texas », Caroline Lees, *The Telegraph*, 14 décembre 1997.

160. *Taliban : Militant Islam, Oil and Fundamentalism in Central Asia*, Ahmed Rashid, Yale University Press, 2001.

161. « Long before 9/11, the White House debated taking the fight to al-Qaeda », CNN, 5 août 2002.

162. « US planed attack on Taleban », BBC, 18 septembre 2001.

163. « Threat of US strikes passed to taliban weeks before NY attacks », *The Guardian*, 22 septembre 2001.

164. *Ben Laden, la vérité interdite*, Jean-Charles Brisard, Guillaume Dasquié, Denoël, 2001.

165. « Attack and counter-attack », David Leigh, *The Guardian*, 26 septembre 2001.

166. « Diplomats met with taliban on Bin Laden », David Ottaway & Joe Stephens, *The Washington Post*, 29 octobre 2001.

167. *The Washington Post*, 10 juillet 1996.

168. Discours au Los Angeles World Affairs Council, 9 mars 2000.

169. *The Frontier Post*, 10 octobre 2001.

170. « Karzai chosen as leader, vows to rebuild nation », *Los Angeles Times*, 14 juin 2002.

171. « Des dizaines de millions versés à Hamid Karzai par la CIA », RTBF, 29 avril 2013.

172. « Inside Karzai's campaign », Tim McGirk, *Time*, 4 octobre 2004.

173. « Afghanistan », Georges Lefeuvre, dans *Le Mondial des nations – 30 chercheurs enquêtent sur l'identité nationale*, Choiseul, 2011, pp. 222-239.

174. « Cerco a los 'Vikingos'de Waziristán », Ángeles Espinosa, *El País*, 21 octobre 2009.

175. « Half of Afghan population living in districts outside government control », *FDD Long War Journal*, 29 octobre 2018.

176. « Taliban overruns military base in Zabul », *FDD Long War Journal*, 13 septembre 2018. « Taliban claim to have captured two more Afghan districts », *FDD Long War Journal*, 13 octobre 2018.

177. « Les soldats fantômes de l'armée afghane », Sonia Ghezali, *La Croix*, 12 octobre 2016.

178. « Taliban confirm meeting with US delegation in Doha », *FDD Long War Journal*, 13 octobre 2018.

179. « Taliban pledge to protect infrastructure projects », Catherine Putz, *The Diplomat*, 1er décembre 2016.

Notes

180. « Relationship between Hamid Karzai and the US grows ever more poisonous », Emma Graham-Harrisson, *The Guardian*, 29 janvier 2014.

181. « Karzai says US supplying arms to Daesh », *The News*, 8 octobre 2017. « Hamid Karzai: US colluded with ISIL in Afghanistan », Al Jazeera, 10 novembre 2017.

182. « Russia records unidentified helicopters delivering weapons to taliban, IS in Afghanistan », Tass, 23 août 2018.

183. « Al-Qaïda contre les talibans – deux stratégies islamistes qui s'opposent », Syed Saleem Shahzad, *Le Monde diplomatique*, juillet 2007.

184. « The Islamic State in Afghanistan: assessing the threat », United States Institute of Peace, 7 avril 2016. « Taliban vs ISIS : the Islamic State is doomed in Afghanistan », Akhilesh Pillalamarri, *The National Interest*, 21 juin 2015.

185. « Fearing IS, Afghan Shias seek help from taliban », *Dawn*, 22 mars 2015.

186. « Fermeture d'une base américaine au Kirghizistan, la fin d'une influence régionale », Célia Mascré, « Géopolis », France Info, 27 juillet 2015.

187. « Fin d'un accord de coopération entre le Kirghizistan et les États-Unis », Euronews, 23 juillet 2015.

188. Lettre de la PNAC envoyée au président Bill Clinton, 26 janvier 1998.

189. « Who's afraid of Sibel Edmonds? », Philip Giraldi, *The American Conservative*, 1er novembre 2009.

190. Brzezinski was an intreprid advocate of the 'liberal international order', David Ignatius, *The Washington Post*, 29 mai 2017.

191. « Don't attack Saddam », Brent Scowcroft, *Wall Street Journal*, 15 août 2002.

192. « Why Afghanistan peace talks won't really start until the US leaves », Stratfor, 18 janvier 2019.

193. « Gwadar, un port stratégique pour Pékin », *Courrier international*, 18 août 2017. « China turning Pakistan's Gwadar into world's largest strategic giant port », VOA News, 2 décembre 2017.

194. « Au Pakistan, un corridor chinois à prix d'or », Laurence Defranoux, *Libération*, 2 février 2017. « Pakistan's pivot to China », Claude Rakisits, ASPI, 12 juin 2015.

195. « Russia plans $50 billion investment in Iran's oil, gas industry », Tsvetana Paraskova, Oil Price, 13 juillet 2018.

196. « Russia's Rostec set to launch construction of North-South gas pipeline in Pakistan in 2018 », Tass, 27 avril 2018.

197. « BRICS : l'Inde et la Russie signent de gros contrats dans l'énergie et l'armement », RFI, 15 octobre 2016. « With China slowdown, Russia looks to India », Gaurav Agnihotri, Oil Price, 10 septembre 2015.

198. « Russia wants to lay gas pipeline from Iran to India, but via Gwadar », Zafar Bhutta, *The Express Tribune*, 30 octobre 2017.

199. « Did Russia just reduce the threat of Indian-backed terrorism against Pakistan? », Andrew Korybko, Global Village Space, 3 novembre 2017.

200. « Le nouveau Grand Jeu », Christian Greiling, *Conflits*, 29 novembre 2014.

201. « Caspienne : une histoire d'oléoducs ou les illusions de la géostratégie », Olivier Roy, *Critique internationale*, année 2000/8, p. 36-44.

202. « La stratégie politique américaine en Azerbaïdjan », Raphaëlle Mathey, *Hérodote*, 2008/2, n° 129, p. 123-143.

203. « Agacé, Washington critique la 'vieille Europe' », Mounia Daoudi, RFI, 23 janvier 2003.

204. « L'énergie au cœur de la nouvelle Guerre froide », *Le Figaro*, 15 octobre 2007.

205. « From feast to famine in Azerbaijan », Natural Gas World, 24 février 2016.

206. « Timchenko company blames McCain for lost Bulgaria South Stream work », Reuters, 4 août 2014.

207. « Borissov presents excuses to Putin for failure of South Stream, begs for gas of Turkish Stream », BulgarianPresidency.eu, 31 mai 2018.

208. « En Macédoine, une 'révolution des couleurs' contre les élites politiques », *Le Temps*, 1er mai 2016.

209. Where NED works, www.ned.org/regions

210. « Serbia eager to embrace western sponsors », *Eira News*, volume III n° 6, 2015.

211. « Europe 'breaking free' from US pave the way for South Stream pipeline », Sputnik, 10 juin 2017.

212. « Fifty shades of Gazprom », Novinite, 30 avril 2015.

213. « Paradise Papers reveal US selling Russian LNG in Europe », Irina Slav, Oil Price, 10 novembre 2017.

214. « US should act against proposed Russian gas pipeline, Democratic senator says », Market Watch, 24 mai 2017.

215. « 'Aggressive' Russian fighter jets buzz US warship; Navy releases videos », Zero Hedge, 13 avril 2016.

216. « La Chine et la Russie narguent l'Otan en mer Baltique », Junzhi Zhen, *L'Opinion*, 21 juin 2017.

217. « Un drone sous-marin muni d'explosifs repéré près du gazoduc Nord Stream dans la mer Baltique », RT, 7 novembre 2015.

218. « Denmark faces dilemma over Russian gas pipeline », Alissa de Carbonnel & Stine Jacobsen, Reuters, 26 mars 2018.

219. « Russia convince 'Caspian Five' to bar foreign militaries from the Caspian », Eurasia Daily Monitor, 5 mai 2014.

220. « Caspian Sea status: agreed to agree, sometime later on », *Eira News*, volume II n° 11, novembre 2014.

221. « Moscow wins a major victory on pipelines », Paul Goble, Window on Eurasia, 5 septembre 2008.

222. « Who loses and wins most from Caspian Sea division », Luyba Lulko, *Pravda Report*, 16 août 2018.

223. « After 22 years of wrangling, deal over oil and gas rich body of water reached – and it's good news for Russia », Oliver Carroll, *The Independent*, 10 août 2018.

224. « Game changer: Russian sub-launched cruise missiles bring strategic effect », *Jane's International Defense Review*, 2017. « Russia's cruise missiles have changed strategic military balance », Daniel Fielding, Russia Insider, 26 octobre 2015. « Cruise missile

stikes in Syria: Russia's big ad campaign? », Dave Majumdar, *The National Interest*, 8 octobre 2015.

225. « Caspian agreement may trigger cascade of energy projects », Peter Leonard, Eurasianet, 8 août 2018.

226. « Gazprom devrait bientôt reprendre ses importations de gaz turkmène », Romandie News, 9 octobre 2018.

227. « Flow of natural gas from Central Asia », CNPC.

228. « China may need Power of Siberia II pipeline to support growth », Russia Business Today, 10 juin 2018.

Chapitre III

229. « Go West, young Han », Pepe Escobar, *Atimes*, 17 décembre 2014.

230. « La Chine lance son premier train de fret à destination de Londres », Xinhua, 2 janvier 2017.

231. « Le 10 000e train de fret Chine-Europe arrive en gare », Xinhua, 27 août 2018.

232. « Nouvelles routes de la soie : les ambitions planétaires de Xi Jinping », Brice Pedroletti, *Le Monde*, 4 août 2017.

233. « Routes de la soie : la mondialisation selon Xi Jinping », *Courrier international*, 14 mai 2017.

234. « Washington's dirty fight against china's OBOR », Joseph Thomas, New Eastern Outlook, 21 novembre 2018.

235. « Route de la Soie : l'Inde boycotte le sommet de Pékin », RFI, 14 mai 2017.

236. « Faisons le pari de la nouvelle route de la Soie », Dominique de Villepin, *Les Échos*, 27 février 2015.

237. « Cristina y Lula eliminan el dólar para el comercio », *La Gaceta*, 29 septembre 2008.

238. « Brasilia et Pékin voudraient faire des affaires sans dollar », RFI, 19 mai 2009.

239. « Le dollar, monnaie de référence menacée ? », Dalila Berritane, RFI, 6 octobre 2009.

240. « Petrodollar panic? China signs currency SWAP deal with Qatar & Canada », Zero Hedge, 11 octobre 2014.

241. Rapport parlementaire n° 4082 sur l'extraterritorialité de la législation américaine, Assemblée nationale, 3 février 2016.

242. « Iran oil sanctions could advance China's petroyuan », Kate Duguid, Reuters, 10 mai 2018.

243. Forum mondial d'investissement, Moscou, 28 novembre 2018.

244. « Los BRICS se rebelan contra el FMI », Alicia González, *El País*, 13 juillet 2014. « A BRICS development bank: a dream coming true? », Stephany Griffith-Jones, United Nations Conference on Trade and Development, *Discussions Papers*, n° 215, mars 2014.

245. « La banque mondiale "made in China" : vers une nouvelle gouvernance mondiale ? », Harold Thibault, *L'Express*, 22 juin 2015.

246. « Le nombre de membres de la BAII s'élève à 86 », Xinhua, 2 mai 2018.

247. « La BAII, la banque chinoise qui finance les nouvelles routes de la soie », Sébastien Falletti, *Le Figaro*, 18 janvier 2017.

248. « Pourquoi Pékin veut s'arroger la monnaie du monde », Antoine Brunet, *Géoéconomie*, n° 75, 2015/3.

249. « La Chine est officiellement la première puissance économique mondiale », *Le Point*, 8 décembre 2014.

250. « The great power game is on and China is winning », Robert W. Merry, *The American Conservative*, 22 mai 2019.

251. « BRICS' bank first loan to be issued in yuan », The BRICS Post, 24 juillet 2015.

252. « BRICS morphing into anti-dollar alliance », The Voice of Russia, 3 juillet 2014.

253. « Guerre des monnaies ou disparition du dollar ? », Ludovic Greiling, *Eco-Réseau*, 25 janvier 2015.

254. *Le Retour au standard-or*, Antal Fekete, Éditions Le Jardin des livres, 2013.

255. « The rise of the petrodollar system: dollars for oil », Jerry Robinson, FTM Daily, 23 février 2012.

256. « Russia and China are stockpiling gold », Tom Lewis, *The Gold Telegraph*, 25 juin 2018.

257. « Central bank of Russia adds a record 223 tons of gold in 2017 », GoldCore, 23 janvier 2018.

258. « Putin stockpiles gold as Russia prepares for economic war », Andrew Critchlow, *The Telegraph*, 13 novembre 2014.

259. « Russia-China combined gold reserves could shake US dominance in global economy », RT, 8 janvier 2018.

260. *L'Empire des dettes*, William Bonner, Les Belles Lettres, 2006.

261. « Grandmaster Putin's golden trap », Dmitry Kalinichenko, Gold Eagle, 23 novembre 2014.

262. « Cracks in dollar are getting larger », James Rickards, Daily Reckoning, 27 septembre 2017.

263. « Le Venezuela libelle ses ventes de pétrole en yuan pour 'libérer le pays de la tyrannie du dollar' », RT, 18 septembre 2017.

264. « L'accord russo-chinois provoque un foisonnement de projets de gazoducs en Eurasie », The Voice of Russia, 29 mai 2014. « India seeks giant gas deal with Russia in China's footsteps », The Voice of Russia, 25 juin 2014.

265. « Rosneft to double oil flows to China in $270 billion deal », Denis Pinchuk, Reuters, 21 juin 2013.

266. « China strikes oil and gas deals with Russia's Rosneft », *Nikkei Asian Review*, 30 novembre 2018.

267. « Rosneft plans to supply up to 50 mln tonnes of oil to China in 2018 », Tass, 18 septembre 2018.

268. « L'oléoduc sino-kazakh mis en fonctionnement », *Le Figaro*, 15 octobre 2007.

269. « Le Turkménistan oriente son gaz vers la Chine », Régis Genté, *Le Figaro*, 15 décembre 2009.

270. « The petroyuan is born: Gazprom now settling all crude sales to China in renminbi », Zero Hedge, 9 juin 2015.

271. « Russia's Rosneft switches all export contracts to euros », *Financial Times*, 24 octobre 2019.

272. « Face au pétrodollar, le pétroyuan », Étienne Henri, *Économie Matin*, 31 octobre 2017.

273. « El 'petroyuan'es la gran apuesta de Rusia y China », Ariel Noyola Rodríguez, RT español, 10 mai 2016.

274. « The rise of the petroyuan », Nick Cunningham, Oil Price, 26 octobre 2017.

275. « How China just reset the global monetary system with gold », Peter Reagan, Newsmax

Finance, 9 septembre 2017. « China's petroyuan is going global, and gunning for the US dollar », John A. Mathews & Mark Selden, *South China Morning Post*, 4 décembre 2018.

276. « Shanghai shakes up global oil trading », Damon Evans, *Nikkei Asian Review*, 17 octobre 2018.

277. « China's latest assault on the dollar », Birch Gold Group, 2 juin 2017.

278. « China will 'compel' Saudi Arabia to trade oil in yuan – and that's going to affect the US dollar », CNBC, 11 octobre 2017.

279. « OCS : élévation du statut de l'Iran », Sputnik, 3 juin 2015. « Chine, Russie, Iran : le sommet de l'OCS veut changer la donne face à l'Occident », France 24, 9 juin 2018.

280. « Un club qui échappe à l'oncle Sam », *Courrier international*, 1er août 2007.

281. « India and Pakistan take part for the first time in SCO military drills », *The Economic Times*, 23 août 2018.

282. « Syria, Egypt may join Shanghai Cooperation Organization as observers – diplomat », Tass, 5 juin 2015.

283. « Syria applies for observer status at Shanghai security bloc – Russian Foreign Ministry », Tass, 13 février 2015.

284. « Azerbaijan may get observer status in SCO », *Azernews*, 18 septembre 2018.

285. « Syria, Israel, Egypt willing to join SCO's activity », Interfax, 23 juin 2016.

286. « Iraqi ambassador to Beijing meets secretary-general of the Shanghai Cooperation Organization », Iraqi Ministry of Foreign Affairs, 27 mars 2017.

287. « The Shanghai Cooperation Organization: harmony or discord? », Jaloliddin Usmanov, *The Diplomat*, 26 juin 2018.

288. « Kiev request for SCO partner status still in force », Sputnik, 10 juillet 2015. « Egypt, Israel, Ukraine interested in collaborating with SCO – official », Tass, 23 novembre 2016.

289. « Erdogan lorgne l'Organisation de Coopération de Shanghai », *Europolitique*, 28 janvier 2013.

290. « SCO and the Iranian enigma », P.R. Kumaraswamy, Valdai Club, 24 décembre 2017.

291. « Could the SCO expand into Middle East? », Jonathan Fulton, *Qatar Tribune*, 26 février 2018.

292. « Vladimir Putin slams David Cameron over EU referendum », *The Telegraph*, 25 juin 2016.

293. « Ex-US envoy in Russia calls Putin winner following Brexit referendum », Tass, 24 juin 2016.

294. « Asia after Viet Nam », Richard Nixon, *Foreign Affairs*, octobre 1967.

295. « Negotiating US-Chinese rapprochement », The National Security Archive Electronic Briefing Book, n° 70, mai 2002.

296. « The opening of China », Richard Nixon Foundation, www.nixonfoundation.org/exhibit/the-opening-of-china

297. « Is America about to officially dump Pakistan as an ally? », Andrew Korybko, *Oriental Review*, 19 janvier 2019.

298. « La visite du président Xi à Moscou a été l'occasion d'un renforcement des relations sino-russes », Xinhua, 5 juillet 2017.

299. « Putin assesses Russian-Chinese relations level as unprecedentedly high, expects meeting with Chinese president to support it », Interfax, 26 avril 2017.

300. « Shanghai Cooperation Organization expands, commands respect worldwide – Putin to Xinhua », RT, 23 juin 2016.

301. « Chinese births hit lowest level since 1988 », *Nikkei Asian Review*, 21 janvier 2019.

302. « Moscow starts developing heavy engine for joint Chinese-Russian airliner », Tass, 20 juin 2016.

303. « Russia, China wrap up talks on heavy-lift helicopter », Tass, 6 novembre 2018.

304. « Selling S-400 to China: a new front in the Cold War? », Vassily Kashin, Carnegie Moscow Center, 27 avril 2015.

305. « China, Russia plan $242 billion Beijing-Moscow rail link », Bloomberg, 22 janvier 2015.

306. « Russia and China plan to launch first high-speed freight train in 2019 », Tass, 8 juin 2017.

307. « Manœuvres militaires : Moscou et Pékin bombent le torse face à l'Occident », Élie Saïkali, *L'Orient-Le Jour*, 11 septembre 2018.

308. « La Chine et la Russie narguent l'Otan en mer Baltique », Junzhi Zheng, *L'Opinion*, 21 juin 2017.

309. « Premiers exercices navals russo-chinois en Baltique, théâtre de tensions Russie-Otan », Sputnik, 23 juin 2017.

310. « Exercices navals sino-russes en Méditerranée et en mer Noire », RusNavyIntelligence, 11 mai 2015.

311. « Manœuvres navales sino-russes en mer de Chine méridionale », Opex360, 12 septembre 2016.

312. « Pékin convoque l'ambassadeur sud-coréen pour protester contre le début des discussions sur le THAAD », Yonhap, 8 février 2016.

313. « La Russie se dit préoccupée par l'éventuel déploiement du système antimissile THAAD en Corée du Sud », Laurent Lagneau, Opex360, 26 juillet 2014.

314. « La Corée du Sud doit-elle participer à la 'guerre des étoiles' américaine ? », Frédéric Ojardias, RFI, 22 novembre 2013.

315. « THAAD is becoming a South Korean election issue », Brian Padden, Voice of America, 16 janvier 2017.

316. « Bouclier anti-missile américain : Séoul ne mettra pas la main à la poche », RFI, 28 avril 2017.

317. « Système THAAD en Corée du Sud : Washington paiera », Sputnik, 30 avril 2017.

318. « Corée du Sud : large victoire de Moon Jae-in à la présidentielle », Frédéric Ojardias, RFI, 9 mai 2017.

319. « US starts 'swiftly' installing controversial antimissile battery in South Korea », Anna Fifield, *The Washington Post*, 26 avril 2017.

320. « Corée du Sud : début de l'installation du bouclier anti-missile américain en pleine contestation », Asialyst, 26 avril 2017.

321. « Présidentielle sud-coréenne : victoire du favori Moon Jae-in, partisan du dialogue avec Pyongyang », France 24, 9 mai 2017.

322. « In major blow to Washington, South Korea suspends deployment of US antimissile system », Zero Hedge, 7 juin 2017.

323. « Le système anti-missile THAAD déployé sous les protestations », Frédéric Ojardias, RFI, 8 septembre 2017.

324. « The deep state goes to war with President-elect, using unverified claims, as Democrats cheer », Glenn Greenwald, *The Intercept*, 11 janvier 2017.

325. « McCain associate shared unverified Steele dossier with Buzzfeed, court filing says », Fox News, 20 décembre 2018.

326. « Anti-Trump dossier author was hired to help Hillary challenge 2016 election results », Rowan Scarborough, *The Washington Times*, 12 décembre 2018.

327. « BuzzFeed, the Russia dossier and the problem of too much information », Philip Bump, *The Washington Post*, 11 janvier 2017.

328. « Trump war game announcement shocks South Korea, US military forces », Zero Hedge, 12 juin 2018.

329. Conférence de presse de Donald Trump, Singapour, 12 juillet 2018.

330. « Donald Trump's North Korea triumph », Curt Mills, *The National Interest*, 12 juin 2018.

331. « Kim agrees to visit US, confirms inviting Trump to Pyongyang », Zero Hedge, 12 juin 2018.

332. HR 5515, John S. McCain National Defense Authorization Act for fiscal year 2019, 115th Congress 2017-2018. « Trump signs defense bill restricting drawdown of troops in Korea », *The Korea Herald*, 14 août 2018.

333. « Communist China's entry into the Korean hostilities and a US proposal for a collective security arrangement in the Pacific offshore island chain », Hiroyuki Umetsu, *Journal of Northeast Asian Studies*, volume XV, n° 2, juin 1996.

334. « China's new map includes 'Second national territory' of oceans », Consortium of Defense Analysts/Threats to US security, 11 juillet 2014.

335. « Defend the first Island Chain », James R. Holmes, *Proceedings Magazine*, volume 140/4/1, US Naval Institute, avril 2014.

336. https://thediplomat.com/tag/first-island-chain/

337. « Why islands still matter in Asia – the enduring significance of Pacific 'island chains' », Andrew S. Erickson & Joel Wuthnow, *The National Interest*, 5 février 2016.

338. « Haushofer and the Pacific », Hans W. Weigert, *Foreign Affairs*, juillet 1942.

339. « The US military are back in the Philippines », Father Shay Cullen, Ucanews, 9 mai 2018.

340. « US seeks access to Philippine bases as part of Asia pivot », *The Sydney Morning Herald*, 25 avril 2015.

341. « Philippines' Duterte dares CIA to 'oust' him », Channel NewsAsia, 7 octobre 2016.

342. « Filipinas dice a EEUU que Rusia y China vigilan su 'arrogancia' », Hispan TV, 12 octobre 2016.

343. « Duterte : rapprochement avec Moscou et Pékin », *Le Figaro*, 26 septembre 2016. « Why Moscow and Manila are ideal allies », Rakesh Krishnan Simha, RBTH, 16 septembre 2016.

344. « Philippines mulls parting strategic ways with America », Richard Javad Heydarian, *Asia Times*, 10 janvier 2019.

345. « China's master PLAN : how Beijing wants to break free of the 'island chains' », Elie Huang, *The National Interest*, 19 mai 2017.

346. « Island chains everywhere », James R. Holmes, *The Diplomat*, 16 février 2011. « Tonga and the Third Island Chain », Amiral S. Kulshrestha, IndraStra, 25 février 2016.

347. « Un roman inventant une guerre entre les États-Unis et la Chine affole le Pentagone », Dan de Luce, Slate, 6 août 2016.

348. « B2 bombers to Hawaii: why this should be China's nightmare », Dave Majumdar, *The National Interest*, 10 octobre 2018.

349. « Britain to become 'true global player' post-Brexit with military bases in South East Asia and Caribbean, says Defense Secretary », Christopher Hope, *The Telegraph*, 30 décembre 2018. *Précisons que les candidats à l'accueil de la base sont Singapour et Brunei.*

350. New 'global Britain' sets naval sight on Asia, David Hutt, *Atimes*, 8 janvier 2019.

351. « US, Japan, India, Australia... Is Quad a first step to an Asian NATO? », Cary Huang, *South China Morning Post*, 25 novembre 2017.

352. « The return of the Indo-Pacific Quad », Jeff Smith, *The National Interest*, 26 juillet 2018.

353. « Russia's sovereignty over Kuril islands not negotiable, says Lavrov », Tass, 14 janvier 2019.

354. « How the USA invaded Australia », Gary Lord, Medium, 4 novembre 2015.

355. « Anger as US pins sheriff badge on Australia », Nick Squires, *The Telegraph*, 17 octobre 2003.

356. « Asio chief defied Gough Whitlam's order to cut ties with CIA in 1974 », Paul Daley, *The Guardian*, 15 octobre 2015.

357. « The British-American coup that ended Australian independence », John Pilger, *The Guardian*, 23 octobre 2014.

358. « Washington is integral to our region », Josh Frydenberg, *The Australian*, 21 septembre 2010.

359. « China sneezes but will Australia catch cold? », Lachlan Colquhoun, *Atimes*, 19 janvier 2019.

360. « Sommet des BRICS : première sortie internationale de Narendra Modi », RFI, 11 juillet 2014.

361. « Xi Jinping et Narendra Modi font un nouveau pas vers le réchauffement sino-indien », *Le Monde*, 30 avril 2018.

362. « Chinese State media changes tune on India, Maldives », *Maldives Independent*, 27 septembre 2018.

363. « QUAD of India, US, Japan, Australia to meet soon », Indrani Bagchi, *Times of India*, 12 septembre 2018.

364. « L'Inde ne brûle plus d'adhérer à l'initiative indo-pacifique des USA », Sputnik, 12 août 2018.

365. « India explores ditching dollar oil trade with Russia, Iran, Venezuela », Tsvetana Paraskova, Oil Price, 5 octobre 2018.

366. « S-400 : Russes et Indiens confortent logiquement leur partenariat malgré les menaces américaines », Philippe Migault, RT, 8 octobre 2018.

367. « India, Russia join hands to strengthen multipolarity », M.K. Bhadrakumar, Indian Punchline, 7 octobre 2018. « India's U-turn destroys Trump's anti-chinese strategy », Moon of Alabama, 7 octobre 2018.

368. « Is the Quad dead (again)? », Annabelle Liang, *The Diplomat*, 8 mars 2019.

369. « L'Inde s'inquiète de la percée chinoise », Frédéric Bobin, *Le Monde*, 14 mars 2013.

370. « Chabahar port : strategic significance to Iran Afghanistan and India », Eurasia Interaction, 7 décembre 2018. « India sequesters Iran ties from US predatory strikes », M.K. Bhadrakumar, Indian Punchline, 2 janvier 2019. « Gwadar vs Chabahar », Khalid Masood, *The Nation*, 29 juin 2016.

371. « India's Chabahar vs China's Gwadar: New Delhi plays tic-tac-toe with Beijing », Anilesh Mahajan, *Business Today India*, 3 décembre 2017.

372. « Leaders of Russia, Iran, Azerbaijan to discuss North-South corridor project on August 8 », Tass, 2 août 2016.

373. « Russian, India and Iran to cooperate on new trade route alternative to Suez Canal », Zero Hedge, 1er novembre 2018. « Téhéran et Moscou sur le point de créer un concurrent au Canal de Suez », Sputnik, 7 août 2016.

374. « No rivalry between Chabahar, Gwadar ports », *Financial Tribune*, 28 mai 2016.

Chapitre IV

375. « Rescuing Boris », Michael Kramer, *Time Magazine*, 15 juillet 1996. « The US is no stranger to interfering in the elections of other countries », Nina Agrawal, *Los Angeles Times*, 21 décembre 2016.

376. Entretien avec Tucker Carlson, Fox News, 14 juillet 2017.

377. « American scan spot election meddling because they've been doing it for years », Owen Jones, *The Guardian*, 5 janvier 2017.

378. Mémorandum du 10 septembre 1900, *Chronique du XXe siècle.*

379. « Un coup diplomatique et géostratégique britannique : la prise de Chypre par l'Angleterre », Nikolaou Kyrillos, *Cahiers de la Méditerranée*, n° 71, 2005.

380. Anatole France : « *La guerre russo-japonaise constitue un des grands moments de l'histoire du monde car c'est la première fois que les nations chrétiennes européennes, habituées à mener des guerres coloniales contre des nations infiniment plus faibles du point de vue militaire, se trouvent devant des Jaunes armés à l'européenne, et qui l'emportent beaucoup sur leurs adversaires par leur savoir et leur intelligence.* »

381. « Le Tibet, la Russie et l'Angleterre », *Le Correspondant*, 25 novembre 1904.

382. « Lawrence of Arabia: arrest ordered by Afghan authorities », *Daily Herald*, 5 janvier 1929.

383. T.E. Lawrence Studies, chronologie 1928.

384. *Macartney at Kashgar*, Clarmont Skrine & Pamela Nightingale, Éditions Methuen & Co, 1973.

385. « Vie et mort des Républiques du Turkestan oriental (1933-1934 et 1944-1949) », Alexandre Gandil, Asialyst, 17 août 2016.

386. « Introduction à *The Geography of the Peace* de Nicholas Spykman », Olivier Zajec, *Res Militaris*, volume IV, n° 1, hiver-printemps 2014.

387. « Was there a bomb on Mattei's aircraft? », Donato Firrao & Graziano Ubertalli, Politecnico di Torino, juin 2009. « Autopsy may solve deadly mystery of the Mattei affair », Andrew Gumbel, *The Independent*, 29 août 1997.

388. *Le Secret des Sept Sœurs*, documentaire en quatre parties réalisé par Frédéric Tonolli, France 5, 2009.

389. « Breach of faith? Italian-Soviet cold war trading and ENI's international 'oil scandal' », Roberto Cantoni, *Quaestio Rossica*, 2015.

390. « The Soviet oil offensive », Herman L.M, *The Reporter*, 21 juin 1962.

391. « Qui a vraiment tué Pasolini ? », Marcelle Padovani, *Le Nouvel Observateur*, 17 juillet 2009. « Qui est responsable de la mort, à l'automne 1975, de Pier Paolo Pasolini, retrouvé sauvagement assassiné à Ostie ? », Christian Brosio, *Valeurs Actuelles*, 23 février 2015.

392. *Profondo nero. Mattei, De Mauro, Pasolini. Un'unica pista all'origine delle stragi di Stato*, Giuseppe Lo Bianco & Sandra Rizza, Éditions Chiarelettere, 2009.

393. « Sanctions not slowing Russian Artic ambitions », Jamestown Foundation, Oil Price, 2 avril 2017.

394. « Mort de Christophe de Margerie : saura-t-on enfin la vérité ? », *La Dépêche*, 3 juillet 2017.

395. « Total, un gouvernement bis », Alain Deneault, *Le Monde diplomatique*, août 2018.

396. « Mort de Christophe Margerie : le mystère reste Total », Aude Mazoue, France 24, 14 juillet 2016. *L'Énigme Margerie*, Muriel Boselli, Éditions Robert Laffont, 2016.

397. « Total boucle le financement de son mégaprojet russe grâce à la Chine », Benjamin Quénelle, *Les Échos*, 29 avril 2016.

398. Voir chapitre I.

399. « America's effort to isolate Iran will backfire », Trita Parsi, *The National Interest*, 12 février 2019.

400. « The Soviet collapse : grain and oil », Iegor Gaidar, AEI, avril 2007. « Putin, petroleum and pantyhose », Michael Reagan, *Townhall*, 6 mars 2014.

401. « The interview : Mikhail Gorbatchev », *The Sunday Times*, 22 mai 2016.

402. « The Harvard boys do Russia », Janine R. Wedel, *The Nation*, 14 mai 1998.

403. « Shock therapy and economic policy under Yeltsin », Jeffrey Hays, Facts and Details, 2008.

404. « Les privatisations en Russie et la naissance d'un capitalisme oligarchique », Cédric Durand, *Recherches internationales*, 74 (4), 2005.

405. Richard Morningstar, cité dans *Collision and Collusion. The Strange Case of Western Aid to Eastern Europe*, Janine R. Wedel, St Martin's Press, 2001, p. 137.

406. « Architect of Russia's shock therapy dies », Carl Schreck, *The National*, 17 décembre 2009.

407. *Failed crusade – America and the tragedy of post-communist Russia*, Stephen F. Cohen, W. W. Norton Company, octobre 2001.

408. « Income, inequality and poverty during the transformation from planned to market economy », Branko Milanovic, The World Bank, février 1998.

409. *Les Dollars de la terreur : les États-Unis et les islamistes*, Richard Labévière, Éditions Grasset, 1999.

410. *Impressions de voyage : le Caucase*, Alexandre Dumas, 1858.

411. « En imposant l'état d'urgence aux Tchétchènes, M. Eltsine engage l'épreuve de force dans le Caucase », Jan Krauze, *Le Monde*, 8 novembre 1991. « Disrupting escalation of terror in Russia to prevent catastrophic attacks », Simon Saradzhyan & Nabi Abdullaev, Partnership for Peace Consortium of Defense Academies and Security Studies Institute, volume IV, n° 1, printemps 2005.

412. « Chechen leader confirmed dead, supporter says freedom fighters unaffected », CNN, 24 avril 1996.

413. « La rébellion tchétchène de 1991 à 2009 : évolutions et transformations », OFPRA, 22 juin 2015.

414. « Refugees and diaspora », Chechnya Advocacy Network, 2004.

415. *Parrain du Kremlin – Boris Berezovski et le pillage de la Russie*, Paul Klebnikov, Éditions Robert Laffont, 2001.

416. « US embassy cables: Chechnya, the once and future war », *The Guardian*, 1er décembre 2010.

417. *Ibid.*

418. *Parrain du Kremlin, op. cit.*.

419. « Chechen warrior chief: Soviet army credentials – Dzhokhar M. Dudayev », Steven Erlanger, *New York Times*, 15 décembre 1994. « How the Chechen guerillas shocked their Russian foes », Michael Specter, *New York Times*, 18 août 1996.

420. « Russia's Putin: US agents gave direct help to Chechens », Sarah Rainsford, BBC, 27 avril 2015.

421. « Russia, United States: the Chechen war as a geopolitical battle », Stratfor, 23 avril 2005.

422. *International Herald Tribune*, 10-11 mai 1997. Cité dans « Face-à-face américano-russe autour de la Caspienne – Grand Jeu pétrolier en Transcaucasie », Vicken Cheterian, *Le Monde diplomatique*, octobre 1997.

423. *The Road to 9/11*, Peter Dale Scott, University of California Press, 2007. *Unholy wars: Afghanistan, America and international terrorism*, John Cooley, Pluto Press, 2002. « What if Putin is telling the truth? », William Engdahl, Information Clearing House, 17 mai 2015. « American guns, spies and oil in Azerbaijan », Mark Irkali, Tengiz Kodrarian & Cali Ruchala, Alexander's Gas & Oil Connections, 17 septembre 2005.

424. « Chechnya, the mujahedin factor », Yossef Bodansky, Freeman Center for Strategic Studies, janvier 1998.

425. *Ibid.*

426. « US embassy cables... », *op. cit.*

427. « Chechens confirm warlord's death », BBC, 29 avril 2002.

428. « L'irréductible résistant de l'indépendance tchétchène, le président Djokhar Doudaïev aura vécu jusqu'au bout, fidèle à ses convictions de nationaliste caucasien », Didier François, *Libération*, 25 avril 1996. « Le cadavre de Doudaïev empoisonne Eltsine », Sylvaine Pasquier, *L'Express*, 2 mai 1996.

429. *Au cœur du pouvoir russe : Enquête sur l'empire Poutine*, Tania Rakhmanova, Éditions La Découverte, 2014.

430. « Russian Election Watch, Aug. 1, 1996 », Russian Elections Compendium, SDI Project, Havard University.

431. « Did Yeltsin steal the 1996 presidential election? », Simon Shuster, *Time*, 24 février 2012.

432. « Il y a vingt ans, la victoire volée des communistes ? », Alexeï Timofeïtchev, rbth.com, 20 juin 2016.

433. « From pipe dream to pipeline: the realization of the Baku-Tbilisi-Ceyhan pipeline », discours de Richard Morningstar à la Harvard Kennedy School of Government, 8 mai 2003.

434. Discours de Zbigniew Brzezinski au dîner de la Chambre de commerce américano-azérie,

15 février 2000.

435. « Pankissi, la "vallée des djihadistes" du Caucase », *Le Figaro*, 12 janvier 2016.

436. « How Chechnya became a breeding ground for terror », Lorenzo Vidino, *Middle East Quarterly*, printemps 2005.

437. « La politique américaine dans le Caucase », Boris Eisenbaum, *Les Cahiers de l'Orient* n° 101, janvier 2011.

438. « The Chechens' American friends », John Laughland, *The Guardian*, 8 septembre 2004.

439. Cité dans « What if Putin is telling the truth? », *op. cit.* (note 423)

440. Stratfor, *op. cit.* « UPI Intelligence Watch », John Daly, United Press International, 24 mars 2005. « Warlord killed in Chechnya was ex-US Marine », RIA-Novosti, 24 mars 2005.

441. *Historical Dictionary of the Chechen Conflict*, Ali Askerov, Rowman & Littlefield Publishers, 2015.

442. Stratfor, *op. cit.* « Russians say anti-mine group aids rebels », Patrick Tyler, *The New York Times*, 11 août 2000.

443. John Laughland, *op. cit.*

444. *Forbes* en 2013, 2014, 2015 et 2016, *Foreign Policy* en 2012, etc.

445. « Putin's philosopher », Paul Robinson, www. irrussianality.wordpress.com, 22 décembre 2014.

446. *Poutine*, Frédéric Pons, Éditions Calmann-Lévy, 2014.

447. « The Russian devolution », John Lloyd, *The New York Times*, 15 août 1999.

448. « La saga des oligarques », Véronique Soulé, *Libération*, 10 novembre 2003.

449. *Ibid. Le Chaos russe*, Jacques Sapir, Éditions La Découverte, 1996.

450. « Le nouveau groupe Ioukos-Sibneft suscite l'appétit d'ExxonMobil », *Les Échos*, 6 octobre 2003.

451. *Poutine*, Frédéric Pons, *op. cit.* « La saga des oligarques », *op. cit.*

452. « Le nouveau groupe Ioukos-Sibneft... », *op. cit.* « Exxon may offer $25 billion for 40 % of Yukos », *The New York Times*, 2 octobre 2003.

453. « Autumn of the oligarchs? », Andrew Meier, *The New York Times*, 5 novembre 2003.

454. « When powers collide: Putin vs Khodorkovsky », Bloomberg, 31 mai 2004.

455. « Grandeur et chute de Mikhaïl Khodorkovski », Pierre Avril, *Le Figaro*, 8 novembre 2011.

456. « Affaire Ioukos, une accusation absurde », Annabel Benhaiem, *L'Express*, 4 mars 2010.

457. « Affaire Ioukos : l'ardoise de 50 milliards de dollars de la Russie annulée », *La Tribune*, 20 avril 2016.

458. « Vladimir Putin is the new global Shah of oil », *Forbes*, 29 octobre 2012. « Rosneft-BP : tout comprendre au deal pétrolier de la décennie », Emmanuel Grynszpan, *La Tribune*, 23 octobre 2012.

459. « BP hit by Russian sanctions », William Baldwin, Energy Reporters, 12 avril 2018.

460. « BP accused of side-stepping Russian sanctions », Andy Rowell, Oil Change International, 15 janvier 2018.

461. « Affaire du gazoduc euro-sibérien (1981-1982)« , *Market*, 7 décembre 2014.

462. Rapport d'information n° 4082, 5 octobre 2016, Assemblée nationale.

463. « Russian gas: there is no alternative for Europe », Colin Chilcoat, Oil Price, 16 mai 2015.

464. « Les approvisionnements de gaz russe, incontournables pour l'Europe », *Challenges*, 17 juillet 2018.

465. « Nord Stream 2, le gazoduc qui rend l'Allemagne "prisonnière de la Russie" », Sébastien Seibt, France 24, 12 juillet 2018.

466. « Russie : menace américaine contre les industriels allemands », Benaouda Abdeddaim, BFM Business, 15 janvier 2019.

467. « The putinisation of Europe », David O'Byrne, Kester Eddy & Nicholas Watson, BNE, 30 octobre 2014

468. « Angela Merkel s'inquiète de possibles ingérences de la Russie dans les élections allemandes », *Le Monde*, 8 novembre 2016.

469. « Trudeau prévient du risque d'ingérence russe dans les élections », *Le Journal de Montréal*, 5 avril 2019.

470. « EU referendum: why Putin might back Brexit », Péter Kreko, *Newsweek*, 11 mars 2016.

471. « US suspects Russian hackers planted fake news behind Qatar crisis », CNN, 7 juin 2017.

472. « Les hackers russes ne sont pas derrière l'attaque contre Macron », Luc Chaillot, *Le Dauphiné libéré*, 1er juin 2017.

473. « Thèse de hacking russe d'En Marche écartée : la France n'est plus un "vassal des États-Unis" » ?, Interview du général Jean-Bernard Pinatel, RT, 1er juin 2017.

474. « The dangers of Putin derangement syndrome », *The American Interest*, 5 avril 2017. « America's Putin derangement syndrome », Daniel Lazare, Consortium News, 23 janvier 2017. « Putin derangement syndrome arrives », Matt Taibbi, *Rolling Stone*, 3 avril 2017. « Putin derangement syndrome after Mueller », Patrick Armstrong, Strategic Culture, 9 avril 2019.

475. « Is 14-legged killer squid found two miles beneath Antarctica being weaponized by Putin? », Joey Millar, *Daily Express*, 30 novembre 2016.

476. « Is Masha and the Bear a Putin stooge? », Leigh McManus, *The Daily Mail*, 17 novembre 2018.

477. Rachel Maddow, MSNBC, 30 janvier 2019.

478. « Even Pokémon Go used by extensive Russian-linked meddling effort », Donnie O'Sullivan & Dylan Byers, CNN, 13 octobre 2017.

479. « France to probe possible Russian influence on Yellow Vest riots », Bloomberg, 8 décembre 2018.

480. « Whales trained by Russia's military may be harassing fishermen from NATO ally Norway », CBS, 29 avril 2019.

481. « Cyberattacks pings data systems of at least four gas networks », Bloomberg, 3 avril 2018.

482. « Russia may soon have weaponized robotic cockroaches », Josh Hrala, Modern Notion, 28 septembre 2015.

483. « Putin critic, who said he was poisoned in 2015, falls into coma », Andrew Kramer, *The New York Times*, 6 février 2017.

484. « The man who discovered CTE thinks Hillary Clinton may have been poisoned », Cindy Boren, *The Washington Post*, 2 septembre 2016.

485. « How Putin's Russia turned humour into a weapon », Olga Robinson, BBC, 15 décembre 2018.

486. « Russia is weaponizing Jedi mind tricks », Ryan Faith, Vice News, 29 avril 2014.

487. « Russian trolls are weaponizing the vaccine debate to divide Americans », Stephen Johnson, Big Think, 24 août 2018. « The Russians are weaponizing health information », Steve Usdin, History News Network, 9 septembre 2018.

488. « Weaponizing hypocrisy in Russia and beyond », Sam Thielman, *Columbia Journalism Review*, 25 juillet 2018.

489. « Postmodernism weaponized: Russia's assault on American science », Alex Berezow, American Council on Science and Health, 27 août 2018.

490. « Putin weaponizing judo by distributing 7 million free copies of his book », *The Moscow Times*, 1er juillet 2016.

491. « Latvia decides Putin is weaponizing names – bans Russian names for new babies », Russia Insider, 16 juin 2016.

492. « Weaponized weather: Russia and North Korea might be able to control the weather, CIA allegedly fears », Tara Dodrill, Inquisitr, 16 février 2015.

493. « Migrant crisis: Russia and Syria weaponizing migration », BBC, 2 mars 2016.

494. « The Russians have weaponized Photoshop », Kevin Rothrock, Global Voices, 1er mars 2014.

495. « It's been 5 months since a Putin critic was found murdered in London, but almost nothing's happened since — and Russia is weaponizing the silence », Alexandra Ma, Business Insider, 4 août 2018.

496. « Le Parlement européen contre les médias russes : "Une confusion intellectuelle terrible" », entretien avec le sénateur Yves Pozzo di Borgo, RT, 24 novembre 2016.

497. « Lavrov wins April Fool's Day with amazing Russian Foreign ministry prank », Russia Insider, 1er avril 2017.

498. « No, Obama, Russia's economy isn't in "tatters" », Leonid Bershidsky, Bloomberg, 26 février 2015.

499. « Putin may have last laugh over western sanctions », Scott Belinski, Oil Price, 2 avril 2015. « Russian energy groups largely unscathed by western sanctions », Henry Foy, *Financial Times*, 15 mars 2018. « Russian oil industry would weather US "Bill from Hell" », Reuters, 17 août 2018.

500. « EU's Tusk: increasingly hard to keep unity on Russia sanctions », Reuters, 20 mars 2015. « Is EU support for Russia sanctions waning? See who's visiting the Kremlin », James Neuger, Bloomberg, 17 mars 2015.

501. « La très bonne année 2018 de Rosneft », Enrique Moreira, *Les Échos*, 5 février 2019. « Gazprom vise encore des exportations record en Europe en 2018 », *Les Échos/Investir*, 27 août 2018.

502. « Russia's Sechin raises pressure on Putin to end OPEC deal », Reuters, 8 février 2019.

503. « The great Russian oil game in Iraqi Kurdistan », Dmitry Zhdannikov, Reuters, 19 avril 2018.

504. « Russia's Rosneft holds key to fixing Iraqi Kurdistan oil flows: sources », Reuters, 5 mars 2018.

505. « Rosneft se convierte en mayor operador de crudo venezolano », VOA, 22 août 2019.

506. « In the Kremlin, Venezuela's Maduro gets Russia's full support », Warsaw Institute, 27 septembre 2019. « Russia is gearing up for a conflict with the United States in the Caribbean », Ryan C. Berg, *Foreign Policy*, 9 octobre 2019.

507. « L'Arctique, nouvel eldorado de la Russie, et pas seulement », RFI, 29 mars 2017.

508. www.gazprom.com/projects/yamal/

509. « Dans le Grand Nord russe, le projet gazier géant de Total sort de terre », Anne Feitz, *Les Échos*, 22 mai 2016.

510. « Total boucle le financement de son mégaprojet russe grâce à la Chine », Benjamin Quenelle, *Les Échos*, 29 avril 2016.

511. www.total.com/fr/expertise-energies/projets/petrole-gaz/gnl/yamal-lng

512. « La Russie économique et sociale en quelques chiffres », Edouard Pflimlin, *Le Monde*, 17 mars 2018.

513. « Putin marks ten years of extraordinary achievement », Ross Cameron, *The Sydney Morning Herald*, 11 janvier 2010.

514. « Cruise missile strike in Syria: Russia's big ad campaign? », Dave Majumdar, *The National Interest*, 8 octobre 2015. « Is Russia flexing its missiles in Syria? », Justin Bronk, Al-Jazeera, 8 octobre 2015. « Russia's cruise missiles have changed strategic military balance », Daniel Fielding, Russia Insider, 26 octobre 2015.

515. « Russia says its new weapon is 27 times faster than the speed of sound », *Military Times*, 27 décembre 2018.

516. « Ces nouvelles armes qui vont donner une avancée militaire considérable à la Russie », Michel Cabirol, *La Tribune*, 26 décembre 2018. « Russie : ce que l'on sait des nouvelles armes "invincibles" de Vladimir Poutine », Anthony Berthelier, *Huffington Post*, 2 mars 2018. « Russia's conventional weapons are deadlier than its nukes », Rowan Allport, *Foreign Policy*, 17 janvier 2019. « Russia military news 2018: historic year for Vladimir Putin as new weapons, strategy aim to challenge US », Tom O'Connor, *Newsweek*, 30 décembre 2018. « US nuclear general worries over Russia's weapons outside new START », Joe Gould, *Defense News*, 26 février 2019.

517. « Russian TV accidentally leaks secret nuclear torpedo design », RT, 12 novembre 2015.

518. « Did Russia just "gently" threatened the USA? », Zero Hedge, 12 novembre 2015.

519. « Russia threatens to target US allies if Trump exits Treaty », Stepan Kravchenko, Bloomberg, 5 décembre 2018.

520. « Russia names Putin's new "super weapons" after a quirky vote », Andrew Osborn, Reuters, 23 mars 2018.

521. « Our missile defense systems are no match for hypersonic weapons », General Howard Thompson, The Hill, 9 janvier 2019.

522. « China and Russia are "aggressively pursuing" hypersonic weapons – and the US doesn't have any defenses », Ben Brimelow, Business Insider, 20 mars 2018.

523. « L'obsession antimissile des États-Unis », Olivier Zajec, *Le Monde diplomatique*, juillet 2007.

524. « Otan : faire face au déni d'accès », TTU, 14 mars 2016.

525. « Russia is widening the gap in EW », George Leopold, Defense Systems, 12 février 2016.

526. « Rusia : "Los sistemas antiaéros sirios interceptaron 71 de los 103 misiles lanzados" », RT, 14 avril 2018.

527. « The Western coalition strikes targeted important centers of the regime », SOHR, 14 avril 2018, www.syriahr.com/en/?p=89324

528. « Frappes en Syrie : un couac dans la marine a empêché le tir de plusieurs missiles », Pierre Julien, RTL, 19 avril 2018. « Frappes en Syrie : un des missiles Scalp "n'est pas parti" du Rafale », Guerric Poncet, *Le Point*, 18 avril 2018.

529. « Russia widens EW war, disabling EC-130s or AC-130s in Syria », Colin Clark, Breaking Defense, 24 avril 2018.

530. « Russian jamming poses a growing threat to US troops in Syria », Lara Seligman, *Foreing Policy*, 30 juillet 2018.

531. *Ibid.*

532. « After experiencing Russian jamming up close in Syria, the Pentagon is scrambling to catch up », Jared Keller, Task & Purpose, Business Insider, 4 juin 2019.

533. « Atlantis prend sa retraite et l'URSS gagne la guerre des étoiles », Pierre Barthélémy, Slate, 11 juillet 2011.

534. *L'Empire d'Eurasie : une histoire de l'empire russe de 1552 à nos jours*, Hélène Carrère d'Encausse, Éditions Fayard, 2005.

535. *Russie-Occident, une guerre de mille ans : la russophobie de Charlemagne à la crise ukrainienne*, Guy Mettan, Éditions des Syrtes, 2015.

536. « Le néo-eurasisme russe : l'empire après l'empire ? », Marlène Laruelle, *Cahiers du monde russe*, 42/1, 2001.

537. « Le néo-eurasisme d'Alexandre Douguine : une revanche de la géographie sur l'histoire ? », Adlène Mohammedi, PhiLitt, 4 juillet 2016. « Le néo-eurasisme, une alternative à l'Europe et l'Asie pour la Russie ? », Fabien Herbert, Les Yeux du monde, 2 avril 2016.

538. « Aux sources du poutinisme », Michel Eltchaninoff, La Vie des idées, Collège de France, 10 novembre 2015.

539. « L'Ouzbékistan prépare son entrée dans l'Union économique eurasiatique », Novastan, 3 octobre 2019.

540. « L'Union européenne face au défi de l'Union économique eurasiatique », Florent Marciacq, La Documentation française, 5 avril 2017.

541. « Failed reset? United States decries "sovietization" of former USSR states », Naira Hayrumyan, Armenia Now, 10 décembre 2012.

542. « Putin presenta una ley que excluye el dólar en las transacciones entre seis países », RT, 1er septembre 2015.

543. « L'Union eurasiatique de Vladimir Poutine ne fonctionnera pas », Bayram Balci, *Le Monde*, 5 janvier 2015.

544. « 40 países quieren unirse a la Unión Económica Eurasiática », RT, 1er juin 2015.

545. « Eurasian Economic Union launches talks with Israel over free trade zone », Tass, 16 octobre 2015.

546. « L'union économique menée par Moscou signe un accord de libre-échange avec l'Iran », BFM, 17 mai 2018.

547. « La Chine et l'Union économique eurasiatique signent un accord sur la coopération commerciale et économique », Xinhua, 18 mai 2018.

548. *Chine, Iran, Russie : un nouvel empire mongol ?*, Thomas Flichy, Jean-Marie Holtzinger, Jérôme Pâris & Antoine-Louis de Prémonville, Éditions Lavauzelle, 2013.

549. « Russia, China agree on to work on One Belt, One Road initiative », Tass, 18 avril 2017.

550. « Russia proposes trade partnership between EEU, OCS, ASEAN countries – Medvedev », RT, 15 décembre 2015.

Chapitre V

551. Judicial Watch Document Archives, pp 287-293 JW v DOD and State 14-812, 18 mai 2015 : www.judicialwatch.org/document-archive/pgs-287-293-291-jw-v-dod-and-state-14-812-2/

552. « Head to Head », Al Jazeera, 29 juillet 2015. Voir aussi « Transcript : Michael Flynn on ISIL », Al Jazeera, 13 janvier 2016. « Rise of Islamic State was "a willful decision": Former DIA Chief Michael Flynn », Brad Hoff, *Foreign Policy*, 7 août 2015.

553. « Sens et puissance du salafisme », Bernard Rougier, conférence à l'Académie des sciences morales et politiques, Académie française, 5 novembre 2012.

554. « Un inquiétant précurseur de l'islam radical », Khaled Ghazal, Orient XXI, 3 décembre 2014.

555. *Secret affairs : British collusion with radical Islam*, Mark Curtis, Éditions Serpent's Tail, 2012. « Philby as a source for early twentieth-century Saudi history : A critical examination », Jacob Goldberg, *Middle Eastern Studies*, vol. 21, n° 2, avril 1985.

556. Lire par exemple l'entretien avec David Rigoulet-Roze, « Wahhabite connexion : comment l'Arabie Saoudite a déstabilisé le monde en exportant son islam radical depuis 40 ans », Atlantico, 4 novembre 2014.

557. Parmi les innombrables écrits sur le chiisme, on pourra lire entre autres *Sunnites, chiites : dissensions de toujours, guerres de demain ?*, Antoine Sfeir, *Études*, 2008/6 (tome 408).

558. « Les Saoudiens considèrent l'Iran, à tort ou à raison, comme une menace existentielle », Stéphane Lacroix, *Le Monde*, 7 avril 2018.

559. Cf. chapitre II.

560. « CIA gets the go-ahead to take on Hizbollah », Toby Harnden, *The Daily Telegraph*, 10 janvier 2007.

561. « Un épais mystère entoure Fatah al-Islam », Paul Khalifeh, RFI, 21 mai 2007.

562. « The redirection », Seymour Hersh, *The New Yorker*, 25 février 2007. « Les chiites, le nouvel ennemi », Alain Gresh, *Le Monde diplomatique*, juillet 2007. « Grand illusions », David Samuels, *The Atlantic*, juin 2007. « Why is the US backing sunni juhadists? », interview de Seymour Hersh par Charles Goyette, 27 février 2007. « The Bush administration steps up its secret moves against Iran », Seymoour Hersh, *The New Yorker*, 7 juillet 2008

563. « Du chaos irakien à l'escalade contre l'Iran », Alain Gresh, *Le Monde diplomatique*, novembre 2007.

564. « Mohammad Mossadegh, l'homme à abattre », Ahmad Salamatian, *Le Monde diplomatique*, juin 2007.

565. « CIA confirms role in 1953 Iran coup », The National Security Archives, 19 août 2013.

566. Cf. chapitre IV.

567. « Riyad et Téhéran. Deux voisins que tout oppose », Tigrane Yégavian, *Conflits* n° 6, juillet-septembre 2015.

568. « Shaking hands with Saddam Hussein: the US tilts toward Iraq », 1980-1984, The National Security Archive Electronic Briefing Book n° 82, 25 février 2003. www.gwu.edu/~nsarchiv/NSAEBB/NSAEBB82

569. « CIA files prove America helped Saddam as he gassed Iran », Shane Harris & Matthew M. Aid, *Foreign Policy*, 26 août 2013.

570. « A US strategy for Iran », Charles A. Douglass & Michael D. Hays, *Walker Paper*, n° 11, Air University Press, avril 2008.

571. *Ibid.*

572. « Iran: facts and fictions », CNN, 16 décembre 2007.

573. Judicial Watch, *ibid.* Voir aussi « Now the truth emerges: how the US fuelled the rise of Isis in Syria and Iraq », Seumas Milne, *The Guardian*, 3 juin 2015.

574. CNN Newsroom, 12 février 2015.

575. *Syrie : les dessous d'un conflit*, « Un œil sur la planète », France 2, 19 février 2016. « Syrie, la stratégie des quatre mers », Rémy Sabathié, Les Yeux du monde, 3 mars 2016.

576. David Amsellem *in* France 2, *op. cit.*

577. « Some reasons to materialize Iran, Iraq and Syria's gas pipeline », Olgu Okumus, Natural Gas World, 11 février 2013.

578. « Qatar seeks gas pipeline to Turkey », *The National*, 26 août 2009.

579. « Qatar: rich and dangerous », Felix Imonti, Oil Price, 17 septembre 2012. « Why Qatar wants to invade Syria », Pepe Escobar, Atimes, 28 septembre 2012.

580. « Saudi Arabia is arming the Syrian opposition – What could possibly go wrong? », Jonathan Schanzer, *Foreign Policy*, 27 février 2012.

581. *Syrie : les dessous d'un conflit*, France 2, *op.cit.* « Iran-Iraq-Syria: gas & oil pipelines of discord », *EIRA News*, volume 1/6, juin 2013. « Pipeline to Syria ups ante in proxy war with Qatar », Oil Price, 22 février 2013. « Syria's Pipelineistan war », Pepe Escobar, Al Jazeera, 6 août 2012. « Syria intervention plans fueled by oil interests, not chemical weapon concerns », Nafeez Ahmed, The Cutting Edge, 30 août 2013. « Why Qatar wants to invade Syria », Pepe Escobar, Atimes, 28 septembre 2012.

582. « Comment l'Arabie Saoudite promeut l'islamisme à l'échelle planétaire », *Courrier international*, 23 juillet 2015. « How Saudi Arabia exports radical islam », *The Week*, 8 août 2015.

583. « Israel envoy: Saudi, Israel share united vision of Middle East », Middle East Monitor, 10 mai 2018.

584. « Did a Saudi prince secretly visit Israel? », David Rosenberg, Israel National News, 10 septembre 2017.

585. Hillary Clinton Email Archive, New Iran and Syria doc n° C05794498, https://wikileaks.org/clinton-emails/emailid/18328

586. « Barak : Fall of Assad would be a blessing for me », Yoni Dayan, *The Jerusalem Post*, 11 décembre 2011.

587. « Ça vous regarde », LCP, 10 juin 2013.

588. « US secretly backed Syrian opposition groups, cables released by Wikileaks show », Craig Whitlock, *The Washington Post*, 17 avril 2011.

589. « The redirection », Seymour Hersh, *op. cit.* (note 562)

590. « Mystérieux assassinat d'un général proche de Bachar al-Assad », Mouna Naïm, *Le Monde*, 5 août 2008. « Le mystère reste entier après l'attentat de Damas », *Le Monde*, 28 septembre 2008.

591. « Turquie : du kémalisme au néo-ottomanisme », Dorothée Schmid, *Questions internationales*, La Documentation française, janvier/février 2017.

592. « Turquie-Arabie : histoire récente d'une rivalité dans la maison sunnite », David Nassar, *L'Orient-Le Jour*, 9 octobre 2018. « Turquie-Arabie, la lutte des places : qui dirigera l'islamisme sunnite ? », Daoud Boughezala, *Causeur*, 11 janvier 2012.

593. « Russia trumps USA energy war in Mideast », William Engdahl, New Eastern Outlook, 17 septembre 2016.

594. « Asked about Trump's Golan decision, top US lawmaker cites "Shia crescent" », Ali Harb, Middle East Eye, 1er avril 2019.

595. *Nos très chers émirs*, Christian Chesnot & Georges Malbrunot, Michel Lafon, 2016.

596. « Saudis Cables – Buying silence », Wikileaks, https://wikileaks.org/saudi-cables/buying-silence

597. *Syrie - Pourquoi l'Occident s'est trompé*, Frédéric Pichon, Éditions du Rocher, 2014.

598. *Ibid.*

599. « Spooks' view on Syria: what Wikileaks revealed », Alex Thomson, Channel Four, 28 août 2013.

600. « Rebel arms flow is said to benefit jihadists in Syria », David E. Sanger, *The New York Times*, 14 octobre 2012.

601. « Royal rivalry in the Levant: Saudi Arabia and Qatar duel over Syria », Chris Zambelis, *Terrorism Monitor*, vol. 11/16, The Jamestown Foundation, 9 août 2013.

602. « Car bombs rock Syrian city », Sam Dagher, *Wall Street Journal*, 3 octobre 2012. Judicial Watch Document Archives, *op. cit.* (note 551)

603. « Nearly half rebel fighters are jihadists or hardline Islamists, says IHS Jane's report », Ben Farmer and Ruth Sherlock, *The Telegraph*, 15 septembre 2013. « Syrie : un rebelle sur deux serait islamiste », *Le Figaro*, 16 septembre 2013.

604. « Syrie : la majorité des rebelles ne veulent pas une démocratie (ONU) », RIA Novosti, 30 mai 2013.

605. « Syrie : et si Poutine avait raison ? », Pierre Beylau, *Le Point*, 12 septembre 2013. « Les rebelles syriens en perte de crédit », Cordélia Bonal, *Libération*, 13 septembre 2013. « Domenico Quirico, le journaliste libéré de Syrie qui bouscule l'image de la rébellion », Charlotte Oberti, France 24, 11.09.2013

606. « Où vont la Syrie et le Moyen-Orient ? », conférence d'Aymeric Chauprade à la Fundación Global Democracia y Desarrollo, Saint-Domingue, 27 novembre 2012.

607. « Ces Libanais prêts à mourir pour le Hezbollah en Syrie », *L'Orient-Le Jour*, 1er mai 2013.

608. « Le Hezbollah dit combattre en Syrie pour "protéger" le Liban », *L'Orient-Le Jour*, 25 mai 2013.

609. « La realpolitik l'emporte face au chaos », entretien avec Fabrice Balanche, *Le Temps*, 6 juin 2013. « L'armée promet d'écraser les rebelles partout en Syrie après la capture de Qousseir », *L'Orient-Le Jour*, 5 juin 2013.

610. « Après Qousseir, Homs », *L'Orient-Le Jour*, 30 juillet 2013.

611. « Hezbolá combate a al-Qaida en Siria », Mariela Rubio, *El País*, 13 septembre 2013.

612. « Huit ans après son commencement, le tragique bilan de la guerre en Syrie », Stanislas Poyet, *Le Figaro*, 15 mars 2019.

613. « Les rebelles syriens ont utilisé du gaz sarin, selon Carla Del Ponte », *Le Monde*, 6 mai 2013. « Syrie : les rebelles auraient utilisé des armes chimiques selon l'ONU », *Le Parisien*, 6 mai 2013. « U.S. military confirms rebels had sarin », F. Michael Maloof, WND, 11 septembre 2013.

614. « 3D, le journal » avec Stéphane Paoli, France Inter, 8 septembre 2013.

615. « L'attaque chimique ne pouvait être profitable qu'aux rebelles (expert) », RIA Novosti, 19 septembre 2013.

616. « Attaque chimique en Syrie : le rapport qui dérange », Armin Arefi, *Le Point*, 19 février 2014.

617. « Whose sarin? », Seymour Hersh, *London Review of Books*, 8 décembre 2013. « The red line and the rat line », Seymour Hersh, *London Review of Books*, 17 avril 2014.

618. « The Obama doctrine », Jeffrey Goldberg, *The Atlantic*, avril 2016.

619. « Sarin, investigations, refutations and vested interests », Michael Jansen, *The Jordan Times*, 3 mai 2017. « Two Turkish Parliament members: Turkey provided chemical weapons for Syrian terrorist attack », Zero Hedge, 23 octobre 2015. « Sarin materials brought via Turkey and mixed in Syria ISIS camps – Turkish MP », RT, 14 décembre 2015.

620. « CHP deputies: Gov't rejects probe into Turkey's role in Syrian chemical attack », *Today's Zaman*, 21 octobre 2015.

621. « Syrie : comment Poutine a piégé l'Occident », *Le Point*, 10 novembre 2013.

622. « The Obama doctrine », *op. cit.* (note 618)

623. Sur la genèse et l'histoire de l'État islamique, voir « Qu'est-ce que l'État Islamique – entretiens avec Romain Caillet », *Les Clés du Moyen-Orient*, 8 juillet 2014. « L'État islamique », Olivier Noos, *Cahiers de l'Institut Religioscope*, n° 13, août 2015.

624. « Qu'est-ce que l'État islamique », *op. cit.*

625. « L'État islamique, hydre polymorphe à quatre têtes », Anthony Samrani, *L'Orient-Le Jour*, 10 juin 2015. « L'État islamique proclame un califat en vue d'étendre son hégémonie », *L'Orient-Le Jour*, 30 juin 2014. « L'État islamique en Irak et au Levant, l'avenir du djihadisme mondial », Hélène Sallon, *Le Monde*, 8 janvier 2014. « L'État islamique, une menace existentielle pour al-Qaida », Michel Moutot, *L'Orient-Le Jour*, 4 juillet 2015. « Por qué funciona el Califato », Loretta Napoleoni, *El País*, 27 juin 2015.

626. « Former Soviet states stand up to Russia... » *op. cit.* (note 22)

627. CNN, 24 novembre 2015.

628. Mail du 27.09.2014 dans « Podesta Emails », Wikileaks, https://wikileaks.org/podesta-emails/emailid/3774

629. « Saudi Arabia has funded 20 % of Hillary's presidential campaign, Saudi Crown Prince claims », Zero Hedge, 14 juin 2016.

630. « Sans la Turquie, Daech n'existerait pas », Éric Leser, Slate, 2 août 2015. « Senior Western official: Links between Turkey and ISIS are now "undeniable" », Natasha Bertrand, Business Insider, 28 juillet 2015.

631. « Inside Israel's Secret Program to Back Syrian Rebels », Elizabeth Tsurkov, *Foreign Policy*, 6 septembre 2018. « IDF chief finally acknowledges that Israel supplied weapons to Syrian rebels », Judah Ari Gross, *The Times of Israel*, 14 janvier 2019.

632. « Syrian army claims to find Israeli-made weapons in IS hideouts », Anna Ahronheim, *The Jerusalem Post*, 17 octobre 2017. « Israel weapons found in Daesh arms depot », Middle East Monitor, 18 juillet 2018.

633. « Ya'alon: I would prefer Islamic State to Iran in Syria », Judah Ari Gross, *The Times of Israel*, 19 janvier 2016.

634. « ISIS fighters regret attacking Israel and have "apologized", former Defense minister says », Tom O'Connor, *Newsweek*, 27 avril 2017

635. « Al-Qaida leader praises Israeli strike on Syria », Arutz Sheva - Israel National News, 11 février 2018.

636. « Audio reveals what John Kerry told Syrians behind closed doors », Anne Barnard, *The New York Times*, 30 septembre 2016. « Kerry in leaked audio: "I lost the argument" for use of force in Syria », Elise Labott & Ryan Browne, CNN, 4 octobre 2016.

637. « Leaked audio: Sec of State Kerry confirms US used ISIS to remove Syria's Assad », www.youtube.com/watch?v=JdVa5qoh_80. « Leaked recording of John Kerry private meeting with anti-Assad Syrian representatives at UN in Sept, removed by CNN », Wikileaks, https://twitter.com/wikileaks/status/816451863403003904

638. « Saudi Arabia and Islamic State: between Iraq and a hard place », Chris Mansur, Geopolitical Monitor, 8 septembre 2014.

639. « Jordan moves closer to Russia », Oil Price, 28 octobre 2015.

640. « Obama refuses to alter ISIS strategy », James Phillips, The Heritage Foundation, 17 décembre 2015.

641. « US aim for "zero civilian casualties" draws criticism », Kristina Wong, The Hill, 24 juin 2015

642. « Russia accuses U.S. of pretending to fight Islamic State in Syria, Iraq », Reuters, 10 octobre 2017.

643. « Prise de Palmyre par l'État islamique : pourquoi une telle inaction de la coalition ? », Hadrien Desuin, *Le Figaro*, 21 mai 2015.

644. « Poutine à la baguette d'un concert en Syrie », *Le Point*, 6 mai 2016. « Syrie : un orchestre symphonique russe donne un concert dans l'amphithéâtre de Palmyre », *Le Monde*, 6 mai 2016.

645. « Jordan's King accuses Turkey of sending terrorists to Europe », David Hearst, Middle

East Eye, 25 mars 2016.

646. « Bataille de Palmyre : les djihadistes de Daech infligent un revers cinglant à l'armée de Bachar al-Assad », Stéphane Mantoux, France Soir, 13 décembre 2016.

647. « Emmanuel Macron, la fin tant attendue du néoconservatisme ? », Hadrien Desuin, *Figaro Vox*, 26 juin 2017.

648. « Syrie : Ayrault dénonce le "mensonge permanent" de la Russie », Europe 1, 12 décembre 2016.

649. « Pourquoi ne pas dire que les Américains sont complices de la chute de Palmyre ? », entretien avec Jean-Bernard Pinatel, RT, 14 décembre 2016.

650. « In Syria, militias armed by the Pentagon fight those armed by the CIA », *Los Angeles Times*, 27 mars 2016.

651. « Syrian rebels film beheading of child "spy" », Tom Coghlan, *The Times*, 20 juillet 2016.

652. « Rebels in Syria behead boy in mistake », Paul Armstrong & Hamdl Alkhshali, CNN, 20 juillet 2016.

653. « Alep aux mains d'al-Qaïda pourrait devenir la capitale d'un émirat rival de Daech », Frédéric Pichon, entretien avec Alexis Feertchak, *Figaro Vox*, 11 août 2016.

654. « Russia's continuing war », Jonathan Marcus, BBC, 27 avril 2016.

655. Cette campagne de désinformation se partage entre médias grand public et réseaux sociaux de personnes influentes (docteurs, journalistes, think tanks). Pour les médias : « Jets bomb last children's hospital in rebel-held Aleppo », Palestinian.com, 10 juin 2016. « And there goes the last hospital in opposition-held Aleppo », tweet de Faysal Itani, Atlantic Council, 25 juillet 2016. « Four babies killed in attack on Aleppo's last children's hospital », Middle East Eye, 31 juillet 2016. « Aleppo province bombed after corridor announced », Sahar Jones Reports, 3 août 2016. « Aleppo hospitals hit: Kerry threatens to suspend talks with Russian on Syria », CNN, 28 septembre 2016. « Russia warns US not to intervene as hospital is hit in latest Aleppo blitz », *The Guardian*, 2 octobre 2016. « Aleppo's last working hospital has been completely destroyed by airstrikes », *Metro*, 10 novembre 2016. « East Aleppo's last hospital destroyed by airstrikes », *The Guardian*, 19 novembre 2016. « After disabling all hospitals, Syria presses Aleppo assault », CBS News, 20 novembre 2016. « 2016 Chicagoans of the year. John Kahler, Zaher Sahloul and Samer Attar, the Combat Doctors », Noah Isackson, *Chicago Mag*, 14 novembre 2016. Un bon résumé de la propagande sur les réseaux sociaux est présenté dans « La destruction sans fin du "dernier hôpital d'Alep" », Olivier Berruyer, Les Crises, 13 décembre 2016. Lire aussi le rapport de l'Atlantic Council qui reprend sans sourciller la liste des « destructions » des infrastructures médicales dans « Breaking Aleppo » (Hospital attacks p. 21-30), février 2017.

656. « The last hospital in rebel-held Aleppo », Channel 4, 16 décembre 2016.

657. « Le monde après la chute d'Alep », *Libération*, 18 décembre 2016.

658. « Massacres d'Alep : cinq choses à savoir sur les crimes de guerre », Grégoire Normand, *La Tribune*, 19 décembre 2016. « Pilonnage sans répit à Alep, la "pire catastrophe depuis la seconde guerre mondiale" », *Le Temps*, 10 décembre 2016.

659. « Alep, ou "l'effondrement complet de l'humanité" », Vincent Duclert, *Libération*, 20 décembre 2016.

660. « Daily Press Briefing by the Office of the Spokesperson for the Secretary-General », ONU, 11 janvier 2017. www.un.org/press/en/2017/db170111.doc.htm?__hstc=143095274.8269a21b310 4f39e056650ffe8bde813.1483187779485.1484427936078.1484480935671.54&__hssc=14309527

4.2.1484480935671&__hsfp=3601289118.

661. « The White Helmets controversy », Rick Sterling, Consortium News, 22 juillet 2018.

662. « Leader of Syria rescue group, arriving in U.S. for award, is refused entry », Somini Sengupta & Anne Barnard, *The New York Times*, 20 avril 2016

663. « Statement by Deputy Spokesperson Tom Babington on funding for the White Helmets », Office of Press Relations, USAID, 14 juin 2018.

664. « Tillerson says Assad's fate up to Syrian people », AFP-Yahoo, 30 mars 2017.

665. « US shifts policy in Syria: "Assad must go" no longer a priority », Alex Gorka, Strategic Culture Foundation, 5 avril 2017.

666. « Trump's "wag the dog" moment », Robert Parry, Consortium News, 7 avril 2017.

667. « Attaque chimique en Syrie : les deux versions qui s'opposent », *Le Nouvel Observateur*, 5 avril 2017.

668. « Trump's red line », Seymour Hersh, *Die Welt*, 25 juin 2017.

669. « Wag the dog – How al-Qaida played Donald Trump and the American media », Scott Ritter, *Huffington Post*, 9 avril 2017.

670. « ISIS and al-Qaida praise Trump, celebrate the US attack on Assad », Alex Christoforou, The Duran, 7 avril 2017.

671. « "Russian forces were notified in advance" : Pentagon statement on air strikes in Syria », Zero Hedge, 6 avril 2017.

672. « Avec 23 missiles au but pour 59 tirés, la frappe US a été d'une "faible efficacité" selon Moscou », RT, 7 avril 2017.

673. « Syria warplanes take off from airbase "destroyed" by US missile strikes », Russian Insider, 7 avril 2017.

674. https://twitter.com/CENTCOM/status/851471508291674113?ref_src=twsrc%5Etfw%7Ctwcamp%5Etweetembed%7Ctwterm%5E851471508291674113%7Ctwgr%5E393039363b636f6e74726f6c&ref_url=https%3A%2F%2Fsouthfront.org%2Fus-central-command-we-didnt-make-shayrat-airfield-inoperable-becase-we-didnt-want-to-do-this%2F

675. « McCain : L'attaque chimique d'al-Assad encouragée par l'inaction américaine », Anadolu Agency, 9 avril 2018.

676. « Forget about Gaza, bomb Assad Israeli hawks urge US to strike Syria over Douma "chem attack" », RT, 8 avril 2018.

677. « Représailles contre la Syrie : Mattis est "prêt" », *Le Figaro*, 11 avril 2018.

678. « US Defense Secretary says US doesn't have proof chlorine, sarin used in Syria », Al Masdar News, 12 avril 2018.

679. « Germany, Italy refuse to join Syria airstrikes », Zero Hedge, 12 avril 2018.

680. « Armes chimiques en Syrie : les "preuves" de Macron, l'hésitation de Trump », *Le Dauphiné libéré*, 12 avril 2018.

681. « Decision on possible Syria strikes to be announced within days, Macron says », *Haaretz*, 10 avril 2018.

682. « Trump warns Russia to "get ready" for US missiles in Syria », Francis Elliott, *The Times*, 11 avril 2018.

683. « Theresa May "to act on Syria without MPs'vote" – sources, BBC, 11 avril 2018.

684. « Pourquoi la France ne doit pas s'associer aux frappes en Syrie », Caroline Galactéros, *Figaro Vox*, 17 avril 2018.

685. « "False flag" et "immoralité" : un ancien ambassadeur de France analyse pour RT la crise syrienne », RT, 11 avril 2018.

686. « Syrian chemical attack questioned by Lord West », Today Programme, BBC, 16 avril 2018.

687. Entretien avec Jonathan Shaw, Sky News, 13 avril 2018. www.youtube.com/watch?time_continue=63&v=CpdT79rmlts

688. « BBC producer's Syria bombshell: Douma gas "attack" was staged », Zero Hedge, 14 février 2019. « Russian diplomat slams revelation on fabricated Syria attack as "theater of absurd" », Tass, 14 février 2019.

689. « No attack, no victims, no chem weapons: Douma witnesses speak at OPCW briefing at The Hague (video) », RT, 26 avril 2018.

690. « The evidence we were never meant to see about the Douma "gas" attack », Robert Fisk, *The Independent*, 23 mai 2019. « Bias, lies & videotape: doubts dog "confirmed" Syria chemical attacks », Scott Ritter, *The American Conservative*, 20 juin 2019.

691. « Engineering assessment of two cylinders observed at the Douma incident – Executive summary », OIAC, 27 février 2019. http://syriapropagandamedia.org/wp-content/uploads/2019/05/Engineering-assessment-of-two-cylinders-observed-at-the-Douma-incident-27-February-2019-1.pdf

692. « Weekend », émission de Paul Henley, BBC World Service, 27 octobre 2019. La transcription de l'interview de Jonathan Steele peut être lue ici : « OPCW losing credibility as even more revelations surface on Douma », Caitlin Johnstone, Medium, 27 octobre 2019.

693. « Russia's envoy says Western countries exert pressure on OPCW member-states », Tass, 27 juin 2018.

694. « By two to one, the public oppose missile strikes on Syria », YouGov, 12 avril 2018.

695. *La France atlantiste ou le naufrage de la diplomatie*, Hadrien Desuin, Éditions du Cerf, avril 2017.

696. « Sommet de l'Otan à Bucarest – principaux résultats », Nicolas Gros-Verheyde, Bruxelles2, 7 avril 2008.

697. « M. Sarkozy suggère un gel du projet américain de bouclier antimissile », Natalie Nougayrède, *Le Monde*, 15 novembre 2008.

698. Conférence de presse de Nicolas Sarkozy au Sommet de Lisbonne, 20 novembre 2010.

699. « France's role in scuttling Iran nuclear deal prompts speculation », Paul Richter, *Los Angeles Times*, 10 novembre 2013. « Pourquoi Laurent Fabius a torpillé l'accord de Genève avec l'Iran », Pierre Haski, Rue89, 10 novembre 2013.

700. « La diplomatie française doit en finir avec le néo-conservatisme », entretien avec Renaud Girard, *Figaro Vox*, 25 mars 2016.

701. « The Western coalition strikes targeted important centers of the regime », SOHR, 14 avril 2018, www.syriahr.com/en/?p=89324

702. « Syrian rebels not satisfied with US coalition's attack », Al Masdar News, 14 avril 2018.

703. « Jaysh al-Islam militants call US-led strikes on Syria "farce" », Al Masdar News, 14 avril 2018.

704. « Russian military : Syrian government forces reached border with Iraq », Southfront, 9 juin 2017.

705. « Prominent Iranian general makes surprise visit to Iraqi-Syrian border », Leith Aboufadel, Al Masdar News, 12 juin 2017.

706. « The shadow commander », Dexter Filkins, *The New Yorker*, 23 septembre 2013.

707. https://twitter.com/idf/status/1105154690541633537?lang=en. Voir aussi « Donald Trump's tactics put general on track to be next Iranian president », Roula Khalaf, *Financial Times*, 1er mai 2019.

708. « Comment le général Soleimani a préparé les frappes russes en Syrie », Reuters, 7 octobre 2015.

709. « Iran's Major General Soleimani visits Moscow », Rudaw, 15 avril 2016.

710. « Iran IRGC Quds Force leader Qassem Suleimani coordinates Shia militia in Mosul operation – report », Southfront, 17 octobre 2016.

711. « Seven times when Iran's strategic mastermind reshaped the Middle East », Harrison Jacobs, Business Insider, 9 juillet 2014.

712. « Qatar-Gulf rift: The Iran factor », Ted Regencia, Al Jazeera, 5 juin 2017.

713. « Turkish soldiers coming for sake of region: Qatar », *Hürriyet*, 8 juin 2017.

714. « Qatar-Russie : une lune de miel énergétique à l'ombre de la crise syrienne », Caroline Galactéros, Bouger les lignes, 26 février 2017.

715. « The pivot? Qatar Foreign Minister to visit Moscow on Saturday », Zero Hedge, 8 juin 2017.

716. « The Central Asia summits that show Washington is losing grip », Seth J. Frantzman, *The Jerusalem Post*, 15 juin 2019.

717. « Rouhani, Xi rap US unilateralism on SCO sidelines », Mehr News Agency, 14 juin 2019.

718. « Russia praises Iran and their joint wins in Syria as US tensions rise », Tom O'Connor, *Newsweek*, 14 juin 2019.

719. « Tehran offers economic privileges for SCO member states », RT, 14 juin 2019

720. « China, Qatar pledge to deepen political trust, boost cooperation », Xinhua, 15 juin 2019.

721. « Iran and Qatar strengthen ties, as regional tensions mounts », 7D News, 16 juin 2019.

722. « Iran, Turkey presidents express opposition to sanctions, unilateralism », Press TV, 15 juin 2019.

723. « Une année d'intervention militaire russe en Syrie : le grand succès de Vladimir Poutine », Fabrice Balanche, *Figaro Vox*, 16 septembre 2016.

724. « How Turkey was forced to fall in line over Syria », Lina Khatib, Middle East Eye, 25 août 2016.

725. « Israel bowing down to Russia, degrading US », Efraim Halevy, Ynet News, 20 mai 2014.

726. « Russia set to continue pivotal role in the Middle East », John C.K. Daly, *The Arab Weekly*, 27 janvier 2019.

727. « In the Middle East, Russia is back », Liz Sly, *The Washington Post*, 5 décembre 2018.

728. « Putin to powers attacking Syria : please keep getting my soldiers killed, I won't do anything about it », Russia Insider, 18 septembre 2018.

729. « Russia, the Indispensable Nation in the Middle East », Eugene B. Rumer, *Foreign Affairs*, 31 octobre 2019.

730. « Iran sends troops into Iraq to aid fight against ISIS militants », Martin Chulov, *The Guardian*, 14 juin 2014. « Iran will do what it takes to fight ISIS », Mohamad Bazzi, CNN, 4 janvier 2015.

731. « Iran first to help Iraq against ISIL », Al-Alam, 26 septembre 2014.

732. « The enemy of my enemy: Iran arms Kurds in fight against ISIS », Rebecca Collard, *Time*, 27 août 2014.

733. « How the Iran hawks botched Trump's Syria withdrawal », Lara Seligman, *Foreign Policy*, 30 octobre 2019. « Inside the Iran hawks' hijacking of Trump's Syria withdrawal plan », Matthew Petti, *The National Interest*, 21 octobre 2019.

734. « Çavuşoğlu : Les accords avec les États-Unis et la Russie s'inscrivent dans l'histoire comme un succès politique », Anadolu Agency, 23 octobre 2019.

735. www.javanonline.ir/fa/news/881269, traduit dans « Iraqi militia publicizes Iranian Qods Force chief by Syrian border town », Amir Toumaj, *FDD's Long War Journal*, 18 novembre 2017.

736. « Iran building new crossing on Syria border that would let it smuggle weapons, oil, experts say », Yonat Friling, Fox News, 23 mai 2019. « New Iraq-Syria crossing could breathe new life into Iran's oil exports », Irina Slav, Oil Price, 24 mai 2019.

737. « Syria leases Mediterranean port to Iran », Sami Moubayed, Atimes, 5 avril 2019.

738. Joshua Landis *in ibid.*

739. www.silkroadbriefing.com/news/2019/06/21/chinas-belt-road-initiative-middle-east/

740. « Iran begins building road connecting it to Syria through Iraq as Trump warns of need to spy on US rival », Tom O'Connor, *Newsweek*, 5 février 2019. « US policy failure reopens Iraqi-Syrian borders and the Iran-Beirut road », Elijah J. Magnier, 21 mars 2019.

741. « US and Israel nightmare scenario: Iraq, Syria, Iran restart their strategic cooperation projects », Southfront, 14 avril 2019.

742. « Iran sanctions fallout: China set to replace Total in giant Iran gas project, as Beijing launches new Iran train route », Zero Hedge, 13 mai 2018.

743. « Azerbaijani, Russian, Iranian railways to be joined », *AzerNews*, 19 juin 2019.

Héliopoles

22, rue des Taillandiers 75011 Paris
www.heliopoles.fr

Le Grand Jeu © Héliopoles
1re édition

Dépôt légal : Janvier 2020
ISBN 978-2-37985-011-0

Tous droits de traduction et d'adaptation, même partiels, réservés pour tous pays.
Aucune partie de ce livre ne peut être copiée, enregistrée dans un système de recherche documentaire
ou dans une base de données ou transmise sous quelque forme que ce soit,
par des moyens audiovisuels, électronique ou mécanique, achetée, louée ou prêtée
sans l'autorisation écrite de l'éditeur.

Achevé d'imprimer par Flex Print Ink (UE)
Janvier 2020

TABLE DES MATIÈRES